N COMME NAUSÉE

Du même auteur

A comme alibi
Pocket, 1992
(Gérard de Villiers, 1990)

B comme brûlé
Pocket, 1993

C comme cadavre
Pocket, 1993
(Gérard de Villiers, 1989)

D comme dérapage
Pocket, 1993

E comme explosif
Pocket, 1994

F comme fugitif
Pocket, 1994

G comme gibier
Pocket, 1994

H comme homicide
Pocket, 1995

I comme innocent
Pocket, 1995
(Un innocent aux mains pleines, *Presses de la Cité, 1993*)

J comme jugement
Pocket, 1996
(Le Jour du jugement, *Presses de la Cité, 1993*)

K comme killer
Seuil, 1996
Pocket, 1997

L comme lequel ?
Seuil, 1997

M comme machination
Seuil, 1998

Sue Grafton

N COMME NAUSÉE

roman

TRADUIT DE L'AMÉRICAIN
PAR MARIE-FRANCE DE PALOMÉRA

ÉDITIONS DU SEUIL
27, rue Jacob, Paris VIe

COLLECTION DIRIGÉE
PAR ROBERT PÉPIN

Titre original : *« N » is for Noose*
Éditeur original : Henry Holt and Company
ISBN original : 0-8050-3650-4

ISBN 2-02-034868-3

A Steven,
sans qui la vie ne serait pas possible.

L'auteur tient à remercier les personnes suivantes pour l'aide précieuse qu'elles lui ont apportée :

Steven Humphrey ; Eric S. H. Ching ; Shelly Dumas et le sergent Dick Wood, du bureau du shérif d'Inyo County ; Leon Brune, coroner d'Inyo County ; Donna Milovich, Spellbinder Books ; le Dr Robert Failing ; Dennis Prescott, chef de service (en retraite), et Larry Gillespie, enquêteur principal du bureau du coroner de Santa Barbara County ; l'inspecteur Eric Raney, le commandant Bill Crook et le commandant Terry Bun, du bureau du shérif de Santa Barbara County ; le capitaine Ed Aasted, de la police de Santa Barbara ; Bruce Bennet ; Sheila Millington, de l'Automobile Club of Southern California ; Sylia Stallings ; le Dr Joe Peus ; B. J. Seebol ; et John Hunt, de CompuVision, qui a sauvé le chapitre 22 du néant informatique.

CHAPITRE 1

Parfois je me dis que ce serait bizarre d'entrevoir le futur, d'avoir un bref aperçu de ce qui nous attend à une date encore inconnue. Mettons que nous puissions glisser un œil dans un minuscule interstice du Temps et tomber sur une scène en accéléré de ce qu'il nous réserve. Nous verrions des images absolument incompréhensibles, d'autres qui nous terrifieraient, je le soupçonne, au-delà de toutes nos capacités d'endurance. Si nous savions ce qui s'ébauche, nous éviterions certaines décisions, choisirions le chemin B plutôt que A à l'embranchement : le métier, le mariage, la vie dans un autre État, l'accouchement, le premier verre, une stratégie médicale de préférence à une autre, cette balade à ski dont on se réjouissait tant jusqu'au grondement sourd de l'avalanche. Si nous comprenions les conséquences de tel ou tel acte, nous pourrions user de discernement et réagencer notre destin. Malheureusement, le Temps ne va que dans une seule direction et semble le faire avec méthode. Ici, dans le présent muet et indéchiffrable, nous sommes à l'abri des dangers en embuscade, protégés des horreurs à venir par une ignorance aveugle.

Tenez, justement. J'étais en train de rouler tranquillement dans la montagne au volant d'une voiture de location à prix réduit, descendant la 395 en direction du sud vers la petite localité de Nota Lake, Californie, pour un entretien avec une cliente éventuelle. La chaussée était sèche et la vue dégagée, la météo bonne. Le dossier de cette cliente ne présentait pas de difficulté particulière, en tout cas à première vue. Si j'avais pu deviner les coups fourrés qu'il me réservait, j'aurais changé d'idée.

J'avais laissé Dietz à Carson City, après avoir passé quinze jours à jouer les infirmières-compagnes en résidence pendant qu'il se remettait de son opération. Comme il devait passer sur le billard pour se faire remettre le genou en place, je m'étais portée volontaire pour le ramener au Nevada dans sa chouette petite Porsche rouge. Non que je veuille poser à la femme maternante, mais j'ai un certain sens pratique et les neuf heures de route me paraissaient la solution la plus logique pour rapatrier son véhicule dans son État d'origine. Je ne suis pas du genre à faire des idioties au volant et il me faisait confiance pour nous déposer à Carson City sans détour inutile ni conversation futile. Il venait de passer deux mois dans mon appartement et, l'heure de la séparation approchant, nous évitions tout sujet intime.

Pour votre gouverne, mon nom est Millhone, mon prénom Kinsey. De sexe féminin, deux fois divorcée, j'aurai trente-six ans dans quelques semaines à peine et suis dans une forme physique raisonnable. Détective privée assermentée, je réside en ce moment à Santa Teresa, localité de Californie à laquelle je suis amarrée avec l'obstination d'un ballon à très courte corde d'attache. Mon travail m'expédie parfois en d'autres points du pays, mais je suis avant tout détective privée dans une petite ville – vraisemblablement pour le restant de mes jours.

L'opération de Dietz, fixée au premier lundi de mars, s'étant déroulée sans incident, nous sauterons cet épisode. Après l'intervention, je regagnai la résidence en copropriété où il habitait et fis le tour de son appartement avec curiosité. J'avais été ahurie en le voyant, son luxe et son confort dépassant de loin ceux de mon humble tanière de Santa Teresa. Dietz était foncièrement nomade et je ne l'avais jamais imaginé très intéressé par les biens matériels. Alors que je ne dispose que d'un garage monoplace reconverti (réaménagé depuis peu pour accueillir une mezzanine et un second cabinet de toilette en haut), Dietz s'offrait un appartement de trois chambres, qui comptait bien trois cents mètres carrés d'espace habitable, au dernier étage d'une résidence, plus un patio et un jardin en terrasse doté d'une vraie serre. D'accord, son immeuble de six étages se dressait dans un quartier commercial, mais il y jouissait d'une vue époustouflante et n'avait pas de voisins.

Ma bonne éducation m'avait empêchée de fureter partout avec lui à côté, mais le sachant douillettement installé, et coincé, dans le service d'orthopédie du Carson-Tohoe Hospital, je n'éprouvai aucune arrière-pensée en examinant tout ce qui se trouvait à ma portée immédiate, quitte à déplacer une chaise pour monter dessus au besoin. J'inspectai les placards, les meubles classeurs, cartons, papiers et tiroirs, poches et valises, à la fois soulagée et déçue qu'il n'eût rien de spécial à cacher. Je m'explique : quel est l'intérêt de fourrer son nez partout s'il n'y a rien à découvrir qui en vaille la peine ? Il me fut certes donné d'étudier une photographie de son ex-épouse, Naomi, indéniablement plus mignonne qu'il ne me l'avait laissé entendre. Sinon, ses finances paraissaient en ordre, son armoire à pharmacie ne contenait pas de drogues alarmantes et sa correspondance privée consistait presque entièrement en lettres de ses deux fils étudiants et l'un comme l'autre brouillés avec l'orthographe. Au cas où vous me jugeriez indiscrète, je peux vous garantir que Dietz avait effectué une fouille tout aussi méticuleuse de mon appartement pendant son séjour. Je le sais parce que j'avais installé quelques pièges, dont l'un lui avait échappé lorsqu'il avait crocheté mes tiroirs de bureau fermés à clé. Sa licence était peut-être périmée, mais sur le terrain ses compétences, l'essentiel au moins, restaient valides. Ni l'un ni l'autre n'avions fait la moindre allusion à cette incursion dans ma vie privée, mais je m'étais juré de lui rendre la pareille à la première occasion. Entre détectives en activité, cela s'appelle de la courtoisie professionnelle. Un prêté pour un rendu.

Il sortit de l'hôpital le vendredi matin de cette semaine-là. Sa convalescence signifiait, entre autres, beaucoup de repos avec un genou bandé gros comme un traversin. Nous regardâmes des bêtises à la télé, jouâmes au gin-rummy et peinâmes sur un puzzle représentant un nid de vers de terre en furie si ressemblants qu'ils faillirent me couper l'appétit. Les trois premiers jours, je me chargeai entièrement de la cuisine, lui confectionnant des sandwichs, proposant en alternance ma célèbre surprise du chef au beurre de cacahuètes et cornichons et mon bien-aimé œuf-dur-tranché accompagné de tonnes de mayonnaise Hellmann et de sel. Après, Dietz parut impatient de réintégrer la cuisine, notre carte s'étoffant alors pour inclure pizza, cuisine chinoise à emporter et potage Campbell's – à la tomate ou aux asperges, selon notre humeur.

Au bout de quinze jours, Dietz se sentait quasiment d'attaque. On lui avait ôté ses points et il se déplaçait en boitillant avec une canne entre deux séances de kiné. Ce n'était pas la porte à côté, mais il pouvait s'y conduire lui-même en voiture et semblait par ailleurs capable de se prendre en charge. Moi, je me sentais au bord de la crise de nerfs à force de le suivre à la trace. Il était temps de filer avant que notre partenariat ne prenne du plomb dans l'aile. Sa compagnie ne m'avait pas déplu, mais je connaissais mes limites. Je ne m'éternisai pas en adieux, une kyrielle de eh-bien-merci-beaucoup-et-à-bientôt lancés d'un ton désinvolte. Ma façon à moi de traiter par le mépris le nœud douloureux que j'avais dans la gorge et de tenir à distance des trémolos humiliants que je préférais ne pas faire entendre. Allez comprendre le désespoir qui me submergea et l'impression de soulagement proche du vertige que j'éprouvai. Personne n'a jamais dit que les émotions peuvent s'expliquer.

Ainsi donc, je fonçais sur l'autoroute à la recherche d'un engagement et prête à accepter ce qui se présenterait. J'avais envie de me changer les idées. Je voulais de l'argent, fuir, n'importe quoi plutôt que de penser à Robert Dietz. Les adieux ne sont pas mon fort. Je les connais trop et n'aime pas cette sensation. Par ailleurs, je ne suis pas très douée pour les liaisons. Vous devenez intime avec quelqu'un et, avant même d'avoir eu le temps de vous en apercevoir, vous lui avez donné le pouvoir de vous blesser, trahir, exaspérer, abandonner ou excéder au-delà de toute expression. Ma ligne de conduite ? Garder mes distances et éviter ainsi bien des désordres émotionnels. Dans les milieux psychiatriques, il y a un nom pour les gens de mon espèce.

J'allumai la radio de la voiture et captai une station grésillante de Los Angeles, à cinq cents kilomètres plus au sud. Peu à peu, je me branchai sur le paysage environnant. La 395 file dans cette direction à la sortie de Carson City et passe par Minden et Gardnerville. Juste au nord de Topaz, j'avais franchi la frontière de l'État et pénétré dans la partie orientale de la Californie. La chaîne imposante de la Sierra Nevada, sommet basculé d'un énorme plan de failles creusé à une époque ultérieure par une série de glaciers, définit l'épine dorsale de l'État. A ma gauche s'étendait le lac Mono, qui perd chaque année soixante centimètres de sa largeur et dont les eaux de plus en plus saumâtres abritent encore quelques organismes marins – notamment la crevette qui s'est adaptée à ce milieu et la population d'oiseaux qui s'en gave. Quelque part sur ma droite, au-delà de la masse vert foncé d'une forêt de pins de Jeffrey, le Parc national du Yosemite me montrait ses sommets impressionnants et ses canyons hérissés, ses lacs et ses chutes rugissantes. Les prairies, à présent poudrées de neige fine, avaient formé en d'autres temps le fond d'un lac du Pléistocène. Lorsque le printemps serait plus avancé, tout se transformerait en un épais tapis de fleurs sauvages. Sur les sommets, le manteau neigeux s'incrustait, mais les cols étaient ouverts. Un panorama « à vous couper le souffle », comme disent les gens facilement hors d'haleine. Sans être une maniaque du grand air, ce panorama trois étoiles qui défilait à cent dix kilomètres à l'heure m'arracha, je l'avoue, un cri d'admiration étouffé.

Ma cliente potentielle, celle qui justifiait mon présent déplacement, était une certaine Selma Newquist, dont le mari, m'avait-on dit, était mort récemment – quand ? je ne le savais pas exactement. Dietz avait travaillé pour elle autrefois, l'aidant à se sortir d'un premier mariage très déplaisant. Je n'avais pas eu le détail du dossier, mais d'après lui les « compensations » financières qu'il avait obtenues du mari avaient permis à Selma de se libérer de cette union. Il y avait eu un second mariage, et la mort de ce second mari semblait poser des problèmes que la dame voulait élucider. Elle avait appelé Dietz pour lui confier l'affaire, mais, étant provisoirement hors service, celui-ci l'avait renvoyée vers moi. En temps normal, Mme Newquist n'aurait sûrement pas songé à une détective privée vivant à l'autre bout de l'État, mais j'étais sur le départ et j'allais dans sa direction. La suite prouva l'importance inattendue de mes attaches avec Santa Teresa. Dietz s'était porté garant de ma rectitude professionnelle et m'avait assuré, par la même occasion, que Selma rémunérait avec ponctualité les services rendus. En bonne logique, je pouvais donc marquer une pause, le temps d'écouter ce que cette femme avait à dire. Si elle ne souhaitait pas faire appel à moi, j'en serais quitte pour une halte d'une demi-heure en cours de route.

Il m'en fallut un peu plus de trois pour arriver à Nota Lake (2 356 hab. ; alt. 1 295 m), petite ville banale dans un cadre grandiose. Les montagnes s'y dressaient sur trois côtés, la neige peignant encore de blanc épais les sommets qui se détachaient sur un ciel chargé de nuages. Sur le côté non ensoleillé de la route, la neige s'attardait en plaques ou en petites congères au pied des arbres dénudés. L'air embaumait le pin, mêlé d'une note vaguement douceâtre. J'inspirais une vapeur glacée avec l'impression d'avoir plongé la tête dans un cubitainer de glace à la vanille à moitié vide et de me gorger de son parfum sucré. Le lac proprement dit faisait à tout casser trois kilomètres de long sur un et demi de large. Sa surface unie reflétait les aiguilles de granit et les pentes saupoudrées de pins blancs et de cèdres résineux.

Le quartier commercial semblait regroupé dans l'artère principale et sur cinq rues de distance. Je fis un rapide tour des lieux, dénombrant dix stations-essence et vingt-deux motels. Nota Lake offrait des logements bas de gamme aux skieurs qui se pressaient plus haut, aux Mammoth Lakes. La localité affichait fièrement un nombre égal d'établissements de restauration rapide, parmi lesquels un Burger King, un Carl's Jr., un Jack in the Box, un Kentucky Fried Chicken, une Pizza Hut, une Waffle House, une International House of Pancakes, une House of Donuts, un Sizzler, un Subway, un Taco Bell et, mon préféré, un McDonald's. A quoi s'ajoutaient des restaurants accueillant une clientèle moins pressée, répartis avec équité entre Tex-Mex, Bar-B-Que et autres « Menus famille », synonymes de ribambelles de bambins hurlants et d'absence de boissons fortement alcoolisées sur les lieux.

L'adresse qu'on m'avait donnée me conduisit à la frange de la ville, à deux rues de la route, dans un lotissement où l'on reconnaissait la main du même et unique promoteur. Les rues de ce périmètre portaient des noms de tribus indiennes : Shawnee, Iroquois, Cherokee, Modoc, Crow et Chippewa. Selma Newquist vivait dans un cul-de-sac dénommé impasse Pawnee, sa maison étant la réplique de ses voisines : revêtement de bois, toit de bardeaux, une véranda vitrée à un bout, un garage double à l'autre. Je me garai dans l'allée à côté d'un coupé Ford de couleur foncée. Je verrouillai la portière, question d'habitude, gravis les deux marches de la véranda et appuyai sur la sonnette – *ding dong* – telle la démarcheuse Avon. J'attendis plusieurs minutes, puis fis une nouvelle tentative.

La femme qui m'ouvrit approchait de la cinquantaine, du genre petit pot à tabac, avec des yeux marron et des cheveux bruns ébouriffés. Elle portait une blouse à carreaux rouges, bleus et jaunes sur une jupe plissée jaune.

– Bonjour. Je m'appelle Kinsey Millhone. Vous êtes Selma ?

– Non, je suis sa belle-sœur, Phyllis. Mon mari, Macon, est le frère cadet de Tom. Nous habitons deux maisons plus bas. Puis-je vous renseigner ?

– Je devais voir Selma. J'aurais dû téléphoner. Est-elle là ?

– Oh, excusez-moi. Ça me revient maintenant. Elle est couchée pour l'instant, mais elle m'a dit que vous passeriez. Vous êtes l'amie du détective qu'elle a appelé à Carson City ?

– Exactement. Comment va-t-elle ?

– Selma a ses moments difficiles et je crains que ce n'en soit un. Tom est décédé il y a six semaines aujourd'hui et elle m'a téléphoné en larmes. Je suis venue dès que j'ai pu. Elle tremblait, elle était dans un état affreux. A croire que la malheureuse n'a pas fermé l'œil depuis des jours ! Je lui ai donné un Valium.

– Je peux repasser plus tard si vous préférez.

– Non, non. Je suis sûre qu'elle est réveillée et je sais qu'elle veut vous voir. Entrez.

– Merci.

Je la suivis le long d'un couloir moquetté qui conduisait à la chambre de maître et me permis, au passage, de glisser un regard ici et là, le temps d'apercevoir des pièces à la décoration surchargée. Dans le séjour, on avait assorti le tissu des doubles rideaux et des sièges au papier peint qui s'ornait de grandes fleurs reliées par des enroulements de rubans roses. Sur la table basse trônait un opulent bouquet de fleurs artificielles en soie rose. La puissante odeur chimique dégagée par la moquette vert pâle à poil ras trahissait sa pose récente. Dans la salle à manger, le mobilier donnait dans le classique, profusion de bois vernis foncé avec apparemment un meuble en trop pour la surface disponible. Il y avait partout des fenêtres à double vitrage, et la condensation formait de la buée entre les vitres. L'odeur musquée de la fumée de cigarette et du café imprégnait la maison.

Phyllis frappa à la porte :

– Selma chérie ? C'est Phyllis.

J'entendis une réponse étouffée et Phyllis entrouvrit la porte, jetant un coup d'œil interrogatif dans l'entrebâillement.

– Une visite pour toi. Es-tu visible ? C'est cette dame détective de Carson City.

J'allais rectifier, mais retins ma langue. Je n'étais pas de Carson City et encore moins une dame, mais... et alors ? Par l'ouverture, j'eus une rapide vision de la gisante : une masse de cheveux platine encadrée par les montants d'un lit à baldaquin.

Sans doute me pria-t-on d'entrer car Phyllis recula d'un pas.

– Il faut que je rentre, mais surtout appelez-moi si vous avez besoin de quoi que ce soit, me chuchota-t-elle au passage.

Je la remerciai d'un signe de tête en pénétrant dans la chambre et refermai la porte derrière moi. Les rideaux tirés atténuaient la lumière du jour. Un éboulis de coussins jonchait la moquette. Je vis quantité de volants, des chromos coquins partout sur les murs, des fenêtres et un décor de lit bouffant exécuté sur commande. Le motif semblait en être des roses explosant sous des impacts de balles.

– Désolée de vous déranger, lançai-je, mais Phyllis m'a dit de venir. Je suis Kinsey Millhone.

Selma Newquist, en chemise de nuit en pilou défraîchie, se redressa avec difficulté et tira les couvertures, me faisant songer à une invalide prête à accueillir un plateau. Je lui attribuai la cinquantaine largement triomphante, à en juger par le dos de ses mains moucheté de taches brunes et où saillait un lacis de veines apparentes. Elle avait un teint de brune, mais sa coiffure consistait en un édifice de boucles mousseuses d'un blond neigeux, un vrai nuage de barbe à papa. Pour l'instant, la chose donnait de la bande et paraissait collante de laque. Selma s'était redessiné les sourcils au crayon auburn, mais toute trace d'eye-liner ou d'ombre à paupières avait disparu depuis longtemps. Les traînées de fond de teint laissaient deviner une peau marbrée, révélatrice d'une surexposition au soleil. Elle prit ses cigarettes, palpant en aveugle la table de nuit pour récupérer le paquet et le briquet. Sa main trembla doucement pendant qu'elle allumait sa cigarette.

– Approchez-vous donc, dit-elle en désignant un siège. Enlevez tout ça et asseyez-vous à un endroit où je vous verrai mieux.

J'ôtai sa robe de chambre matelassée de la chaise et la posai sur le lit, tirant la chaise plus près avant de m'asseoir.

Elle me dévisagea, les yeux bouffis, laissant échapper une mince volute de fumée tout en parlant :

– Navrée de vous infliger ce spectacle. D'habitude, je suis debout et je m'active à cette heure-ci, mais la journée a été rude.

– Je comprends, lui répondis-je.

La fumée commençait à m'arriver comme un fin brouillard d'éternuement.

– Phyllis vous a-t-elle proposé du café ?

– Surtout ne bougez pas. Elle rentrait chez elle et je n'ai besoin de rien. Je resterai juste le temps nécessaire.

Elle me fixa d'un air vague.

– Oh, de toute façon… Je ne sais pas si vous avez déjà perdu un proche, mais il y a des jours où on a l'impression d'être terrassé par la grippe. Des courbatures dans tout le corps et la tête comme une citrouille, au point de ne même plus pouvoir aligner deux idées ! Je suis heureuse d'avoir de la compagnie. On apprend à apprécier la moindre distraction. On ne peut pas lutter contre ses sentiments, mais ça aide d'avoir un moment de répit.

En parlant, elle avait tendance à mettre la main devant sa bouche, visiblement gênée par ses deux dents de devant, dont je voyais à présent la coloration grise. Elle avait dû tomber quand elle était petite ou pris, tout bébé, des médicaments qui lui en avaient noirci l'émail.

– Comment avez-vous connu Robert Dietz ? demanda-t-elle.

– J'ai fait appel à lui il y a deux ans pour s'occuper de ma sécurité personnelle. On en voulait à ma vie et Dietz a fini par me servir de garde du corps.

– Comment va son genou ? J'étais désolée de le savoir immobilisé.

– Il se remettra. Il est solide. Il commence déjà à se déplacer.

– Il vous a dit pour Tom ?

– Juste que vous étiez veuve depuis peu. C'est tout ce que je sais.

– Alors je vais tout vous raconter, encore que je ne sache pas bien par où commencer. Vous me croirez peut-être folle, mais je vous assure que non.

Elle tira sur sa cigarette et soupira, lâchant une bouffée de fumée. Je m'attendais à un récit entrecoupé de larmes, mais l'histoire me fut contée dans le calme induit par le Valium.

– Tom a fait un infarctus. Il se trouvait sur la route… à une dizaine de kilomètres d'ici. Il était dix heures du soir. Il a dû le voir venir car il s'est rangé sur le côté. Un membre de la police de la route, c'est un ami à nous, James Tennyson, a reconnu la camionnette de Tom avec les feux de détresse et s'est arrêté pour voir s'il avait besoin d'aide. Tom était effondré sur le volant. J'avais une réunion à l'église et, au retour, j'ai trouvé deux voitures de police dans mon allée. Vous saviez que Tom était enquêteur auprès du shérif ?

– Je l'ignorais.

– J'ai toujours eu peur qu'il se fasse tuer dans l'exercice de son métier. Jamais je n'aurais imaginé qu'il partirait comme ça.

Elle s'interrompit pour tirer sur sa cigarette, la fumée lui servant à ponctuer son récit.

– Ça a dû être dur.

– Atroce, dit-elle.

La main reprit son manège et se posa sur sa bouche tandis que ses yeux se remplissaient de larmes.

– Je n'arrive toujours pas à y croire. Voyez-vous, à ma connaissance il n'avait jamais eu aucun symptôme. Enfin, s'il en a eu, il ne m'en a jamais parlé. D'accord, il avait de la tension, et le docteur le tannait pour qu'il arrête de fumer et fasse de l'exercice. Vous connaissez les hommes. Il n'en a tenu aucun compte et a continué à n'en faire qu'à sa tête.

Elle posa sa cigarette pour se moucher. Pourquoi faut-il toujours que les gens contemplent ce qu'ils ont récupéré dans leur mouchoir après s'être mouchés en fanfare ?

– Quel âge avait-il ?

– A deux doigts de la retraite. Soixante-trois ans. Mais il n'a jamais fait attention à sa santé. Je crois que la seule fois où il a été vraiment en forme, c'était à l'armée et juste après, quand il a fait l'école de police et a été engagé comme adjoint. Après, caféine et cochonneries pendant les heures de travail et bourbon en rentrant à la maison. Attention, il n'était pas alcoolique, mais il aimait prendre un cocktail en fin de journée. Ces derniers temps, il dormait mal. Il tournait dans la maison. Je l'entendais s'agiter jusqu'à deux, trois, cinq heures du matin, à fabriquer je ne sais quoi. Il avait commencé à perdre du poids ces derniers mois. C'est à peine s'il avalait quelque chose, il restait là à fumer et à boire du café, à regarder la neige par la fenêtre. Par moments, je croyais qu'il allait lâcher le morceau, mais je me faisais des illusions. En fait, il n'en a jamais dit un mot.

– A vous entendre, quelque chose le minait.

– Exactement. J'en aurais mis ma main au feu ! Tom était visiblement tendu, mais j'ignore pourquoi et ça me rend folle.

Elle reprit sa cigarette, inspira une grosse bouffée, puis tapota la cendre dans un cendrier en céramique en forme de main.

– Toujours est-il que j'ai téléphoné à Dietz. J'estime que j'ai le droit de savoir.

– Je ne voudrais pas vous paraître grossière, mais ça change quoi ? Quelle que soit la raison de sa mort, il est trop tard pour changer quoi que ce soit, non ?

Elle détourna brièvement son regard.

– C'est ce que j'ai pensé. Parfois, je me dis que je ne l'ai jamais vraiment connu. Nous nous entendions assez bien et il a toujours assuré le nécessaire, mais ce n'était pas le genre d'homme à juger devoir rendre des comptes. Les deux dernières semaines de sa vie, il lui est arrivé de rester absent des heures entières et de rentrer sans un mot d'explication. Je ne lui demandais pas d'où il venait. J'aurais pu, je suppose, mais il y avait quelque chose chez lui..., il se hérissait tellement quand je posais des questions que j'avais appris à ne pas insister. Je ne vais tout de même pas me torturer l'esprit pendant le restant de mes jours ! Je ne sais même pas où il allait cette nuit-là. Il m'avait dit qu'il resterait à la maison, mais il a dû avoir un imprévu.

– Il ne vous a pas laissé de mot ?

– Non, rien.

Elle posa sa cigarette sur le cendrier et prit un poudrier caché sous son oreiller. Elle ouvrit le couvercle et s'examina dans le miroir. Elle toucha ses dents de devant, comme pour en enlever une particule.

– J'ai une sale tête, dit-elle.

– Pas du tout. Vous êtes très bien.

Elle eut un sourire hésitant.

– Je suppose que c'est un réflexe absurde. Maintenant que Tom est mort, tout le monde se fiche de ma tête. Et moi aussi à vrai dire.

– Puis-je vous poser une question ?

– Allez-y.

– Je ne veux pas être indiscrète, mais étiez-vous heureux en ménage ?

Elle laissa échapper un petit gargouillis gêné en refermant le poudrier, qu'elle remit dans sa cachette.

– Moi, sans aucun doute. Lui, je n'en sais rien. Il n'était pas du genre à se plaindre. Il prenait plus ou moins la vie comme elle venait. J'ai été mariée à un autre homme avant lui... un type violent. J'ai un fils de ce premier mariage. Il s'appelle Brant.

– Ah. Et il a quel âge ?

– Vingt-cinq ans. Brant avait dix ans quand j'ai fait la connaissance de Tom. Autrement dit, c'est Tom qui l'a pratiquement élevé.

– Et où vit-il ?

– Ici, à Nota Lake. Il est auxiliaire médical chez les pompiers. Il habite avec moi depuis l'enterrement, mais il a un appartement en ville, précisa-t-elle. Je l'ai prévenu de mon intention d'engager quelqu'un. Il pense que c'est inutile, mais je sais qu'il fera tout pour vous aider.

Son nez rougit brièvement, mais elle parut se dominer.

– Tom et vous... depuis quand étiez-vous mariés ? Quatorze ans ?

– Bientôt douze. Après mon divorce, je ne voulais pas me précipiter. Nous avons été heureux, presque aucun nuage, mais récemment les choses se sont gâtées, enfin... il faisait ce qu'on attendait de lui, mais le cœur n'y était pas. Ces derniers temps, j'avais l'impression qu'il me cachait quelque chose. Il était, comment dire... tellement coincé ou je ne sais quoi. Que fichait-il à traîner sur la route cette nuit-là ? Que faisait-il ? Était-ce si important qu'il ne puisse pas m'en parler ?

– Peut-être une affaire qu'il suivait.

– Peut-être, je suppose.

Elle examina l'hypothèse en écrasant son mégot.

– Peut-être y avait-il un rapport avec son travail. Tom parlait rarement boulot. Vous en avez – certains adjoints – qui parlent boutique en société, mais pas lui. Il prenait son travail très au sérieux, presque trop.

– Quelqu'un du service a dû se charger de ses dossiers. Vous avez posé la question ?

– Vous parlez de « service » comme s'il s'agissait de la police d'une grande ville. Nota Lake est le chef-lieu du comté, mais ça ne va pas chercher très loin. Il n'y avait que deux enquêteurs, Tom et son collaborateur, Rafer. Je lui ai posé la question en effet..., encore que je n'avais pas grand-chose à dire. Il s'est montré gentil. Rafer est toujours gentil en surface, ajouta-t-elle, mais on a eu beau discuter, il s'est arrangé pour noyer le poisson.

Je l'étudiai un instant, passant la conversation à mon détecteur de mensonges personnel pour voir s'il réagissait. Rien ne me parut clocher, mais je ne voyais pas où elle voulait en venir.

– Vous pensez que la mort de Tom est suspecte ?

La question parut l'abasourdir.

– Absolument pas ! Mais quelque chose le rongeait et je veux savoir quoi. Je sais que ça paraît vague, mais ça me démolit de penser qu'il cachait quelque chose qui le minait à ce point. J'ai été une bonne épouse et je ne veux pas rester dans l'ignorance maintenant qu'il n'est plus.

– Et ses affaires personnelles ? Vous y avez jeté un coup d'œil ?

– Le coroner a rendu les objets qu'il avait sur lui au moment de sa mort, mais je n'ai rien noté de particulier. Sa montre, son portefeuille, un peu de monnaie dans une poche, et son alliance.

– Et son bureau ? Avait-il ici une pièce où travailler ?

– Oui, mais je ne saurais même pas par où commencer ! Le dessus de son bureau est un vrai cauchemar ! Des piles de papiers partout ! Ce que je cherche est peut-être là, sous mes yeux. Je n'arrive pas à me décider à regarder et je ne supporte pas l'idée de laisser tomber. Voilà ce que je voudrais vous demander… voir si vous pouvez découvrir ce qui le préoccupait.

J'hésitai :

– Je peux essayer, bien sûr. Mais cela m'aiderait que vous soyez plus précise. Vous ne m'avez pas donné beaucoup d'indications.

Les yeux de Selma se remplirent de larmes.

– J'ai beau me creuser l'esprit, je ne vois rien, dit-elle. Je vous en supplie, faites quelque chose… n'importe quoi ! Je ne peux même pas entrer dans son bureau sans m'effondrer !

C'était bien ma chance. Juste ce qu'il me fallait : une mission non seulement floue, mais impossible. J'aurais dû prendre mes cliques et mes claques à la minute même, mais je ne le fis pas, bien entendu. Mal m'en prit, comme la suite allait le prouver.

CHAPITRE 2

Comme ma visite touchait à sa fin, le Valium eut l'air d'agir et elle reprit le dessus. Elle réussit à se ressaisir en un laps de temps remarquablement court. J'attendis dans le séjour qu'elle se douche et s'habille. Lorsqu'elle reparut une demi-heure plus tard, elle m'assura se sentir dans son état presque normal. Sa transformation me laissa sans voix. Correctement maquillée, elle semblait plus sûre d'elle, même si elle avait toujours tendance à parler la main devant la bouche.

Durant les vingt minutes qui suivirent, nous discutâmes affaires et parvînmes à un accord sur la procédure. Il apparaissait clairement à présent que Selma Newquist savait mener sa barque. Elle saisit le téléphone et, le temps d'un appel, non seulement trouva à me loger mais obtint un rabais de dix pour cent sur ce qui était déjà un tarif hors saison.

Je la quittai à deux heures de l'après-midi, m'arrêtant en ville assez longtemps pour étoffer mon régime ordinaire à base de cochonneries d'un poisson-frites au Capt'n Jack et d'un grand Coca. Après quoi, il fut temps de me montrer au motel. De toute évidence, je ne repartirais pas avant une bonne journée, au minimum. Les Chalets de Nota Lake où Selma m'avait retenu une chambre consistaient en dix pavillons rustiques installés dans un périmètre boisé juste à la sortie de la route, à neuf kilomètres de la ville. C'était la sœur de Tom, une veuve du nom de Cecilia Boden, qui possédait et gérait les lieux. En me garant sur le parking, je trouvai l'endroit un peu trop isolé pour mon goût. Je suis une fille de la ville jusqu'au bout des ongles et, pour me sentir bien, j'ai besoin de restaurants, de banques, de magasins de vins et spiritueux et de cinémas, de préférence sans cafards, à proximité. Comme c'était Selma qui casquait, je ne pensais pas devoir faire la fine bouche et, à dire vrai, les murs extérieurs en rondins bruts avaient infiniment plus de cachet que les motels de la ville. Pauvre gourde.

Cecilia était au téléphone quand je pénétrai dans la réception. La soixantaine, dirais-je, et le gabarit et l'absence de formes d'une gamine de dix ans. Elle portait une chemise en flanelle à carreaux rouges rentrée dans un jean foncé au tissu raide. On ne discernait aucune rondeur à l'arrière, juste du plat. Je souhaitai déjà qu'elle cesse de permanenter à mort ses cheveux courts et me demandai aussi avec curiosité ce qui se passerait si elle libérait leur gris naturel de leur couche de teinture châtain uniforme.

La réception se réduisait au simple minimum, un cube lambrissé de frisette à peine assez grand pour accueillir un petit fauteuil capitonné et le présentoir de brochures vantant les innombrables distractions de l'endroit. Une porte latérale marquée DIRECTION donnait sans doute sur les appartements de l'intéressée. Le comptoir consistait en une surface horizontale de trente centimètres de large fixée sur la partie inférieure d'une porte à double vantail qui séparait l'entrée miniature du bureau, où j'aperçus le matériel habituel : table, classeur, machine à écrire, caisse enregistreuse, répertoire rotatif, carnet à souches, plus le volumineux registre des réservations qu'elle consultait pour traiter la demande de son correspondant. Elle répondait avec une patience où perçait un léger agacement aux questions qu'on lui posait. « J'ai des chambres pour le vingt-quatre mais c'est complet pour le lendemain… Si vous souhaitez qu'on vide et congèle les poissons, essayez Les Ormes ou Le Panorama… Mmm… mmm… Je vois… Je ne peux rien faire de mieux… » Elle eut un petit sourire en se délectant d'une plaisanterie à usage intime. « Absolument pas… Pas de service, pas de salle de musculation et le sauna est en dérangement… »

En attendant qu'elle raccroche, je saisis plusieurs brochures au hasard et pris connaissance des possibilités de forfaits remontées-hébergement en milieu de semaine plus proches de Mammoth Lakes et de Mammoth Summit. Je jetai un coup d'œil au calendrier des manifestations locales. J'avais raté d'une semaine le grand parcours annuel de pêche à la truite. Il était trop tard aussi pour assister au grand concours de pêche. Pas de pot! Le programme des réjouissances d'avril proposait un nouveau concours de pêche, la réception de la presse à l'occasion de l'ouverture de la pêche à la truite, l'ouverture officielle de la pêche à la truite et une exposition au club de pêche, plus les Journées du mulet et une randonnée de cinquante kilomètres. A première vue, rien ne m'empêchait de m'inscrire et de m'enfoncer sac au dos ou à dos de mulet dans les Eastern Sierras. Déjà, j'imaginais un assortiment errant de faune affamée fonçant sur nous mâchoires ouvertes, tandis que nous avancions avec précaution sur des pistes d'une dangereuse étroitesse et que des pierres se détachaient de la pente et roulaient dans l'abîme béant.

Je levai la tête et vis que Cecilia Boden me fixait d'un air peu amène.

– Oui? dit-elle.

Ses mains agrippaient le vantail de la porte comme pour me défier d'entrer.

Quand je lui eus dit qui j'étais, elle écarta d'un geste la carte de crédit que je lui proposais.

– Selma m'a demandé de lui envoyer directement la note, m'apprit-elle avec une moue. J'ai deux chalets de libres. A vous de choisir.

Elle décrocha un trousseau de clés et ouvrit la partie inférieure de la porte, passant la première pour franchir le seuil et s'engager sur un chemin couvert d'un épais tapis d'écorces de cèdre. Dehors, l'air était humide et sentait le terreau et la résine. J'entendis du vent dans les arbres et des cris d'écureuils. Je laissai ma voiture où je l'avais garée et nous continuâmes à pied. Une chaîne tendue entre deux poteaux fermait l'étroite allée conduisant aux chalets.

– Je ne veux pas de voitures dans cette partie du campement. Elles esquintent trop le sol par mauvais temps, m'expliqua-t-elle comme pour répondre à ma question.

– Ah bon, marmonnai-je en panne d'inspiration.

– On est presque complet. Plutôt rare au mois de mars.

Pour elle, c'était faire la conversation et je répondis par les sons qui s'imposaient. Devant nous, les chalets s'espaçaient à une vingtaine de mètres les uns des autres, séparés par des érables et des cornouillers dénudés et assez de sapins pour qu'on se croie dans une de ces pépinières où l'on coupe soi-même son arbre de Noël.

– D'où vient le nom de Nota Lake ? C'est indien ?

Cecilia secoua la tête.

– Pas du tout. Autrefois, « nota » était la marque qu'on imprimait au fer rouge sur la peau des criminels pour montrer qu'ils avaient enfreint la loi. Comme ça, on reconnaissait toujours la pègre. Des bandes de desperados sont venues échouer par ici ; du gibier de potence que les Anglais ont déporté chez nous au milieu du dix-huitième. Ils étaient tous marqués pour une raison ou une autre, assassins et filous, pickpockets, fornicateurs : la lie de la terre. Leur peine purgée, ils redevenaient des hommes libres, disparaissaient dans l'Ouest et atterrissaient dans le coin. Leurs descendants partirent travailler comme manœuvres au chemin de fer avec la racaille des Jaunes et des gens de couleur. La moitié des gens d'ici descendent de ces bagnards. Sûrement de sacrés coureurs, encore qu'on ne sache pas où ils se sont dégotté des femmes. Probable qu'ils les ont fait venir sur catalogue.

Nous étions arrivées au premier chalet et elle poursuivit à peu près sur le même ton, avec un débit sec et monocorde :

– Voici le Saule pleureur. Je leur ai donné des noms à la place de numéros. Je trouve ça plus joli.

Elle enfila la clé.

– Ils sont tous différents. Vous choisissez.

Spacieux, le Saule pleureur consistait en une pièce d'environ quatre mètres sur quatre dotée d'une cheminée en grosses pierres inégales. L'âtre était noir de suie ; des bûches s'empilaient au carré sur la grille du foyer. L'odeur puissante d'innombrables flambées de bois imprégnait la pièce. Un lit en cuivre s'appuyait contre un mur, avec un matelas en dos-d'âne. Le dessus-de-lit, un patchwork matelassé à motif « crazy », semblait dégager une odeur de moisi. Une lampe et un réveil à affichage digital étaient posés sur la table de nuit. Une carpette ovale en torsades de chiffons nattées, complètement délavées et inexorablement aplaties par l'âge, égayait le sol.

Cecilia ouvrit une porte à sa gauche.

– Voici la salle de bains et votre placard. Vous avez tout le confort. Sauf si vous pêchez, ajouta-t-elle, comme en aparté. Fer et table à repasser, cafetière électrique, savon.

– Sympa, dis-je.

– L'autre chalet s'appelle Sapin du Canada. Il est à côté du bois de pins, près du torrent. Il a une kitchenette, mais pas de cheminée. Je peux vous y conduire si vous voulez.

Elle parlait la plupart du temps sans me regarder, s'adressant à un point situé à deux mètres sur ma gauche.

– Celui-ci me va. Je le prends.

– Comme vous voudrez, dit-elle en me tendant une clé. Les voitures restent au parking. Il y a du bois sur le côté. Attention aux tarentules si vous prenez des bûches. Il y a un téléphone public à l'extérieur du bureau. Autant de gagné sur les problèmes de facturation. On a un café au bas de la route, à une cinquantaine de mètres par là. Vous ne pouvez pas le rater. Petit déjeuner, déjeuner et dîner. Ouvert de six heures le matin à neuf heures et demie le soir.

– Merci.

Après son départ, j'attendis un peu, histoire de lui laisser le temps de réintégrer son bureau. Je regagnai l'aire de stationnement et récupérai mon sac de voyage, ainsi que la machine à écrire portable que j'avais mise à l'abri des regards indiscrets dans ma voiture de location. J'avais passé mes loisirs chez Dietz à rattraper ma paperasserie en retard. Ma garde-robe consiste, pour l'essentiel, en jeans et cols roulés, ce qui simplifie au maximum les bagages une fois qu'on y a fourré une poignée de petites culottes.

De retour au chalet, je posai la machine sur le lit et rangeai mes quelques articles vestimentaires dans une commode d'un rustique étudié. Je sortis mon shampooing et plaçai ma brosse à dents et le dentifrice sur le rebord du lavabo, jetant un coup d'œil satisfait autour de moi. *Home sweet home*, hormis les tarentules. Je testai les toilettes, qui fonctionnaient, puis inspectai la douche dissimulée avec art derrière un lé de bure écrue coulissant sur une tringle en métal. Le bac semblait propre, mais fait dans un matériau qui donnait envie de marcher sur la pointe des pieds. Dans ma jeunesse, les virées à la piscine m'avaient appris la prudence et je crispais encore instinctivement les orteils pour éviter les tampons de Kleenex trempés et les épingles à cheveux rouillées. Il n'y en avait apparemment pas ici, mais je percevais la présence fantomatique de résidus d'un autre âge – même odeur de chlore mâtinée du shampooing de quelqu'un d'autre. Je vérifiai la cafetière, mais une dent semblait manquer à la fiche et je ne vis aucun sachet de café moulu ni de sucre ou de crème allégée offerts par la maison. Cela pour le confort. Le savon m'emplit de gratitude.

Je revins dans la pièce principale et fis un rapide état des lieux. Sous la fenêtre latérale, on avait installé une table en bois et deux chaises de façon à avoir vue sur les bois. Je récupérai ma lourde machine et la posai sur la table. Il me faudrait faire un tour en ville pour trouver une ramette de papier et un service de photocopie. De nos jours, la plupart des détectives privés se servent d'ordinateurs, mais les subtilités de ces engins m'échappent. Avec ma bonne grosse Smith-Corona, je n'ai pas besoin de prise électrique et ne me soucie pas d'écraser ou de perdre un fichier. Je tirai une chaise devant la table et regardai le rideau d'arbres grêles. Même les espèces à feuilles persistantes paraissaient mitées. A travers un lacis d'aiguilles de pin, j'aperçus la ligne d'une clôture qui séparait la propriété de Cecilia de celle de derrière. Cette partie de la ville semblait avoir été reprise sur d'anciennes exploitations agricoles, avec d'amples terrains non construits et peut-être cultivés à l'époque. Je sortis un bloc fatigué, format ministre, et y inscrivis quelques notes personnelles, surtout des gribouillis si vous tenez vraiment à savoir.

Disons, en gros, que Selma Newquist m'avait engagée pour reconstituer les quatre à six dernières semaines de la vie de son époux défunt, en partant du principe que ce qui le perturbait datait de cette période. En général, je n'aime pas les époux qui s'espionnent – surtout quand l'un des deux est mort –, mais elle paraissait convaincue que des réponses allaient clore le dossier. Moi, je demandais à voir. Peut-être Tom Newquist avait-il eu simplement des soucis d'argent ou se demandait-il à quoi il allait occuper sa retraite.

Nous étions convenues que je lui ferais un rapport de vive voix tous les deux ou trois jours, assorti d'un compte rendu écrit. Selma avait d'abord élevé des objections : des rapports de vive voix lui suffiraient largement, mais je lui répondis que je préférais les choses écrites, en partie pour coucher par le détail toutes les informations recueillies. Fructueuse ou non, je voulais qu'elle voie le champ couvert par mon enquête. Il était tout aussi important pour elle de se rendre compte des informations que je ne pouvais pas vérifier que de disposer d'un état des faits glanés en cours de route. Dans les rapports oraux, une grande partie des données se perd dans la restitution qui en est faite. La plupart des gens ne savent pas écouter. Vu la complexité de nos processus mentaux, la personne qui reçoit les données en question ne suit pas, refuse, oublie ou interprète incorrectement quatre-vingts pour cent de ce qu'on lui dit. Prenez n'importe quel fragment de conversation d'un quart d'heure et essayez de le reconstituer plus tard : vous comprendrez. Si la communication comporte un quelconque élément émotionnel, la qualité de l'information retenue se dégrade encore. Le compte rendu écrit présente aussi des avantages pour moi. Qu'une semaine passe et je me rappelle à peine la différence entre le lundi et le mardi, encore moins les démarches que j'ai effectuées et dans quel ordre. J'ai remarqué que les clients ne doutent pas de vos capacités jusqu'à l'heure de la facture ; alors et subitement, le montant leur paraît scandaleux et ils se demandent ce que vous avez bien pu faire pour le justifier. Mieux vaut leur envoyer une note avec un historique. J'aime citer mes faits et gestes à la virgule près. Cela prouve au moins votre QI et vos aptitudes rédactionnelles. Comment faire confiance à quelqu'un qui se fiche pas mal de l'orthographe ou ne peut même pas écrire une simple phrase déclarative ?

Nous avions aussi discuté de mes honoraires. Travaillant en indépendante, je n'ai pas de règle absolue en matière de facturation, surtout pour une affaire comme celle-ci où je travaillais hors de mon secteur habituel. Tantôt je fixe une somme forfaitaire tous frais inclus, tantôt je facture un taux horaire et y ajoute les frais. Selma m'avait assuré qu'elle avait de l'argent à dépenser, mais, sincèrement, je me sentais coupable d'entamer la succession de Tom. Par ailleurs, elle était le dernier vivant et, à mon avis, son point de vue se défendait. Pourquoi aurait-il fallu qu'elle passe le restant de ses jours à se demander si son mari lui avait caché des choses ? C'est assez d'affronter le chagrin sans y ajouter les regrets d'un travail de deuil inachevé. Selma avait déjà suffisamment de mal à se faire à la mort de Tom. Elle avait besoin de connaître la vérité et comptait sur moi pour la lui fournir. D'accord. J'espérais pouvoir lui apporter une réponse propre à la satisfaire.

En attendant d'avoir une idée du temps qu'il me faudrait, nous étions convenues de quatre cents dollars par jour. Dietz m'avait donné un modèle de contrat passe-partout. J'y avais précisé la date et les conditions de ma mission et elle m'avait signé un chèque de quinze cents dollars. J'irais le déposer d'un coup de voiture à la banque pour m'assurer qu'il était provisionné avant de passer aux choses sérieuses. Navrée de l'avouer, mais si ma compassion est acquise à toutes les veuves, orphelins et damnés de la terre, j'estime plus sage de vérifier qu'on a versé les fonds nécessaires avant de voler au secours de qui que ce soit.

Je fermai le chalet à clé, repris ma voiture de location et fis les neuf kilomètres qui me séparaient de la ville. Les entreprises commerciales habituelles, peu nombreuses, se succédaient au bord de la route : un dépôt de tracteurs, une décharge de voitures, un parking de caravanes, une grande surface et une station-service. Entre elles se déployaient des champs dorés d'herbe sèche et de touffes de graminées. La vaste étendue de ciel était passée du bleu intense au gris ; une épaisse brume blanche cachait le sommet des montagnes. Au loin, vers l'ouest, une formation nuageuse effilochée s'incrustait, immobile. Toutes les collines proches affichaient le même brun rouge hirsute et moucheté de pois blancs. Le vent tourmentait les arbres. Je mis le chauffage, triturant la manette de réglage jusqu'à ce qu'une brise tropicale me caresse les jambes.

En prévision de mon séjour à Carson City, j'avais pris ma veste en tweed pour les grandes occasions et un blouson en jean pour le tout-venant. Trop minces et en tissu trop léger, aucun n'offrait une protection suffisante pour cette région. Je maraudai dans les rues du quartier commercial et découvris une boutique d'articles d'occasion. Je garai ma voiture de location devant, dans une place en biais. Dans la vitrine s'entassaient des ustensiles de cuisine et du petit mobilier : un bloc de bibliothèque, un tabouret bas, des piles de vaisselle dépareillée, cinq lampes, un tricycle, un hachoir, un vieux poste de radio Philco et des enseignes rouges à la gloire du savon à barbe Burma-Shave attachées par un fil de fer. Sur celle du haut de la pile on lisait : VOTRE MARI. Votre mari quoi ? Votre mari fait quoi ? Les panneaux publicitaires de Burma-Shave étaient apparus dans les années vingt et il en restait encore beaucoup quand j'étais petite, toujours avec des variantes jouant sur le rythme et la rime. *Votre mari... est barbu ?... Ou carrément tordu ?... S'il vit dans une cave... Offrez-lui... du Burma-Shave.* Et autres astuces du même genre.

La boutique sentait les vieilles chaussures à l'abandon. Je me frayai un chemin au milieu des allées encombrées de vêtements suspendus. Les portants en enfilade croulaient sous des articles sans doute achetés pour une fête ou une grande occasion. Toges de diplôme de fin d'études, robes de cocktail, tailleurs de femme, pulls en acrylique, chemisiers et chemisettes hawaïennes. Les lainages semblaient découragés et les cotons fatigués, les couleurs avaient pâli à force de lavages. Vers le fond, une tringle fléchissait sous le poids de parkas et de vestes fourrées.

J'enfilai un volumineux blouson d'aviateur en cuir marron. Son poids me fit penser aux tabliers plombés que l'homme de l'art vous étale sur le corps pour vous radiographier la mâchoire depuis une autre pièce où il opère en toute sécurité. Le blouson était doublé de mouton, relativement peu feutré, et une des fermetures Éclair des poches cassée. Je vérifiai l'intérieur du col. Taille moyenne, assez grande pour que je puisse enfiler un gros pull par-dessous en cas de besoin. L'étiquette du prix était épinglée sur les côtes en tricot marron du poignet. Quarante dollars. Une affaire. *Votre mari est en rut ? Il gratouille son cul velu ? Si vous voulez qu'il se baigne... domptez-le avec Burma-Shave.* Je mis le blouson sur mon bras et continuai de déambuler dans les allées. Je dénichai une chemise en flanelle bleu passé et une paire de chaussures de randonnée. En me dirigeant vers la sortie, je m'arrêtai pour défaire le fil de fer attachant les panneaux Burma-Shave et lus ces derniers l'un après l'autre.

VOTRE MARI
EST UN MALAPPRIS ?

IL GROGNE, BOUGONNE,
PESTE ET RONCHONNE ?

DOMPTEZ CE BRAVE
À COUPS DE BURMA-SHAVE

Je souris en mon for intérieur. Pas si mauvaise, hein ? Mes achats à la main, je ressortis dans la rue. Vive la belle époque ! Depuis quelque temps, les Américains perdent le sens de l'humour.

Je repérai une papeterie sur le trottoir d'en face. Je traversai et fis des provisions, dont deux paquets de fiches. Deux portes plus loin, je tombai sur une agence de la banque de Selma, m'assurai que le chèque était provisionné et ressortis avec une liasse de billets de vingt dans mon sac en bandoulière. Je récupérai ma voiture et démarrai, faisant le tour du pâté de maisons pour repartir dans la bonne direction. La ville me paraissait déjà familière : plan clair et rues qui se coupaient à angle droit. L'artère principale comptait quatre voies. De part et d'autre se dressaient des bâtiments d'un ou deux étages en général, mais n'ayant aucun style particulier en commun. L'atmosphère était vaguement Ouest américain. A chaque carrefour, j'apercevais un coin de montagnes, leurs sommets enneigés formant une toile de fond en continu jusqu'à l'extrémité de l'agglomération. Il y avait peu de circulation, et uniquement de véhicules utilitaires : camionnettes et voitures d'entreprise équipées de galeries pour les skis.

Quand j'arrivai chez Selma, je vis la porte du garage ouverte. La place de gauche était vide. A droite, il y avait un pick-up bleu de modèle récent. En descendant de voiture, j'aperçus un shérif adjoint qui sortait d'une maison deux portes plus loin. Il traversa les deux allées qui nous séparaient, se dirigeant vers moi. J'attendis ; sans doute Macon, le frère cadet de Tom. Difficile d'estimer leur différence d'âge à première vue. Je le situai à la fin de la quarantaine, mais il ne faut pas se fier aux apparences. Cheveux et sourcils foncés, visage agréable, mais banal. Dans les un mètre quatre-vingts, et costaud. Il portait un blouson épais qui s'arrêtait à la taille – pour avoir facilement accès à son arme de service sur la fesse droite. Le ceinturon et l'arme lui donnaient un poids et une présence qui, je le crains, auraient été moins évidents sans cet attirail.

– Macon ? lui demandai-je.

Il me tendit la main, j'en fis autant.

– En personne. Je vous ai vue vous arrêter et me suis dit que j'allais venir me présenter. Vous avez déjà fait la connaissance de ma femme, Phyllis.

– Je suis désolée pour votre frère.

– Merci. Le choc a été rude, croyez-moi.

Du pouce, il désigna la maison :

– Selma n'est pas là. Je crois qu'elle est partie au marché il n'y a pas longtemps. Vous voulez entrer ? En général, la porte reste ouverte, mais vous êtes la bienvenue chez nous. Ça vaut sûrement mieux que de rester dehors dans le froid !

– Ne vous dérangez pas. Elle va sûrement rentrer d'une minute à l'autre, sinon je trouverai toujours à m'occuper. J'aimerais discuter avec vous un moment, demain ou après-demain.

– Quand vous voudrez. Pas de problème. Je répondrai à toutes vos questions, mais j'avoue que le but de Selma nous échappe. Pourquoi aller se mettre martel en tête ? Phyllis et moi, on n'arrive pas à comprendre ce qu'elle attend d'un détective privé. Avec tout le respect que je vous dois, ça me paraît idiot.

– Vous devriez peut-être lui en parler.

– Je peux vous dire tout de suite ce que vous apprendrez sur Tom. C'était le type le plus droit qu'on ait jamais rencontré ! Ici, tout le monde le respectait, moi le premier.

– Alors, je n'en aurai sans doute pas pour longtemps.

– Selma vous a mise où ? Un endroit sympathique, j'espère.

– Aux Chalets de Nota Lake. Cecilia Boden est votre sœur, si j'ai bien compris. Vous êtes nombreux dans la famille ?

Macon eut un geste négatif de la tête.

– Non, juste nous trois. Je suis le petit dernier. Tom avait trois ans de plus que Cecilia et presque quinze de plus que moi. Du plus loin que je me souvienne, j'ai toujours traîné dans leurs basques. J'ai atterri au bureau du shérif bien des années après que Tom y a été engagé. C'était pareil à l'école. Toujours à marcher sur les traces d'un autre !

Il se détourna vers la rue pour regarder la voiture de Selma qui arrivait et ralentissait déjà avant de s'engager dans l'allée.

– Maintenant qu'elle est là, je vous laisse. Faites-moi savoir à quoi je peux être utile. Vous pouvez nous passer un coup de fil ou frapper à la porte. C'est la maison verte à parements blancs.

Selma était déjà rentrée dans le garage. Elle descendit de voiture. Macon et elle se saluèrent avec une froideur imperceptible. Lorsqu'elle ouvrit le coffre de sa berline, Macon et moi prîmes congé sur le genre de platitudes qui signalent la fin d'une conversation. Selma sortit un sac en papier rempli de provisions et deux enveloppes de teinturerie du coffre et en referma le couvercle d'un coup sec. Sous son manteau de fourrure, elle portait un pantalon anthracite au pli élégant et une chemise à manches longues en soie cerise.

Tandis que Macon repartait chez lui, j'entrai dans le garage.

– Laissez-moi vous aider à porter ça, lui lançai-je en saisissant le sac de provisions qu'elle m'abandonna sans se faire prier.

– J'espère ne pas vous avoir fait attendre trop longtemps, dit-elle. J'ai décidé que j'avais assez pleurniché sur mon sort. Autant s'activer.

– A qui est le pick-up ? A Tom ?

Elle me fit signe que oui en ouvrant la porte qui conduisait du garage à l'intérieur de la maison.

– Je l'ai fait remorquer par un type du garage le lendemain de sa mort. Le policier qui l'a découvert a pris les clés et l'a laissé fermé sans y toucher. Je ne peux pas me résoudre à le conduire. Je pense que je vais le vendre, ou le donner à Brant.

Elle appuya sur un bouton et la porte du garage s'abaissa dans un grondement.

– Vous avez fait la connaissance de Macon, à ce que je vois.

– Il est venu se présenter, lui expliquai-je en entrant derrière elle. A propos, je voulais vous dire… J'ai l'intention d'interroger beaucoup de gens d'ici et je ne sais pas encore comment je vais procéder. Quoi que vous entendiez dire, laissez-moi faire.

Elle rangea les clés dans son sac et gagna l'office tandis que je la suivais de près. Elle referma la porte derrière nous.

– Pourquoi ne pas dire la vérité ?

– Je le ferai chaque fois que ce sera possible, mais à ce que je comprends, Tom était un membre très respecté de la communauté. Si je commence à poser des questions sur ses affaires personnelles, personne n'ouvrira la bouche. J'essaierai peut-être une autre tactique. Sans que ça aille jamais très loin, je déformerai peut-être un peu les faits.

– Et Cecilia ? Qu'allez-vous lui dire ?

– Je ne sais pas encore. Je trouverai bien.

– Vous allez en entendre de belles ! Elle ne m'a jamais portée dans son cœur. Quels qu'aient pu être les problèmes de Tom, elle rejettera la faute sur moi si elle le peut. Pareil avec son frère. Macon passait son temps à demander des trucs à Tom : un prêt, un conseil, un mot de recommandation dans son service, n'importe quoi. Si je ne m'en étais pas mêlée, il l'aurait sucé jusqu'à la moelle ! Soyez gentille : ne prenez rien de ce qu'ils vous diront au pied de la lettre.

Les esprits rancuniers ont du bon : ils vous disent tout, pensai-je.

Arrivée dans la cuisine, elle posa son manteau de fourrure sur le dossier d'une chaise. Je la regardai défaire les provisions et les ranger. Je lui proposai mon aide, mais elle la repoussa d'un geste, sous prétexte qu'elle irait plus vite si elle le faisait elle-même. Les murs de la cuisine étaient peints en jaune vif ; un linoléum blanc et jaune d'un seul tenant jetait un éclat lumineux sur le sol. Un coin salle à manger, tout en plastique rembourré jaune et armatures en chrome, occupait un renfoncement pourvu d'un bow-window où se pressaient… je me penchai pour mieux voir… des plantes artificielles. Elle m'indiqua un siège en face d'elle de l'autre côté de la table, tandis qu'elle pliait consciencieusement le sac de l'épicerie et le remisait dans un casier débordant de sacs identiques.

Elle se dirigea vers le réfrigérateur et en ouvrit la porte.

– Que prenez-vous dans votre café ? J'ai de la crème à la noisette ou allégée.

Elle sortit un petit carton et en renifla le bec verseur d'une narine experte. Avec une grimace, elle le reposa dans l'évier.

– Noir, ce sera parfait, lui dis-je.

– Vous êtes sûre ?

– Sans façon. Ce n'est pas un problème. J'ai des goûts simples.

J'ôtai mon blouson et l'accrochai au dossier de ma chaise pendant qu'elle sortait deux mugs, le bol de sucre et une cuillère pour elle.

Elle servit le café et reposa le pichet en verre sur le socle chauffant de la cafetière, allant et venant dans la pièce avec des claquements de talons décidés. Son énergie trahissait à peine une touche de nervosité. Elle se rassit et actionna un petit Dunhill en or pour s'allumer une nouvelle cigarette. Elle inspira profondément la fumée.

– Par où allez-vous commencer ?

– Par le bureau de Tom, je pense. La réponse est peut-être limpide, bien en évidence sur sa table.

CHAPITRE 3

Je passai le reste de l'après-midi à essayer d'y voir un peu clair dans le bureau de Tom, qui était d'un désordre inadmissible. Je vous fais grâce de la liste assommante des documents que j'inspectai, des dossiers que j'épluchai, des tiroirs que je vidai et des reçus que je passai au peigne fin afin d'y découvrir quelque chose qui aurait pu expliquer ses angoisses. Dans mon rapport à Selma, j'exagérai (légèrement) l'étendue de mes efforts pour lui donner une idée de ce qu'on trouve aujourd'hui sur le marché pour cinquante dollars l'heure. En trois heures, j'avais éclairci la moitié de cette jungle. Malgré ce qui le tarabustait, Tom n'avait guère laissé d'indices.

Un besoin compulsif le poussait manifestement à garder jusqu'au plus petit bout de papier, mais même s'il avait adopté une méthode de classement quelconque, il avait laissé derrière lui une vraie pagaille, et je suis indulgente. Dossiers, courrier, factures acquittées ou à régler, formulaires d'impôt sur le revenu, articles de journaux, plus les chemises de ses affaires en cours s'accumulaient pêle-mêle sur son bureau, superposition de couches sur trente à trente-cinq centimètres d'épaisseur, certaines piles donnant de la bande pour venir s'encastrer dans celles qui leur étaient adjacentes. Il savait sûrement trouver immédiatement ce qu'il cherchait, mais la tâche que j'affrontais était bien décourageante. Peut-être pensait-il trier et dompter cet amoncellement dès qu'il aurait une minute. Comme la plupart des gens désordonnés, il y voyait sans doute un fouillis provisoire, convaincu qu'il était de s'atteler, et sans tarder, au rangement de tous ses papiers. Malheureusement, la mort l'avait pris de court et, maintenant, c'était à moi de faire le ménage. Je pris bonne note de plier impeccablement mes petites culottes dès mon retour. Dans le tiroir du bas de son bureau, je découvris une partie de son fourniment : menottes, matraque, la torche électrique qu'il avait sans doute avec lui. Macon serait peut-être content de les récupérer. Ne pas oublier d'en toucher un mot à Selma.

Je passai au crible le contenu de deux grands sacs-poubelle pleins de cochonneries, prenant sur moi de jeter tous les talons de factures de service des dix dernières années. J'en conservai un échantillon constitué au hasard, au cas où, voulant vendre la maison, Selma aurait besoin d'estimer la moyenne des dépenses courantes pour les acquéreurs éventuels. La porte du bureau ouverte, je continuais à discuter avec Selma restée dans la cuisine pendant que je triais et jetais.

– J'aimerais avoir une photo de Tom, lui dis-je.

– Pour quoi faire ?

– Je ne sais pas encore. Juste une idée qui ne me paraît pas mauvaise.

– Prenez une de celles qui sont sur le mur, près de la fenêtre.

Je jetai un coup d'œil derrière moi et vis plusieurs photos de lui prises dans des contextes divers.

– D'accord, dis-je.

Mettant de côté la pile de papiers que je triais et qui m'encombrait les genoux, je m'approchai du groupe de photos le plus proche. La plus somptueusement encadrée montrait un Tom Newquist sérieux comme un pape et le shérif, Bob Staffer, à ce qui semblait être un banquet. Les deux hommes se trouvaient en compagnie de plusieurs couples, autour d'un beau centre de table avec un 2 piqué au milieu. Staffer avait dédicacé la photo dans le coin inférieur droit : « A la crème des inspecteurs de la police ! Bien cordialement, Bob Staffer. » Elle était datée d'avril de l'année précédente. Je décrochai le cadre et l'approchai du jour déclinant filtré par la fenêtre.

Tom Newquist ne faisait pas ses soixante-trois ans : il avait des yeux en boutons de bottine, un visage rond ordinaire et des cheveux foncés coupés en brosse courte. Son expression était celle que j'avais toujours vue aux policiers : neutre, attentive, intelligente. Un visage qui ne livrait rien de l'homme qui l'habitait. Il ne fallait pas s'y tromper : vous aurait-il interrogé en qualité de suspect qu'il aurait posé les bonnes questions et que rien ne vous aurait laissé deviner le genre de réponse propre à le désintéresser de votre cas. Lui auriez-vous lancé une blague qu'il ne vous aurait pas vraiment renvoyé un sourire. Lui auriez-vous prêté de bonnes dispositions que sa rogne aurait explosé avec une violence déconcertante. Mais témoin, vous auriez peut-être découvert un autre pan de sa personnalité : prévenant, compatissant, patient, consciencieux. A ressembler aux autres policiers de ma connaissance, il aurait très bien pu se montrer tour à tour implacable, sarcastique et teigneux, tout pour parvenir à la vérité. Indépendamment du contexte, des mots comme « impulsif » et « exubérant » ne venaient pas d'emblée à l'esprit. Sur le plan personnel, l'homme avait peut-être été différent, et ma mission consistait à déterminer en quoi. Qu'avait-il donc trouvé à une Selma qui paraissait un rien trop culottée et émotive pour un pareil maître du camouflage ?

Je levai les yeux et la vis qui m'observait dans l'embrasure de la porte. Même si elle s'habillait cher, il se dégageait d'elle quelque chose de terriblement ordinaire. A force de décolorations, ses cheveux avaient pris la texture d'une perruque de poupée et je me demandai si je n'y verrais pas des touffes de transplants capillaires en les regardant de plus près. Je lui tendis la photo :

– Je peux ? J'aimerais la faire recadrer et tirer en plusieurs exemplaires. Si je veux retracer ses activités au cours de ces deux derniers mois, son visage déclenchera plus de souvenirs qu'un simple nom.

– Absolument. J'aimerais en avoir une pour moi aussi. Il est bien sur celle-là.

– Il ne souriait pas beaucoup.

– Non, pas souvent. Surtout en société. Avec ses copains... les autres adjoints... il se détendait. Ça se présente comment ?

– Jusqu'ici, rien que des trucs à jeter, lui répondis-je avec un geste désabusé.

Je revins à la masse de papiers étalés devant moi.

– Dommage que vous ne vous soyez pas chargée des factures !

– Je suis nulle avec les chiffres. Au lycée, je détestais les maths, dit-elle.

Puis, au bout d'un moment, elle ajouta :

– Je commence à me sentir coupable à vous laisser fouiller dans ses affaires comme ça.

– Ne vous inquiétez pas. C'est mon métier. Je pose des diagnostics, comme une gynécologue quand vous avez les pieds dans les étriers et le derrière à l'air. Mon intérêt est uniquement professionnel. Je regarde simplement ce que j'ai sous les yeux.

– C'était un homme droit. Croyez-moi.

– Je n'en doute pas. Cette recherche ne mènera peut-être à rien et, dans ce cas, vous vous sentirez mieux. Vous avez le droit d'avoir l'esprit en paix.

– Avez-vous besoin d'aide ?

– Pas vraiment. Pour l'instant, j'en suis encore à l'élagage. De toute façon, j'ai quasiment terminé pour aujourd'hui. Je repasserai demain jeter un autre coup d'œil.

Je tassai une pleine poignée de catalogues et de brochures publicitaires dans le sac-poubelle. Je relevai la tête, consciente que Selma n'avait toujours pas bougé.

– Pouvez-vous rester dîner avec moi ? Brant a du travail, on serait juste toutes les deux.

– Il faut que je rentre, mais merci. Demain peut-être. J'ai des coups de fil à donner, ensuite je pense grignoter quelque chose sur le pouce et me coucher tôt. Je veux avoir liquidé tout ça demain matin. Il va falloir éplucher les factures détaillées des appels téléphoniques. C'est un gros boulot et je le réserve pour la fin. On s'y mettra ensemble pour voir les numéros que vous pouvez identifier.

– Très bien, dit-elle à contrecœur. Je vous laisse travailler.

Lorsque j'en eus fini pour la journée, Selma me confia une clé de la maison, tout en m'assurant qu'en général elle laissait ouvert. Elle était souvent partie, me précisa-t-elle encore, mais elle entendait me laisser disposer de sa maison pendant ses absences. Je lui dis mon intention d'examiner les vêtements de Tom ; elle n'éleva aucune objection. Je n'avais pas envie de la voir débarquer et me trouver en train de faire les poches de son mari.

Il faisait nuit noire quand je partis et l'éclairage municipal n'atténuait guère le côté désert de l'endroit. En ville, la circulation était animée. Les gens rentraient chez eux pour dîner et les commerces fermaient. Ce serait bientôt le coup de feu dans les restaurants, et les bars laisseraient leur porte ouverte pour évacuer le trop-plein de bruit et de fumée de cigarette. Quelques joggers intrépides avaient investi les trottoirs, en même temps que le lot habituel de propriétaires de chiens, dont les animaux confiés à leur garde se soulageaient sur les arbustes.

Une fois sur la route, je pris conscience des larges étendues de terrain où rien ne disait une présence humaine. Le jour, les clôtures et les appentis dépareillés faisaient croire à une zone rurale naguère civilisée. Le soir, les chaînes de montagnes dressaient leur noirceur de jais et le mince et pâle croissant de la lune effleurait à peine les pics neigeux d'un pinceau argenté. La température avait chuté et je sentais l'humidité du lac. J'eus un bref pincement de nostalgie en songeant à Santa Teresa, à ses toits de tuile rouge et à ses palmiers, au fracas du Pacifique.

Je ralentis en voyant le panneau qui indiquait les Chalets de Nota Lake. Une flambée crépitante et une douche brûlante me remonteraient peut-être le moral. Je garai ma voiture dans le petit parking près de la réception. Cecilia Boden avait fort généreusement installé quelques loupiotes à bas voltage au bord du chemin conduisant aux chalets, sortes de petits champignons qui projetaient un cercle jaune terne sur les écorces de cèdre. Une loupiote allumée était fixée à côté de la porte. Je n'avais laissé aucune lumière allumée pour m'accueillir, devinant que peut-être la direction réprouverait cet excès. J'ouvris la porte et entrai, cherchant l'interrupteur à tâtons. L'ampoule du plafonnier s'alluma, déversant ses quarante watts sans joie. Je gagnai le lit et allumai la lampe de chevet, qui m'en dispensa quarante de plus. Le réveil digital s'obstinait à afficher un 12 :00 révélateur d'une baisse de tension antérieure. Je consultai ma montre et le remis à l'heure. 6 :22.

Il se dégageait de la pièce une impression lugubre et glaciale. Une forte odeur d'anciennes flambées et de moisi s'insinuait par les lattes du plancher. Je vérifiai le bois dans l'âtre. On avait placé à côté une pile de journaux pour le faire prendre. Bien entendu, il n'y avait pas d'allume-gaz et je prévoyais déjà qu'il me faudrait plus de temps pour allumer le feu que pour en jouir. Je fis le tour de la pièce, tirant les rideaux de cotonnade en travers des vitres. Puis je me déshabillai et entrai dans la douche. Je ne suis pas du genre à gaspiller l'eau, mais de toute façon elle tiédit avant que mes quatre minutes réglementaires se fussent écoulées. Je rinçai les ultimes traces de shampooing un millième de seconde avant le déluge d'eau glacée. Toute cette histoire commençait à fleurer le retour à la vie sauvage.

Rhabillée, je fermai le chalet à clé, regagnai la route et marchai d'un pas vif sur l'accotement jusqu'au restaurant. Le Rainbow Café avait à peu près les dimensions d'une double caravane avec comptoir en Formica, huit tabourets en enfilade et huit box en Naugahyde disposés le long de deux des murs. On y dénombrait une personne (de sexe féminin) chargée du service, une autre (également de sexe féminin) aux commandes de la restauration rapide et un conducteur de bus (de sexe masculin et jeune). Je commandai un petit déjeuner en guise de dîner. Rien de plus réconfortant que des œufs brouillés le soir ; d'un jaune moelleux réjouissant, luisants de beurre et piquetés de poivre moulu. J'eus droit à trois lanières de bacon frit, une montagne de pommes de terre sautées aux oignons et deux tranches de pain de seigle imbibées de beurre et dégoulinantes de confiture. Le mélange des saveurs qui me fondirent dans la bouche faillit me faire roucouler de volupté.

Sur le chemin du retour, je fis une halte pour utiliser le téléphone public à l'extérieur de la réception. Cabine en verre et métal désuète et à laquelle manquait la porte pliante. J'appelai Dietz avec ma carte de crédit.

– Salut, bébé ! Comment se porte notre malade ? lançai-je lorsqu'il décrocha.

– Comme un charme. Et toi ?

– Ça peut aller. Sous contrat pour l'instant.

– A Nota Lake ?

– Et où ça sinon ? Dans une cabine au milieu des pins, comme dit la chanson.

– Des résultats ?

– Comme je viens de démarrer, c'est difficile à dire. Si j'ai bien compris, Selma t'a parlé de Tom ?

– Juste pour me dire qu'à son avis quelque chose le rongeait. Rien de très précis.

– Et comment ! Et lui… tu le connaissais ?

– Pas le moins du monde. Quant à elle, je ne l'ai pas revue depuis plus de quinze ans. Elle tient le coup ?

– Elle a la forme. Bouleversée, mais qui ne le serait à sa place ?

– Tu joues ça comment ? s'enquit-il.

– Comme d'habitude. J'ai passé une bonne partie de la journée à inspecter le bureau de Tom. Demain, je commence à interroger ses amis et connaissances et on verra ce qu'il en sortira. Je me donne jusqu'à jeudi pour faire le point. Je voudrais vraiment être rentrée pour le week-end si tout se passe bien. Comment va le genou ?

– Beaucoup mieux. La kiné est une sadique, mais je m'y fais. Tes sandwichs me manquent.

– Menteur…

– Non, sérieusement. Tu veux que je te dise ? Dès que tu auras terminé, tu devrais revenir par ici.

– Euh… Non, merci. Je veux dormir dans mon lit. Et ça fait un mois que je n'ai pas vu Henry.

Henry est mon propriétaire et il a quatre-vingt-six ans. On le verrait en photo de couverture si l'Association américaine des retraités décidait un jour de faire un calendrier des bombes octogénaires.

– Réfléchis tout de même, me susurra Dietz.

– Écoute, ma période d'infirmière au grand cœur est terminée. J'ai une entreprise à gérer. Excuse-moi, mais j'y vais. Il fait un froid de canard dans ce bled.

– Alors, je ne te retiens pas. Fais bien attention à toi.

– Toi de même.

Je passai un coup de fil à Henry et le surpris au moment où il partait.

– Où allais-tu ? lui demandai-je.

– Je file chez Rosie. William et elle ont besoin de renfort car c'est plein ce soir.

Rosie tient le restaurant situé à un demi-pâté de maisons de chez moi. Elle a épousé le frère aîné d'Henry, William, à Thanksgiving l'année dernière, et ledit William apprenait le métier à une vitesse déconcertante.

– Et toi ? Tu m'appelles d'où ?

Je lui répétai mon histoire et lui expliquai où je me trouvais. Puis je lui donnai les numéros du domicile de Selma et du bureau des Chalets de Nota Lake au cas où il voudrait me joindre. Nous bavardâmes un peu avant qu'il soit obligé d'y aller. Quand il eut raccroché, j'appelai le bureau de Lonnie et laissai un message pour Ida Ruth avec encore une fois mon adresse et le numéro de Selma au cas où elle devrait absolument me contacter. Impossible de trouver quelqu'un d'autre à appeler pour me sentir moins seule. Après avoir reposé le combiné, je fourrai mes mains dans mes poches de blouson en espérant, avec un bel optimisme, me protéger du vent. L'idée de passer la soirée au chalet me déprimait. Dans le chiche éclairage des ampoules de quarante watts, même lire m'en coûterait. Je me vis ratatinée sous le couvre-lit matelassé et sans doute humide, à m'arracher les yeux pour essayer d'y voir pendant que les araignées se mettraient à crapahuter sur la pile de bûches à la seconde même où ma vigilance se relâcherait. La perspective était d'autant moins réjouissante que ma seule lecture consistait en un livre sur l'identification des traces de pneus et des empreintes de pas.

En traversant la réception, je glissai un œil par la porte vitrée. La lumière brillait, mais il n'y avait aucun signe de Cecilia. SONNEZ POUR APPELER LA DIR., lisait-on sur une pancarte manuscrite. J'entrai, négligeai la sonnette du comptoir et frappai à la porte marquée DIRECTION. Au bout d'un moment, Cecilia fit son apparition dans un peignoir en chenille rose et des mules en duvet rose.

– Oui ?

– Bonsoir, Cecilia. Pourrais-je vous dire un mot ?

– Un problème avec la chambre ?

– Pas du tout. Elle est parfaite. Enfin… en gros. Je me demandais si vous pourriez me consacrer quelques minutes pour me parler de votre frère.

– Pourquoi ça ?

– Selma ne vous a rien dit sur les raisons de ma présence à Nota Lake ?

– Juste qu'elle vous avait engagée. Je ne sais même pas ce que vous faites dans la vie.

– Ah… Eh bien, il se trouve que je suis enquêtrice de terrain pour la California Fidelity Insurance. Selma s'inquiète de la prime après le décès de Tom.

– Une prime pour quoi ?

– Bonne question. Bien entendu, je suis tenue à une certaine réserve en la matière. Comme vous le savez, *officiellement* Tom n'était pas en mission, mais elle pense qu'il pourrait être sorti pour des raisons professionnelles la nuit de sa mort. Et, si tel est le cas, rien ne l'empêche, elle, de faire valoir ses droits.

Inutile de lui préciser que Tom Newquist n'était pas assuré à la CFI ni que la compagnie m'avait remerciée dix-huit mois plus tôt. J'étais prête à produire ma carte d'identification plastifiée, toujours en ma possession. Le logo de la CFI y était estampé au verso, à côté d'une photo de ma personne, bref, le genre de pièce que la police des frontières afficherait pour identification immédiate.

Elle me fixa sans manifester la moindre réaction et, pendant une seconde où mon cœur cessa de battre, je me demandai si elle n'avait pas récemment pris sa retraite de quelque obscure agence de l'administration du comté. Elle paraissait ruminer toutes les règles et réglementations en essayant de savoir lesquelles étaient en vigueur la nuit en question. Je fus tentée de rajouter quelques enjolivures, mais craignis d'aller trop loin. Quand on ment, on a intérêt à jouer les libellules et à raser la surface. Plus on en dit au départ, plus il faut faire marche arrière ensuite s'il s'avère qu'on a commis une erreur. Elle ouvrit en grand la porte pour me laisser passer.

– Vous feriez mieux d'entrer. Je ne vous le cache pas, le sujet m'est pénible.

– Je l'imagine et je suis navrée de m'imposer. J'ai fait la connaissance de Macon tout à l'heure.

– Un incapable ! lança-t-elle. On ne sympathise pas. Évidemment, je n'ai jamais considéré Selma comme de la famille non plus et je suis sûre qu'elle en pense autant.

L'appartement de Cecilia Boden faisait la paire avec mon chalet : lugubre, mal éclairé et un brin minable. A ceci près que chez moi on gelait et qu'elle avait mis, elle, son thermostat plus ou moins en position de préchauffage. Un linoléum « imitation parquet » recouvrait le sol. Elle avait de la frisette sur les murs, des sièges rembourrés à éclater et protégés par des jetés au crochet de couleurs criardes. Un grand téléviseur trônait dans un angle, tous les sièges tournés vers lui. Les lunettes de lecture de Cecilia reposaient sur le bras du canapé le plus proche de la télévision. Je l'avais interrompue en plein dans les mots croisés de la feuille de chou locale. Elle les faisait au stylo-bille et sans corrections apparentes. Mon estime remonta d'un cran. Un pistolet sur la tempe, j'étais incapable d'une telle prouesse.

Il nous fallut quelques minutes pour trouver nos marques. Mon histoire, tout en paraissant plausible, ne me donnait guère de latitude pour explorer le personnage de Tom. Après tout, pourquoi Cecilia aurait-elle su ce qu'il faisait la nuit de sa mort ? En tout cas, elle ne sembla pas douter de mes intentions et, plus nous bavardions, plus il apparut qu'elle était toute à son affaire à discuter de Tom et de sa femme, de leur couple et de toutes les questions que je pouvais lui poser.

– D'après Selma, quelque chose préoccupait Tom ces dernières semaines. Avez-vous une idée de quoi ?

Elle se concentra sur la portion de sol qu'elle étudiait.

– Qu'est-ce qui lui fait croire qu'il avait un problème ?

– Ma foi, je ne sais pas trop. Elle m'a dit qu'il semblait tendu, fumait plus que d'habitude et, à l'en croire, il maigrissait. Il dormait mal et disparaissait sans donner d'explication. A ce que j'ai compris, ce n'était pas son genre. Vous a-t-il parlé de quelque chose ?

– Il ne m'a rien confié de précis, répondit-elle prudemment. Demandez plutôt à Macon. Ils étaient beaucoup plus proches qu'avec moi.

– Mais vous, votre impression ? Le sentiez-vous préoccupé ?

– C'est possible.

Devant cette avalanche de détails, je regrettai de ne pas prendre de notes.

– L'avez-vous interrogé là-dessus ?

– Je ne m'en sentais pas le droit. Nous n'avions pas ce type de relations. Il s'occupait de ses affaires et moi des miennes.

– Vous n'aviez pas une petite idée de ce qui se passait ?

Elle hésita un instant.

– Je crois que Tom était malheureux. Il ne m'en a jamais soufflé mot, mais j'en suis convaincue.

J'émis une sorte de *mmm*, petit bouche-trou verbal assorti de ce que j'espérais être un regard compréhensif.

Elle y vit un encouragement et se lança dans son analyse :

– Loin de moi l'idée de critiquer Selma ! C'est lui qui l'avait épousée. Pas moi. Sans doute avait-elle des qualités cachées. En tout cas, espérons-le. Si vous voulez que je vous dise, mon frère aurait pu trouver cent fois mieux ! Selma est snob, si vous voulez savoir.

Cette fois, je marmonnai :

– Ah bon ?

Son regard m'effleura, puis se perdit de nouveau dans le vide.

– Vous me semblez psychologue et je n'ai pas l'impression de commettre une indiscrétion avec vous. C'est une femme qui n'a aucune épaisseur spirituelle, même si elle pratique. Elle est assez intéressée. Si elle croit que les biens matériels combleront le vide de son existence, eh bien elle se trompe !

– Par exemple ?

– Vous avez vu la nouvelle moquette du séjour ?

– Oui, en effet.

Elle me décocha un regard ravi.

– Elle l'a fait installer il y a une dizaine de jours ! Je trouvais ça plutôt déplacé, si vite après, mais Selma ne m'a même pas demandé mon avis. Elle m'a aussi confié qu'elle envisageait de se faire poser des dents à pivot, celles de devant, ce qui n'est pas juste de la coquetterie, mais de l'irresponsabilité pure et simple. Vous parlez d'un gaspillage ! A croire que, maintenant qu'elle est veuve, elle peut se passer tous ses caprices.

La coquetterie, et alors ? Vu la panoplie des imperfections humaines, l'égocentrisme ne fait de mal à personne comparé à d'autres défauts que je ne citerai pas. Pourquoi ne pas faire ce qu'on juge bon pour se sentir mieux dans sa peau – dans des limites raisonnables, bien sûr. Si Selma voulait des dents à pivot, qu'est-ce que ça pouvait lui faire ? pensai-je. Au lieu de quoi, je déclarai :

– J'ai l'impression qu'elle tenait beaucoup à Tom.

– C'est bien le moins ! Et lui à elle, pourrais-je ajouter. Tom passait sa vie à essayer de satisfaire madame. Quand ce n'était pas une chose, c'en était une autre. D'abord, il lui a fallu une maison. Ensuite, elle a voulu quelque chose de plus grand et dans un quartier plus chic. Ça a continué avec l'inscription au country-club. Et ainsi de suite. Et si elle n'obtenait pas ce qu'elle voulait ? Eh bien, elle faisait la tête et boudait jusqu'à ce qu'il cède et le dépose à ses pieds ! Vous voulez que je vous dise : c'était une pitié. Tom se mettait en quatre pour elle, mais elle n'était jamais contente !

– Ah, mon Dieu, dis-je.

C'est ma façon de renvoyer la balle dans ce genre de situations. Je ne voyais pas, mais alors pas du tout, vers quoi m'orienter après ce début.

– Il était bel homme. J'ai vu une photo de lui chez eux, lançai-je à tout hasard.

– Ça, pour être joli garçon, il l'était ! Qu'il ait épousé Selma reste un mystère pour moi. Et puis, il y a le fils...

Les lèvres de Cecilia se pincèrent comme une bourse dont on tire les cordons.

– Brant m'a été antipathique dès que mes yeux se sont posés sur lui. Il était aussi mal embouché qu'un charretier et d'un culot monstre. Impertinent et effronté comme pas deux ! Et un vrai cancre, en plus. Un enfant caractériel qui avait du mal à contrôler ses pulsions, comme on dit. Naturellement, pour Selma, c'était un petit saint. Il pouvait tout faire : elle n'admettait pas la moindre réflexion à son sujet. Le malheureux Tom s'en arrachait presque les cheveux de désespoir. Je crois qu'il a finalement réussi à s'en débarrasser, mais on ne peut pas dire qu'elle y ait mis du sien !

– Elle m'a dit que Brant était auxiliaire médical. C'est un métier qui exige le sens des responsabilités.

– Je vous l'accorde, reconnut-elle à contrecœur. Il était temps qu'il se range. Tout le mérite en revient à Tom.

– Sauriez-vous par hasard où allait Tom ce soir-là ? A ce que je comprends, on l'a découvert quelque part en bordure de la ville.

– A un kilomètre et demi d'ici en allant vers le nord.

– Il n'est pas passé vous voir ?

– Si seulement il en avait eu l'idée ! s'écria-t-elle. J'étais chez une amie à Independence et suis rentrée un peu après dix heures et quart. J'ai croisé une ambulance, mais je n'imaginais pas que c'était pour lui.

CHAPITRE 4

Le mardi matin à neuf heures, je m'arrêtai près des bureaux du coroner de Nota County. J'avais passé une mauvaise nuit. L'isolation du chalet laissait à désirer et l'air de la nuit était glacial. J'avais mis le thermostat sur vingt et un degrés, avec pour seul résultat de l'inciter à s'enclencher et lâcher aussitôt. Je m'étais enfilée dans le lit en survêtement, pull à col roulé et épaisses chaussettes de laine. Le matelas avait la raideur d'un tas de boue figée en creux. Je me rencoquillai sous une couette, le dessus-de-lit matelassé et une couverture de laine, mon lourd blouson de cuir coiffant le sommet de la pile. Le temps que je me réchauffe enfin, ma vessie me fit savoir qu'elle était pleine à ras bord et requérait une évacuation immédiate sous peine d'inondation nocturne. J'essayai de traiter mon inconfort par le mépris, mais compris que je ne fermerais pas l'œil de la nuit avant d'avoir tenu compte du message. Le temps que je retourne sous les couvertures, toute la chaleur ambiante s'était dissipée et je dus repartir de zéro, jusqu'au moment où, le froid vaincu, je m'endormis.

Lorsque j'ouvris l'œil à sept heures, mon nez me fit l'effet d'un esquimau glacé et ma respiration dessinait de petits nuages dans le matin blême. Je pris une douche, tiède, m'essuyai en grelottant et m'habillai sans traîner. Puis je partis en petite foulée jusqu'au Rainbow Café, où je refis le plein avec un autre petit déjeuner, engloutissant jus d'orange, café, saucisses et pancakes saturés de beurre et de mélasse. Au prétexte qu'il me fallait tout cet excès de sucres et de graisses pour recharger mes batteries, mais en réalité je m'apitoyais sur mon sort et la nourriture représentait le moyen le plus simple de me consoler.

Le bureau du coroner était situé dans une rue latérale au cœur du centre-ville. Nota County élit pour quatre ans le détenteur de cette charge, lequel y ajoute les fonctions de directeur de l'unique entreprise de pompes funèbres du comté. Nota County est une circonscription modeste de moins de trois mille kilomètres carrés, coincée comme pour réparer un oubli entre Inyo County et Mono County. Le coroner, Wilton Kirchner, troisième du nom, couramment appelé Trey, occupait son poste depuis dix ans. Ses fonctions n'exigeant aucune formation reconnue de médecin légiste, toutes les autopsies étaient confiées à un anatomopathologiste extérieur engagé sous contrat par le comté.

En cas d'homicide commis dans son fief, le coroner de Nota County prend en charge l'enquête sur les lieux du crime, conjointement avec l'enquêteur du bureau du shérif et un autre du bureau du procureur du comté. L'autopsie est effectuée au chef-lieu par un anatomopathologiste, qui procède à plusieurs autopsies criminelles par mois et se voit continuellement convoquer au tribunal en qualité de témoin. Nota County ne recense qu'un homicide tous les deux ans, et encore, le coroner préférant alors déléguer ses compétences, pour l'autopsie et pour les témoignages, à une institution extérieure.

L'entreprise de pompes funèbres Kirchner & Sons s'était installée dans une ancienne résidence privée, sans doute bâtie au début des années vingt, au moment où la ville se construisait tout autour. De style Tudor, elle présentait une façade en brique d'un rouge délavé, rythmée par des pans de bois peints de couleur sombre. Un mince soleil froid scintillait sur le verre-vitrail des fenêtres. Les pelouses environnantes hibernaient ; l'herbe terne et cassante prenait de faux airs de plastique marronnasse. Seuls les buissons de houx jetaient une note de couleur dans le paysage. Sans doute la maison se dressait-elle autrefois sur une portion de terrain appréciable, mais celui-ci s'était réduit comme une peau de chagrin et elle était à présent flanquée de deux établissements commerciaux : une agence immobilière et un cabinet médical sans prétention.

Trey Kirchner sortit de son bureau lorsqu'il apprit ma présence à la réception, me tendit la main en signe de bienvenue et se présenta :

– Trey Kirchner, dit-il. Selma a appelé pour me dire que vous passeriez aujourd'hui. Ravi de vous connaître, mademoiselle Millhone. Allons dans mon bureau et voyons ce que je peux faire pour vous.

Il avait une bonne cinquantaine d'années, était grand et de belle carrure, mais peut-être un peu moins musclé que dix ans auparavant. Il avait les cheveux franchement gris, une raie sur le côté et les oreilles dégagées. Un sourire agréable accentuait les commissures de ses lèvres, dessinant des plis de part et d'autre de la bouche. Il portait des lunettes à verres larges et à monture fine en métal. Un léger affaissement de l'angle des paupières lui donnait une expression de compassion intense. Son costume, assez cintré, était impeccablement repassé, sa chemise de ville paraissait amidonnée de frais. Cravate classique, mais pas sinistre. L'ensemble dégageait une impression de compétence réconfortante. Il y avait quelque chose de solide en lui : c'était un homme qui, par nature, semblait capable d'absorber tout le chagrin, le désarroi et la fureur engendrés par la mort.

Je le suivis dans un grand couloir et entrai dans son bureau, qui constituait la salle à manger à l'origine. Un tapis lumineux éclairait un parquet qui avait un aspect de pin cérusé. Les tentures beiges étaient en soie ou en chantoung, en tout cas un tissu à l'éclat doucement satiné. Pour le décor funéraire, on avait opté pour des lambris surmontés d'un papier mural à motifs : des paysages montagneux aux courbes douces, des forêts de sapins où des sentiers serpentaient à travers les arbres. Un monde en aquarelle, avec des ciels pastel ennuagés, un soupçon de brise jouant avec la cime des arbres du papier. De part et d'autre du couloir, de grandes portes coulissantes révélaient ici et là les chambres du repos éternel, inhabitées, vides hormis des rangées de chaises pliantes en métal gris et quelques fougères en pot. L'air était froid, insuffisamment chauffé, imprégné de la senteur poivrée d'œillets invisibles – peut-être un parfum d'ambiance surnaturel exhalé par les bouches d'aération. Tout le décor semblait destiné à induire un calme hypnotique.

Le bureau dans lequel nous entrâmes paraissait conçu pour le public ; pas un livre, pas un dossier, pas un morceau de papier en vue. Je soupçonnai Trey Kirchner d'avoir quelque part un vrai bureau où se faisait le vrai travail. De même l'attirail d'autopsie – appareils photo, matériel de radiologie, table en inox, scie Stryker, scalpels, balance suspendue – échappait-il au regard. La pièce où nous prîmes place avait une fadeur de pudding – pas de relent de formol, aucun bocal trouble rempli de fragments d'organes, rien ne laissant deviner les procédures par lesquelles on prépare le cadavre à la crémation ou à l'inhumation.

– Asseyez-vous donc, reprit-il avec un geste vers deux fauteuils en cuir placés de part et d'autre d'une petite table d'appoint.

Il avait des manières détendues, plaisantes, amicales et curieusement impersonnelles.

– Si j'ai bien compris, reprit-il, c'est le décès de Tom qui vous amène.

Il se pencha et ouvrit le tiroir, d'où il sortit une chemise beige contenant un rapport de cinq pages.

– J'ai fait une photocopie du rapport d'autopsie au cas où il vous intéresserait.

Je saisis la chemise.

– Merci. Je pensais vous poser quelques questions à ce sujet.

– Le document n'a rien de secret, dit-il avec un sourire. J'aurais pu le mettre au courrier et vous éviter le déplacement si Selma m'en avait parlé plus tôt.

– Le décès de Tom est-il classé affaire sans suite ?

– Par la force des choses. Comme vous le savez, il est mort sur la 395, sans témoin et probablement sans se douter de ce qui l'attendait. Il n'avait pas vu son médecin depuis près d'un an. Nous avons pensé que c'était le cœur, mais on ne sait jamais vraiment avant l'autopsie. Ce pouvait être une rupture d'anévrisme. Toujours est-il qu'on a confié l'autopsie à Calvin Burkey. C'est le médecin légiste de Nota County et de Mono County. Nous étions deux à y assister. On n'a rien trouvé de spécial. Pas de surprise, rien d'inattendu. Tom est mort d'un infarctus aigu du myocarde dû à une grave artériosclérose. Vous verrez. Tout est là. Des sections de l'artère coronaire ont confirmé une occlusion de quatre-vingt-quinze à cent pour cent… Soixante-trois ans. A vrai dire, c'est même surprenant qu'il ait vécu aussi vieux.

– On n'a rien décelé d'autre ?

– D'anormal, voulez-vous dire ? Non, absolument rien. Le foie, la vésicule, la rate, les reins : rien à signaler. Les poumons n'étaient pas beaux à voir. Il avait fumé sa vie durant ! Mais aucune indication de pathologie invasive. Il avait mangé peu de temps auparavant. D'après notre rapport, il s'était arrêté dans un café pour avaler quelque chose. Pas de pilules ni de gélules dans l'appareil digestif, aucune trace de drogue. Pourquoi cette question ?

– D'après Selma, il maigrissait. Je me demandais s'il avait appris quelque chose dont il ne lui aurait pas parlé.

– Ah… Absolument pas. Pas trace de cancer, si c'est à ça que vous pensez. Pas de tumeur, pas de caillots, pas d'hémorragie autre que dans le myocarde, précisa-t-il. D'après le médecin, il subsistait des séquelles d'une ancienne crise cardiaque mineure.

Je soupesai l'information.

– Peut-être se savait-il en sursis ? Ça expliquerait son humeur sombre.

– Peut-être, admit-il. Tom n'était pas au mieux de sa forme, je peux vous le garantir. L'absence de pathologie ne signifie pas nécessairement qu'on soit en bonne santé. Je le connaissais depuis des lustres et je ne l'ai jamais entendu se plaindre, mais il avait trente kilos de trop. Il fumait comme un sapeur et buvait comme un trou, pour reprendre les clichés habituels. En tout cas, c'était un enquêteur hors pair, croyez-moi. Qu'est-ce qui tracasse Selma ?

– Difficile à dire. D'après moi, elle croit qu'il lui cachait quelque chose, qu'il avait, je ne sais pas…, un jardin secret. Comme elle ne l'a pas harcelé de questions, elle reste sur un point d'interrogation et le supporte mal.

– Et elle n'a aucune idée de ce qui a pu se passer ?

– Il n'y a peut-être rien, et c'est là que j'interviens. Et vous, vous avez une idée ?

– A mon avis, vous ne trouverez rien d'inavouable. Tom était un bon paroissien, un homme de bien. Estimé, bien vu de la communauté et se dépensant sans compter. S'il fallait vraiment lui faire un reproche, c'était d'être trop collet monté, trop raide. Pour lui, le monde était blanc ou noir, il n'y avait pas d'entre-deux. Sans doute discernait-il le gris, mais sans jamais savoir par quel bout le prendre. Il ne croyait pas aux entorses à la règle, encore que je l'aie surpris à en commettre à l'occasion. Il ne s'encombrait pas de nuances, mais j'y verrais une qualité. Des gens comme lui, on en manque. On va le regretter dans le coin.

– Vous êtes-vous trouvé en sa compagnie ces dernières semaines ?

– Pas vraiment. En général, je le voyais pour des raisons professionnelles. Cela ne vous étonnera pas, le bureau du shérif du comté et celui du coroner sont comme les deux doigts de la main, précisa-t-il en croisant l'index et le majeur. Je le croisais en ville. On a fait une partie de billard un jour. Bu quelques bières ensemble. Cet automne, on est partis pêcher à plusieurs, mais il n'était pas question de se faire des confidences le soir au coin du feu. Il y a un bonhomme que vous devriez interroger. Son collaborateur, Rafe.

– Selma m'a parlé de lui. Rafe comment ?

– LaMott.

Dans la voiture de location toujours garée sur le parking de Kirchner & Sons, je pris le temps de feuilleter le rapport d'autopsie de Tom Newquist et le certificat de décès qui détaillait les circonstances de la mort. Age, date de naissance, numéro de Sécurité sociale, domicile habituel ; lieu et cause du décès ; remise du corps à la famille. Il avait été admis aux urgences du Nota County Hospital comme étant déjà mort, autopsié le lendemain, enterré le surlendemain. Sur le papier, il semblait avoir eu tout de suite le pied dans la tombe, mais, c'est vrai, une fois que la mort survient, le corps humain n'est plus qu'un grand quartier de viande qui se faisande. Il y avait quelque chose de catégorique et d'incisif dans ces précisions… Tom Newquist décédé… sa vie emballée au carré ; début, milieu, fin. Sous le certificat de décès se trouvait la photocopie d'une note manuscrite rédigée, à ce que je compris, par le policier de la route qui l'avait découvert dans son véhicule.

> Ambulance appelée vers 21 50 2/3 à 7,2 mil. sur la 395. Suj. dans pick-up, déposé sur accotement. Massage cardiaque commencé à 22 :00. Relayé par le SAMU de Nota Lake à 22 :15 env. Suj. déclaré mort à l'admission aux urgences de Nota Lake. Coroner informé.

C'était signé : « J. Tennyson ». Suivait le rapport d'autopsie : trois feuillets dactylographiés détaillant les faits tels que Trey Kirchner me les avait relatés.

J'avais espéré une preuve déterminante : Tom Newquist souffrait d'un mal incurable, l'idée de se savoir perdu le rongeait. Eh bien, non. Si Selma avait vu juste et si quelque chose le tourmentait, sa santé ou son état physique n'étaient pas directement en cause. On pouvait, certes, imaginer la présence de symptômes cardiaques : douleurs provoquées par l'angine de poitrine, arythmie, essoufflement dans l'effort. Dans ce cas, peut-être mettait-il en balance la gravité des symptômes et la nécessité d'en parler à son médecin ? Peut-être avait-il suffisamment côtoyé la mort pour l'envisager avec sérénité ? Peut-être redoutait-il plus l'intervention médicale que l'éventualité de mourir ?

Je posai la chemise sur le siège voisin et mis le contact. Je ne savais trop sur quoi embrayer, mais le plus logique consistait sans doute à interroger le collaborateur de Tom, Rafer LaMott. Je consultai mon plan de Nota Lake et repérai le bureau du shérif, qui occupait une partie du centre administratif dans Benoit Street, environ six rues plus loin sur la gauche. Le soleil avait réussi à percer la mince couche de nuages. L'air était glacial, mais la lumière avait une tonalité exquise. Des bâtiments en stuc et bois aux toitures en tôle rouillée bordaient l'artère principale : plusieurs stations-service, un drugstore, un magasin d'équipements de sport et un salon de coiffure. La ville était comme cernée par la beauté vierge des montagnes dans le lointain. Sur l'accotement, le thermomètre à affichage digital d'un panneau signalait 5° 6.

Je me garai en face du centre administratif qui regroupait divers services municipaux, dont le poste de police et le tribunal d'instance. L'ensemble des bureaux occupait le bâtiment d'une ancienne école. Je le sais parce que je lus les mots « ÉCOLE ÉLÉMENTAIRE DE NOTA LAKE » gravés en capitales sur le fronton. J'aurais juré voir la trace légère des sorcières et des citrouilles en papier crépon à l'endroit où, fantômes de Halloweens révolus, on les avait fixées sur les vitres avec du papier adhésif transparent. J'avais détesté l'école primaire, affligée par le sort d'un curieux mélange de crainte et de rébellion. L'école représentait un terrain miné de règles non écrites, mais que tout le monde, sauf moi, semblait deviner et accepter. Mes parents étant morts dans un accident de voiture quand j'avais cinq ans, l'école paraissait le prolongement de la même ignominie et trahison. J'avais tendance à vomir pour rien, ce qui ne me valait pas l'affection du concierge ni de mes voisins de classe. Je me rappelle encore les éruptions chaudes et liquides qui se déversaient sur mes cuisses, tandis que des deux côtés les élèves s'écartaient avec dégoût. Loin de mourir de honte, j'en éprouvais une satisfaction perverse – le pouvoir de la victime assouvissant sa vengeance gastrique. On m'expédiait à l'infirmerie, où je restais allongée sur un lit de camp jusqu'à ce que ma tante Gin vienne me récupérer. Souvent, à la cantine (avant d'avoir appris à vomir sur commande), je suppliais qu'on me laisse rentrer à la maison, jurant de bien regarder des deux côtés de la chaussée avant de traverser, promettant de ne pas parler à des inconnus même s'ils m'offraient des bonbons. Malheureusement, mes professeurs rejetaient mes requêtes dolentes et j'étais condamnée à rester, craintive et anxieuse, trop menue, retenant mes larmes. A huit ans, j'avais appris à ne plus demander. Je m'en allais simplement quand l'envie m'en prenait et endurais les conséquences. Que pouvait-on me faire, hein ? M'abattre de sang-froid ?

L'entrée du centre administratif donnait sur un large couloir transformé en réception car on procédait à des aménagements. Des meubles classeurs et des armoires à archives occupaient provisoirement l'espace dépourvu de moquette. Des lambris d'un bois inconnu garnissaient les murs. Le plafond surbaissé consistait en un assemblage de plaques insonorisées. Des cônes de déviation de la circulation reliés par un ruban de plastique délimitaient des portions de couloir ; des panneaux de fortune écrits à la main désignaient l'emplacement temporaire de plusieurs services déplacés.

Je repérai le bureau du shérif ; modeste, il se réduisait à une série de pièces contiguës et rappelait les photos « Avant » d'un article en double page de magazine. L'éclairage au néon se gardait bien d'améliorer l'ambiance, en l'occurrence un fouillis de manuels techniques, tableaux de planning sur les murs, parois laquées, matériel de bureau, corbeilles à papier grillagées, plus des notes collées sur la moindre surface plane. Le personnel civil se limitait à une femme d'une trentaine d'années en chaussures de jogging, jean et sweater du MIT par-dessus son pull à col roulé. « Margaret Brine », précisait son badge. Cheveux noirs coupés d'une main énergique, lunettes ovales à monture noire, nuage de taches de rousseur qui transparaissaient sous la poudre et le blush. Elle avait de grandes dents carrées et nettement séparées.

Je sortis une carte de visite professionnelle et la posai sur le comptoir.

– Pourrais-je parler à Rafer LaMott ? lui demandai-je.

Elle prit ma carte et y jeta un coup d'œil rapide.

– Il est au courant ?

– Le coroner m'a suggéré de lui parler de Tom Newquist.

Elle leva les yeux vers moi.

– Un instant, dit-elle.

Elle disparut par une porte donnant sur l'arrière et que je présumai ouvrir sur d'autres bureaux. J'entendis un murmure indistinct, puis, une minute plus tard, Rafer LaMott fit son apparition, enfilant une veste sport marron foncé. C'était un Afro-Américain d'une quarantaine d'années. Un mètre quatre-vingts environ, teint caramel, cheveux noirs coupés ras, yeux noisette qui surprenaient. A part une moustache peu fournie, il était rasé de près. Les plis de son front me firent songer à une couture sellier dans un cuir finement grainé. Sa veste, qu'il portait avec un pantalon en gabardine noire, me parut en cachemire. Il y avait assorti une chemise beige clair et une cravate bistre à motifs, des agrafes noires en biais sur toute la longueur.

Ma carte à la main, il en énonça le contenu d'un ton un rien suffisant :

– « Kinsey Millhone, D. P., Santa Teresa, Californie ». En quoi puis-je vous être utile ?

Je sentis un picotement dans la nuque. Son expression restait neutre. Techniquement, il ne se montrait pas grossier, mais il n'était assurément pas cordial non plus et je sus à son attitude qu'il n'allait pas m'être d'un grand secours. J'optai pour un sourire mondain, rien de sincère ni de chaleureux.

– Selma Newquist a fait appel à mes services. Elle voudrait des éclaircissements au sujet de Tom.

Il me jeta un bref coup d'œil, puis se dirigea vers la porte située à l'extrémité du comptoir.

– On m'attend quelque part, mais vous pouvez me suivre. Quels éclaircissements ?

Force me fut de l'escorter tandis qu'il enfilait le couloir en direction d'une porte d'entrée située à l'arrière de l'immeuble.

– Elle dit que quelque chose le tourmentait. Elle veut savoir quoi.

Il poussa la porte et passa le premier, accélérant le pas d'une façon qui trahissait un agacement grandissant. Je retins la porte à la volée et franchis le seuil sur ses talons. J'étais obligée de faire deux pas lorsqu'il n'en faisait qu'un. Il sortit ses clés de voiture de sa poche en dévalant les marches. Il traversa le parking à grandes enjambées, ralentit en arrivant près d'une automobile modèle compact sans rien de particulier et glissa la clé dans la serrure. Il ouvrit la portière et se tourna pour m'examiner :

– Écoutez, je vais vous dire la vérité et n'y voyez pas de la grossièreté de ma part. Selma passait son temps à se mêler des affaires de Tom, à l'asticoter au cas où le malheureux aurait eu la moindre velléité d'avoir une idée à lui ! Cette femme est un vrai radar émotionnel ambulant, à scruter sans fin tout ce qui l'entoure, à l'affût de tout ce qui ne la regarde pas ! Répétez-le-lui et je nierai. Alors, inutile de vous fatiguer.

– Loin de moi cette intention. J'apprécie votre franchise…

– Alors, vous apprécierez ça aussi, me coupa-t-il. Tom n'a jamais eu un mot contre elle, mais je peux vous le dire par expérience, elle est usante ! Tom était un type épatant, mais maintenant qu'il est mort, c'est un soulagement de ne plus être obligé de la voir. Ma femme et moi, on n'a jamais été très chauds pour copiner avec Selma. On se voyait quand on ne pouvait pas faire autrement, par affection pour lui. Navré si ça vous paraît moche, mais maintenant vous savez à quoi vous en tenir. Le meilleur conseil que je puisse vous donner, c'est de le laisser dormir en paix. Son cadavre a à peine eu le temps de refroidir qu'elle essaie de lui tirer les vers du nez !

– Était-il sur une affaire qui le préoccupait ?

Il détourna les yeux avec un bref sourire d'incrédulité devant mon incroyable obstination. Je le vis se dominer, s'armer de patience dans l'espoir de se débarrasser de moi.

– Il avait au moins dix, quinze dossiers sur son bureau quand il est mort. Et je vous réponds non d'avance, vous n'y aurez pas accès, inutile de le demander.

– Mais rien de particulièrement pénible ?

– Je serais bien incapable de vous dire ce que Tom jugeait pénible ou pas.

– Qui s'occupe de ses dossiers maintenant ?

– J'en ai repris quelques-uns. On vient d'engager un nouveau qui se charge du reste. Aucune de ces informations n'est destinée au public. Et comme je n'entends pas compromettre une enquête en cours pour satisfaire la curiosité morbide de Selma, autant enterrer cette idée !

– Pensez-vous que Tom avait des problèmes personnels qu'il voulait lui cacher ?

– Demandez à quelqu'un d'autre. Je ne dirai pas un mot de plus sur Tom.

– Pourquoi en faire toute une histoire ? Si vous y mettiez du vôtre, je ne vous encombrerais pas, lui fis-je observer.

En guise de réponse, il monta dans sa voiture et ferma la portière. Il mit le contact et appuya sur un bouton de la console. La vitre descendit en douceur avec un ronronnement feutré. Lorsqu'il reprit la parole, ce fut d'un ton plus aimable :

– Écoutez, ça peut paraître mal élevé, mais simplifiez-vous la vie et laissez tomber, OK ? Selma est narcissique. Elle fait de tout une affaire personnelle.

– Et celle-ci ne l'est pas ?

Il appuya de nouveau sur le bouton et la vitre remonta dans son logement. Fin de la conversation. Fin de la séance de questions et réponses. Il passa la marche arrière, recula et démarra avec un petit couinement lorsqu'il enclencha la première. Je le regardai s'éloigner. Avec un temps de retard je sentis une sensation cuisante m'envahir le visage. Je portai la main à ma joue comme si l'on m'avait giflée.

CHAPITRE 5

Je montai dans ma voiture et repartis chez Selma, toujours dans le brouillard le plus complet. Incapable de dire si Rafer savait quelque chose ou s'il était seulement exaspéré que Selma ait fait appel à une détective privée. Curieusement, sa goujaterie me stimulait plus qu'elle ne m'intimidait. Tom était mort de façon assez inopinée, seul sur la route, sans avoir eu le temps de mettre de l'ordre dans ses affaires. Pour l'instant, je tablais sur le bien-fondé de l'intuition de Selma.

Je me garai devant chez elle et traversai la pelouse jusqu'à l'entrée. Selma avait collé un mot sur la porte pour dire qu'elle serait à l'église jusqu'à midi. A tout hasard, je tournai la poignée. La porte n'était pas fermée, je n'eus pas à utiliser la clé qu'elle m'avait donnée la veille au soir. J'entrai donc et lançai un bonjour dans le vide au cas où Brant se serait trouvé sur les lieux. Mon appel resta sans réponse, bien que plusieurs lampes fussent allumées. Il me fallut quelques minutes pour jeter un coup d'œil dans les pièces désertes. C'était une maison d'un seul niveau et la majeure partie de l'espace habité occupait le rez-de-chaussée. Juste après la cuisine, je découvris une volée de marches conduisant au sous-sol.

J'allumai la lumière et descendis, m'arrêtant à mi-parcours pour regarder par-dessus la rampe. J'aperçus des outils pour couper le bois, une machine à laver et un sèche-linge, un cumulus et un bric-à-brac de meubles d'appoint, parmi lesquels un barbecue portable et des transats. Dans le mur du fond, une porte entrouverte donnait sur la pièce qui était réservée à la chaudière et paraissait servir de resserre. Je me promis d'aller farfouiller plus tard dans les cartons et les placards encastrés.

Je revins dans le bureau de Tom et m'assis à sa table. Quel genre de secrets aurait-il bien pu vouloir dissimuler ? Ce que je cherchais, en admettant qu'il y eût une découverte à faire, ne relevait pas forcément de ses activités professionnelles. Toutes les hypothèses étaient permises : alcool, drogue, articles pornographiques, traces de jeux d'argent, liaisons, penchants pédophiles, tendances au travestisme. Nous avons presque tous nos petits secrets inavouables. Ou bien alors, il n'y avait rien. Je ne m'en félicitais pas, mais l'attitude de Rafer à l'égard de Selma produisait déjà son effet. J'avais refusé de l'écouter, l'ombre d'un doute se profilait déjà.

Impatiente et excédée, j'abandonnai la table de travail. Je n'y avais toujours pas trouvé le moindre bout de papier digne d'attention. Selma était peut-être complètement givrée et je perdais mon temps. Je gagnai la cuisine et me fis couler un verre d'eau. J'ouvris le frigo et en recensai le contenu en faisant semblant d'étancher ma soif. Je refermai la porte et inspectai le garde-manger. Tout ce qu'elle avait rapporté de l'épicerie paraissait inquiétant ; rien que de l'artificiel et du faux, genre « Crème instantanée miracle ». Il y avait une assiette de ce qui me parut être des cookies aux flocons-d'avoine-raisins-secs sur le plan de travail, avec un petit mot qui disait « Servez-vous ». J'en avalai plusieurs. Je laissai le verre sur l'égouttoir et partis à l'aventure dans le couloir. Le téléphone semblait sonner tous les quarts d'heure, mais je laissai le répondeur prendre les messages. On s'arrachait Selma, mais toujours pour des activités bénévoles : la vente de charité de l'église, une vente aux enchères dont le produit financerait la nouvelle salle de catéchisme.

Je tournai mon attention vers la chambre de maître. Les vêtements de Tom étaient encore accrochés dans la moitié de penderie qui lui revenait. Je commençai par lui faire les poches. Je vérifiai l'étagère du haut, ses boîtes à chaussures, les tiroirs de la commode, son vide-poches pour la petite monnaie. Je découvris un Colt .357 Magnum chargé dans le tiroir d'une table de chevet, mais rien d'autre qui aurait eu de l'importance. Le reste se réduisait à l'assortiment déconcertant de petites saletés que tout un chacun se fait un devoir de conserver : souches de tickets, boîtes d'allumettes, cartes de crédit périmées, lacets de chaussures. Pas de magazines cochons, pas d'accessoires pour la bagatelle. Je regardai sous le lit, glissai une main sous toute la longueur du matelas, jetai un œil derrière les cadres, sondai d'un doigt replié les murs de la penderie, soulevai un angle du tapis à la recherche de lattes du plancher révélant l'existence d'une trappe.

Dans la salle de bains, j'explorai l'armoire à pharmacie, le placard et le panier à linge sale. Aucun diable n'en jaillit. Rien ne semblait incongru. Pendant un moment, de désespoir, je m'allongeai de tout mon long sur le sol de la chambre de maître, le nez dans les exhalaisons de la moquette. Dans combien de temps pourrais-je décemment rendre mon tablier ?

Je revins dans le bureau, où je finis d'inventorier tout ce qui traînait encore sur les rayonnages. Si le nettoyage en règle de ses tiroirs de bureau satisfaisait ma conscience professionnelle, je n'avais strictement rien appris sur la vie de Tom Newquist. J'épluchai ses relevés de cartes de crédit des douze mois précédents, mais ni sa Visa ni sa MasterCard ne dénotaient quoi que ce soit d'anormal. Son agenda de bureau expliquait la grande majorité de ses dépenses. Ainsi, une série de notes d'hôtel et de restaurant remontant au mois de février précédent correspondait à un colloque auquel il avait assisté à Redding, en Californie. Le bonhomme était méthodique, je le reconnaissais volontiers. Tous les appels téléphoniques d'ordre professionnel étaient dûment facturés à son service et remboursés. Il tenait ses comptes au sou près. Aucune trace de dépenses inhabituelles et récurrentes, aucune indication de sorties d'argent importantes ou inexpliquées.

J'entendis une voiture s'engager dans l'allée. Si c'était Selma qui rentrait, j'allais lui annoncer que j'abandonnais et qu'elle n'aurait plus à gaspiller l'argent que Tom avait durement gagné. La porte d'entrée s'ouvrit et se referma. Je lançai un « Bonjour » et attendis une réponse.

– Selma, c'est vous ? (J'attendis encore.) C'est le fantôme du château ?

Cette fois, j'obtins un « Yo ! » viril en guise de réponse, et le fils de Selma apparut dans l'encadrement de la porte. Bonnet de tricot et survêtement rouges, Reebok d'un blanc immaculé, serviette éponge, également blanche, autour du cou. A vingt-cinq ans, Brant était le genre de gosse sur lequel la ménagère de plus de cinquante ans se retourne avec intérêt au supermarché. Il avait des cheveux châtain foncé qui retombaient sur ses yeux marron au regard sérieux. La peau était sans défaut. Mâchoire affirmée, joues aussi parfaites que si l'on avait commencé par modeler son visage dans l'argile avant de le tailler dans la pierre. Sa bouche était charnue, son teint respirait la santé : un puissant bronzage hivernal marqué par la saine brûlure de la neige éclatante et du vent. Et une silhouette impeccable : épaules carrées, ventre plat, hanches minces. Aurais-je été plus jeune que sa vue m'eût arraché un gémissement de convoitise. Mais j'ai tendance à mettre hors compétition tout individu à ce point mon cadet, surtout quand je suis en mission. J'ai appris, et durement, disons, à ne pas mélanger le plaisir et les affaires.

– Maman n'est pas encore là ? demanda-t-il en ôtant la serviette de son cou.

Du même geste il enleva son bonnet, et je vis que ses cheveux bouclaient légèrement sous l'effet de la transpiration provoquée par l'exercice physique. Son sourire révéla des dents blanches et bien plantées.

– Elle ne devrait pas tarder, lui répondis-je. Je m'appelle Kinsey. Et vous, c'est Brant ?

– Pour vous servir. Excusez-moi, j'aurais dû me présenter.

Nous nous serrâmes la main par-dessus la table de travail encombrée de son père. Sa paume était d'un gris inattendu. Quand il vit que je l'avais remarqué, il eut un sourire penaud.

– Ce sont les gants pour les haltères. J'arrive du gymnase, m'expliqua-t-il. J'ai vu la voiture dehors et je me suis dit que vous étiez là. Ça marche comme vous voulez ?

– Ça roule.

– Je vous laisse vous y remettre. Si Maman arrive, dites-lui que je suis sous la douche.

– Comptez sur moi.

– A tout de suite !

Selma rentra à midi quinze. J'entendis la porte du garage monter et redescendre dans un même roulement. Quelques minutes plus tard, elle franchissait la porte séparant le garage de la cuisine. Peu après, j'entendis un bruit d'assiettes, la porte du réfrigérateur qui s'ouvrait et se refermait, puis le tintement des couverts. Elle s'encadra dans la porte du bureau, vêtue d'une blouse en cotonnade protégeant son pantalon et son pull assortis.

– Je fais des sandwichs de salade de poulet... Si ça vous dit de vous joindre à nous. Vous avez fait la connaissance de Brant ?

– Oui. J'adore la salade de poulet ! Je peux vous aider ?

– Absolument pas, mais venez avec moi, on pourra discuter pendant que je termine.

Je la suivis dans la cuisine, où je me lavai les mains.

– Il y a une chose que je n'ai toujours pas trouvée, c'est le carnet de Tom. Il ne prenait pas de notes quand il enquêtait ?

Étonnée, Selma se retourna, abandonnant les sandwichs qu'elle confectionnait sur le plan de travail.

– Bien sûr que si ! C'était un petit classeur à recharge. Couverture en cuir noir, à peu près de la taille d'un bristol, peut-être un peu plus grand, mais guère plus. Il est sûrement quelque part. Il l'avait toujours sur lui.

Elle entreprit de couper les sandwichs en deux, les disposant sur une assiette avec des brins de persil sur le bord. Moi, chaque fois que j'achète du persil, il tourne en infâme bouillie.

– Vous êtes sûre qu'il n'y est pas ? insista-t-elle.

– Je ne l'ai pas vu. J'ai vérifié dans ses tiroirs de bureau et ses poches de veste.

– Et dans le pick-up ? Il le laissait parfois dans la boîte à gants ou dans les rangements de la portière.

– Bonne idée. J'aurais dû y penser.

J'ouvris la porte de communication et entrai dans le garage. Contournant la voiture de Selma, j'ouvris la portière du pick-up du côté du conducteur. L'intérieur empestait la fumée de cigarette. Le cendrier débordait de mégots posés sur une petite couche de cendres. La boîte à gants était en ordre et ne contenait qu'une liasse de cartes routières, le manuel de l'utilisateur, la carte grise, le certificat d'assurance et des reçus de pleins d'essence. Je fouillai les compartiments latéraux des deux portières, regardai derrière les pare-soleil, me penchai pour inspecter l'espace sous les sièges-baquets. Je vérifiai derrière les sièges, mais ne découvris qu'une petite trousse d'outils de dépannage. Sinon, l'intérieur ne révélait rien. Je refermai la portière côté conducteur, jetant au passage un vague coup d'œil aux étagères du garage. Je ne savais pas ce que je m'attendais à y trouver, en tout cas il n'y avait aucun carnet noir en vue.

Je revins dans la cuisine.

– A rayer de la liste, dis-je. D'autres idées ?

– Je jetterai moi-même un coup d'œil tout à l'heure. Peut-être l'a-t-il laissé au bureau, mais ça lui arrivait rarement. J'appellerai Rafer pour lui poser la question.

– Ne craignez-vous pas qu'il vous dise que le carnet est propriété du service ?

– Oh, sûrement pas ! Il m'a assuré qu'il ferait tout son possible pour m'aider. C'était le meilleur ami de Tom, vous savez.

Oui, mais pas le tien, ma chérie.

– Quelque chose m'intrigue, repris-je en hésitant. La nuit de sa mort… s'il avait éprouvé le moindre symptôme… il aurait pu demander de l'aide par radio. Pourquoi n'y a-t-il pas de CB dans le pick-up ? De bip ? Je connais quantité de policiers qui ont des radios à bord de leur véhicule personnel.

– Oui, je sais. Il voulait s'en occuper, mais il n'a pas eu le temps. Il était toujours pris. Impossible de le convaincre de dételer deux minutes pour régler ça une bonne fois. C'est le genre de chose dont on se souvient quand on ne peut plus rien faire…

Brant reparut, vêtu de la tenue bleue qui annonçait sa qualité d'auxiliaire urgentiste rattaché au service d'ambulances local. L'inscription B. NEWQUIST était brodée à gauche. Sa peau diffusait une odeur de savon, et ses cheveux mouillés, par l'eau de la douche cette fois, sentaient le shampooing Ivory. Je m'autorisai un de ces petits gémissements inaudibles que seule perçoit la gent canine ; ni Brant ni sa mère ne parurent relever. Je m'assis à la table de cuisine, juste en face de lui, dégustant poliment mon sandwich tout en les écoutant bavarder. Au milieu du repas, le téléphone sonna de nouveau. Selma se leva.

– Continuez, vous deux. Je prends l'appel dans le bureau de Tom.

Brant termina son sandwich sans dire grand-chose et je compris qu'il me revenait d'entamer la conversation.

– A ce que je comprends, Tom vous a adopté ?

– Quand j'avais treize ans, oui, dit-il. Mon… je pense que vous diriez mon père biologique… n'avait pas donné signe de vie depuis des années, depuis son divorce avec ma mère. Quand elle s'est remariée, Tom a fait une demande au tribunal. De toute façon, je le considérais comme mon vrai père.

– Vous aviez sûrement de bons rapports.

Il attrapa l'assiette de cookies sur le comptoir et nous y piochâmes tour à tour en continuant de discuter.

– Ces deux dernières années, en tout cas. Avant, on ne s'entendait pas tellement. Maman a toujours été relax, mais Tom était très strict. Il avait fait l'armée et ne plaisantait pas avec l'obéissance au règlement. Il m'a poussé à m'inscrire aux Scouts – que je ne pouvais pas encaisser –, à faire du karaté, de l'athlétisme, ce genre de trucs. Comme je n'étais pas habitué aux contraintes, j'y ai mis de la mauvaise volonté au début. J'ai dû faire tout ce qui me passait par la tête pour contester son autorité ! Il a fini par me faire rentrer dans le rang, ajouta-t-il avec un léger sourire.

– Depuis combien de temps êtes-vous auxiliaire médical ?

– Trois ans. Avant ça, je n'ai pas foutu grand-chose. Un minimum d'études pendant quelque temps, mais sans faire d'étincelles.

– Tom vous parlait-il de ses enquêtes ?

– Parfois. Ces temps-ci, non.

– Comment l'expliquez-vous ?

Il eut un geste d'ignorance.

– Peut-être l'affaire en cours ne l'intéressait-elle pas beaucoup.

– Parlez-moi de ces six dernières semaines.

– Il n'a rien dit de spécial.

– Et ses notes de terrain ? Les avez-vous vues ?

Une expression de contrariété traversa brièvement son visage.

– Ses notes de terrain ?

– Oui, les notes qu'il prenait…

– Je sais ce que sont des notes de terrain, me coupa-t-il. Mais je ne comprends pas la question. Elles ont disparu ?

– On dirait. Ou plutôt je n'ai pas réussi à mettre la main sur son carnet.

– Bizarre. Quand il ne l'avait pas dans sa poche, il le gardait dans son tiroir de bureau ou dans son pick-up. Les notes qui ne lui servaient plus, il mettait un élastique autour et les rangeait dans des boîtes au sous-sol. Vous avez posé la question à son collaborateur ? Elles sont peut-être à son bureau.

– J'ai eu un entretien avec Rafer, mais je ne lui ai pas parlé du carnet car, à ce moment-là, je n'avais pas encore pensé à le chercher.

– Je ne peux pas vous aider sur ce point. Je regarderai si je le vois.

Après le déjeuner, Selma et Brant s'en allèrent. Brant avait des courses à faire avant de prendre son service et Selma était accaparée par ses innombrables activités de bénévolat. Elle avait collé un calendrier sur le frigo et les cases en étaient bourrées de choses à faire tous les jours de la semaine ou presque. Le silence envahit la maison ; je sentis une petite onde d'anxiété me partir du creux des reins et me remonter le long de la colonne vertébrale. Mon emploi du temps commençait à se vider. Je regagnai le bureau et sortis le répertoire téléphonique du tiroir supérieur du bureau. Compte tenu des dimensions de la localité, il n'était pas plus épais qu'un magazine. J'y cherchai James Tennyson, l'officier de patrouille qui avait découvert Tom. Il n'y avait qu'un seul Tennyson, un certain James W., Iroquois Drive, dans le même lotissement. Je vérifiai sur mon plan, pris mon blouson et mon sac et rejoignis ma voiture.

Iroquois Drive consistait en une chaussée sinueuse bordée de maisons d'un étage et d'une profusion de conifères. On devait conseiller aux résidents de garder leur porte de garage fermée. Dans cette partie-là de la rue, les jardins étaient entièrement clôturés ou entourés de haies. J'aperçus des portiques de balançoires et des cages à poule, ainsi que des piscines surélevées, encore bâchées pour l'hiver. Les Tennyson habitaient au bout de la rue, dans une maison en stuc jaune avec volets vert foncé et toit également vert foncé. Je me garai devant, attrapant au passage le journal du matin sur la pelouse. J'appuyai sur le bouton de la sonnette, mais n'entendis aucun *ding dong* rassurant à l'intérieur. Au bout de quelques minutes d'attente, je risquai un *toc toc* discret.

Une jeune femme en jean, un bébé endormi sur l'épaule, ouvrit la porte. L'enfant devait avoir dans les six mois ; semis de boucles blondes, joues de pomme d'api, pyjama à pieds en molleton et une bonne épaisseur de couches.

– Madame Tennyson ?

– Elle-même.

– Je m'appelle Kinsey Millhone. J'aurais aimé dire un mot à votre mari. Si j'ai bien compris, c'est lui qui est affecté à la police de la route ?

– C'est exact.

– Il est à son bureau ?

– Non, il est ici. Il travaille de nuit et dort tard. C'est pour ça qu'on a coupé la sonnette. Voulez-vous entrer l'attendre ? Je l'ai entendu faire du bruit, il ne devrait pas tarder.

– Si cela ne vous dérange pas. Tenez, je vous ai apporté ça, ajoutai-je en lui tendant le journal. Je suppose que c'est le vôtre ?

– Oh, merci ! Je ne vais jamais le chercher avant qu'il soit debout. Sinon le bébé l'attrape et le déchire en mille morceaux si je ne fais pas attention. Quand ce n'est pas le chat. Il s'installe dessus et le mâchonne jusqu'à ce que je pique une crise !

Elle s'écarta pour me laisser passer et j'entrai dans le vestibule. Comme chez Selma, la maison me parut surchauffée, mais peut-être était-ce le contraste avec le froid extérieur. Elle referma la porte derrière moi.

– A propos, je m'appelle Jo. Vous, c'est Kimmy ?

– Kinsey, rectifiai-je. C'était le nom de jeune fille de ma mère.

– C'est ravissant ! me lança-t-elle avec un grand sourire. Elle, c'est Brittainy. Pauvre puce. Nous l'appelons Bugsy, Dieu sait pourquoi. Aucune idée de comment c'est venu, mais elle aura du mal à s'en débarrasser !

Jo Tennyson était svelte, avec une frange et une queue-de-cheval, et les mêmes cheveux que sa fille, mais légèrement plus foncés. Elle devait avoir vingt et un ans au maximum et avait peut-être été mère avant d'atteindre l'âge légal de la consommation d'alcool. Le temps d'aller jusqu'à la cuisine, le bébé ne bougea pas d'un pouce. Jo posa le journal sur la table et m'invita à m'asseoir. Puis elle vaqua à ses occupations, préparant le petit déjeuner de son mari d'une main, tandis que le bébé continuait à dormir. Fascinée, je la regardai ouvrir une boîte de céréales neuve, en verser une partie du contenu dans un bol, prendre une cuiller dans le tiroir et refermer ce dernier d'un coup de hanche. Elle alla chercher le carton de lait dans le réfrigérateur, versa du café dans trois tasses et en glissa une vers moi.

– Vous ne vendez rien, j'espère !

Je la rassurai d'un signe de tête, puis marmonnai un merci pour le café qui embaumait.

– Je suis détective privée. Je voudrais poser quelques questions à votre mari au sujet de la mort de Tom Newquist.

– Oh, excusez-moi ! Je n'avais pas compris que c'était professionnel, sinon je l'aurais appelé tout de suite ! Il est juste en train de traîner. Il aime prendre son temps le matin parce qu'il est débordé le reste de la journée. Je vais voir ce qu'il fait. Si vous voulez encore du café, servez-vous. Je reviens tout de suite.

Je mis à profit son absence pour exercer mes capacités d'observation. La maison n'était pas rangée – je l'avais constaté au passage –, mais la cuisine se distinguait par son désordre. Les plans de travail étaient encombrés, les portes des placards béaient, l'évier disparaissait sous la vaisselle de plusieurs repas. Le carrelage en vinyle m'avait paru gris, moucheté d'un motif plus sombre, mais, à y regarder de plus près, il était entièrement blanc et marqué par diverses traces de pas charbonneuses. En l'entendant revenir, je rectifiai la position.

– Il arrive dans une seconde, dit-elle. Je ne vous aurais pas prise pour une détective ! Vous êtes du coin ?

– J'habite à Santa Teresa.

– Je me disais aussi que je ne vous connaissais pas. Vous devriez parler à la femme de Tom. Elle habite le même lotissement, dans cette direction, à six rues d'ici, dans Pawnee. « La rue des snobs », comme on l'appelle.

– C'est elle qui a requis mes services. Vous la connaissez ?

– Comme ci, comme ça. On fréquente la même paroisse. Elle s'occupe des fleurs de l'autel et je l'aide quand j'ai le temps. Un cœur d'or, cette femme ! C'est elle qui a donné sa petite robe de baptême à Bugsy. Ah, voilà James ! Je vous laisse, tous les deux. Vous pourrez discuter tranquillement.

Je me levai quand il entra dans la cuisine. Blond, soigné de sa personne, élancé, James Tennyson était le genre d'homme jeune et dynamique qu'on rêve de trouver sur l'autoroute quand la courroie du ventilateur a des états d'âme ou qu'on a crevé à l'arrière. Il était en civil : jean, sweat-shirt et pantoufles en peau lainée.

– James Tennyson. Ravi de vous connaître !

– Kinsey Millhone, répondis-je en lui serrant la main. Excusez-moi de vous déranger chez vous, mais j'étais à deux pas d'ici, chez les Newquist. J'ai trouvé votre nom dans un rapport que j'ai pris chez le coroner et j'ai cherché dans l'annuaire.

– Pas de problème. Asseyez-vous.

– Merci. Prenez votre petit déjeuner. Je ne veux surtout pas vous interrompre.

Il eut un sourire :

– Alors, si vous m'y autorisez... Que puis-je pour vous ?

Tandis qu'il avalait ses céréales, je lui exposai les inquiétudes de Selma.

– Si j'ai bien compris, vous le connaissiez personnellement ?

– En effet. Enfin, on n'était pas intimes... Selma et lui étaient plus âgés et avaient leurs amis... mais à Nota Lake tout le monde le connaissait. Croyez-moi, sa mort m'a fichu un coup. Je sais qu'il n'était pas tout jeune, mais comment dire... il faisait partie du paysage.

– Pouvez-vous me décrire les circonstances dans lesquelles vous l'avez découvert ? Je sais qu'il a eu une crise cardiaque. J'essaie juste de me faire une idée de comment c'est arrivé.

– Eh bien, c'était il y a... cinq, six semaines... Rien à signaler. Je patrouillais sur la 395 et j'ai aperçu un véhicule sur le bord de la route. Comme il avait ses feux de détresse allumés et que le moteur tournait, je me suis rangé derrière. J'ai reconnu le pick-up de Tom. Vous savez, il habite le quartier, et je le connais, son pick-up. Au début, j'ai cru à un problème mécanique ou un truc de ce genre. Les deux portières étaient fermées, mais en approchant je l'ai vu affalé sur le volant. J'ai frappé à la vitre, pensant qu'il s'était peut-être endormi en conduisant. Le chauffage marchait car la condensation recouvrait le pare-brise et les vitres étaient pleines de buée.

– Comment êtes-vous monté ?

– La vitre côté conducteur était entrouverte. J'avais un fil de fer dans ma voiture et j'ai fait sauter la serrure. J'ai vu tout de suite que ça n'allait pas. Il avait une sale tête, les yeux ouverts, des saletés aux coins de la bouche…

– Était-il encore vivant ?

– Je suis certain que non, mais j'ai essayé de le tirer de là. Mes mains tremblaient tellement que je n'arrivais à rien ! J'ai presque enfoncé la vitre et elle aurait volé en éclats si la serrure ne s'était pas débloquée d'un coup. Je l'ai sorti du pick-up et je l'ai allongé sur l'accotement pour pratiquer tout de suite un MCE. Impossible de déceler le moindre battement de cœur. Il gelait à pierre fendre et même avec le chauffage allumé la température avait chuté à l'intérieur du pick-up. Vous connaissez la routine. J'ai appelé les secours par radio… On a envoyé une ambulance dans les plus brefs délais, mais c'était trop tard. Le médecin des urgences l'a déclaré mort à l'arrivée.

– Pensez-vous qu'il savait ce qui lui arrivait et qu'il s'est arrêté sur le côté ?

– Je dirais que oui. Il a dû ressentir une douleur dans la poitrine… un essoufflement…

– Auriez-vous vu son carnet, par hasard ? En cuir noir, environ de ce format ?

Il réfléchit un instant et secoua lentement la tête.

– Non. Je ne crois pas. Évidemment, j'avais d'autres soucis en tête. Vous êtes sûre qu'il l'avait dans son pick-up ?

– A vrai dire non, mais d'après Selma il ne s'en séparait jamais et on n'a toujours pas mis la main dessus. Je me disais que vous auriez pu le remarquer et le déposer au poste de police.

– Probable que oui si je l'avais vu. Moi, je n'aimerais pas que mes notes circulent dans la nature ! Même si ça ressemble à du charabia, on en a besoin pour taper les rapports ou s'il faut témoigner au tribunal. Il n'était pas dans ses affaires personnelles ? Le bureau du coroner a sûrement rendu ses vêtements et tout ce qu'il avait sur lui. Vous savez bien… sa montre, ce qu'il avait dans ses poches, ce genre de trucs.

– J'ai posé la même question à Selma et elle ne l'a pas vu. De toute façon, nous continuons à chercher. Merci de m'avoir accordé un peu de votre temps. Si jamais une idée vous vient, vous pouvez me contacter par son intermédiaire.

– Ça me dépasse qu'on puisse enquêter sur quoi que ce soit à son sujet. Impossible de rencontrer quelqu'un de plus chouette. Un type exceptionnel. Un homme bien et un bon policier.

– J'ai bien compris.

Je rentrai au motel. Incapable de passer une minute de plus dans le bureau de Tom. D'après ce que nous savions, Tom avait pu être victime d'un épisode dépressif. Nous étions parties du principe qu'il avait un problème de terrain, mais rien ne le prouvait. Mais le mien était réel. J'avais le mal du pays et je voulais rentrer.

En pénétrant dans mon chalet, je notai avec satisfaction qu'on avait fait la chambre. Lit au carré, salle de bains récurée, première feuille de papier de toilette repliée à l'angle. Je m'assis à la table, engageai une feuille de papier dans le chariot de ma Smith-Corona et entrepris de taper un compte rendu de mes activités de la veille. Selma Newquist devrait faire la paix avec la disparition de Tom. La mort laisse toujours des affaires en suspens, des mystères insondables, d'innombrables questions sans réponse parmi les détritus de la vie. La mémoire a flanché, les souvenirs se sont effacés. Vous pouvez faire appel à qui bon vous semblera, jamais vous ne découvrirez le fin mot de l'histoire d'un homme. Je pouvais mitrailler ma machine jusqu'à en être bleue de froid. Tom Newquist était mort et je soupçonnais que personne ne saurait jamais rien de ses derniers instants.

CHAPITRE 6

Ce soir-là, mes pas me portèrent en un lieu dénommé Tiny's Tavern, une de ces boîtes à chaude ambiance qui semblent croître et se multiplier dans tant de petites localités. D'après Cecilia, c'était un des points de chute favoris des policiers en dehors des heures de service, et je n'avais toujours pas récolté l'ombre d'un indice. Et puis je fuyais le chalet avec sa température polaire et son éclairage déprimant. Le Tiny's offrait des murs en bois brut, de la sciure par terre et un comptoir à repose-pied en cuivre qui faisait toute la longueur de la salle. Comme dans un vieux saloon de l'Ouest, un long miroir accroché derrière le comptoir reflétait la double image étincelante de toutes les bouteilles d'alcool exposées. L'endroit était gris de fumée de cigarette. L'air surchauffé empestait la bière renversée, les canalisations défaillantes, les déodorants impuissants et l'eau de Cologne bas de gamme. Le juke-box, d'un vert et jaune bien gueulards et flanqué de tubes fluorescents où circulaient des bulles, proposait un curieux cocktail de gospel et de country, avec une nette domination de celle-ci. De temps à autre, un couple tapait mécaniquement du talon sur la piste de danse de trois mètres sur trois, sous les regards des consommateurs qui l'encourageaient en des termes que je dirais peu civils.

Les codes tacites de ce genre d'endroit m'échappent. Une femme seule y est une cible facile pour un type en manque de compagnie. Pour un soir de semaine, je dénombrai pas mal de mecs livrés à eux-mêmes, mais au bout d'une heure dans les lieux, personne ne me parut s'occuper spécialement de moi. Tant pis pour mes fantasmes : aucun mufle ne m'aborderait. Perchée sur un tabouret, je buvais à petites gorgées une bière infâme en décortiquant les cacahuètes d'une coupelle en cuivre qui avait peut-être servi de crachoir dans une autre vie. Il y avait quelque chose de jouissif à jeter les épluchures par terre, quitte à en avaler quelques-unes : des fibres ne feraient pas de mal à mon régime alimentaire bien trop riche en graisses et en cholestérol.

Le barman, un garçon d'une vingtaine d'années, avait le crâne rasé, une moustache et une barbe foncées et un tatouage en forme de scorpion sur le dos de la main droite. Je flirtai mollement avec lui, histoire de tuer le temps. Il avait l'air de comprendre qu'il ne devait pas compter sur une étreinte torride dans un futur immédiat. Je mis des pièces dans le juke-box. Je bavardai avec la serveuse. Elle se prénommait Alice et avait des cheveux orange vif. Je fis plusieurs expéditions aux toilettes-dames. J'effectuai un petit exercice d'adresse faisant appel à une fourchette et une allumette usée. Il y avait peut-être des policiers qui n'étaient pas de service, mais comment les reconnaître en civil ?

A dix heures, Macon Newquist apparut. Il était en tenue et fit le tour de la salle sans se presser pour repérer les ivrognes, les mineurs et autres fauteurs de troubles. Il me dit un mot au passage, mais ne me sembla pas désireux d'échanger des banalités. Peu après son départ, mon oisiveté fut récompensée : j'aperçus l'employée administrative du bureau du shérif. Impossible, mais alors impossible de me rappeler son nom. Elle arriva avec un couple et un type que je décrétai être son mari, tous à peu près du même âge qu'elle. Le quatuor donnait dans le style mi-cow-boy, mi-skieur : boots, jeans, chemises far-west, doudounes, moufles de ski et bonnets tricotés. Ils dénichèrent une table libre à l'extrémité de la salle. J'observai l'employée, ses cheveux noirs coupés court au-dessus des oreilles, ses yeux marron foncé qui brillaient derrière ses petites lunettes ovales. L'autre femme, cheveux auburn et poitrine imposante, était jolie et sans doute affligée de conseils gratuits sur les réductions mammaires opérées par la chirurgie plastique. Le conjoint de l'employée consulta le groupe, puis vint vers moi, s'arrêtant à l'autre bout du bar où il commanda un pichet de bière et quatre chopes surdimensionnées. Dans l'intervalle, les femmes abandonnèrent leur blouson, prirent leur sac et quittèrent la table en direction des toilettes-dames. D'un geste je réclamai une autre bière, histoire de ne pas perdre ma place, puis je filai moi aussi vers les toilettes. Ma trajectoire croisant la leur, nous arrivâmes toutes les trois à la porte à peu près en même temps. Je ralentis pour les laisser entrer en premier.

– Ma douce, tu ne connais pas la meilleure ? demandait l'employée. Billie a remis ça avec ce minable de la boutique vidéo ! Tu sais bien, le chichiteux ? Je ne vois pas ce qu'elle lui trouve, à moins qu'il ait des talents cachés. Moi, je lui ai dit qu'elle devait être plus exigeante envers elle-même...

Elles poursuivirent leur discussion en franchissant la porte et en s'enfilant chacune dans les deux premières cabines. J'entrai dans la troisième et consacrai toute ma folle énergie à les écouter, tandis que nous pissions joyeusement à l'unisson. Comment diable s'appelait-elle ? Sa compagne et elle s'étaient mises à passer en revue le fils de Billie, Seb, qui souffrait de verrues mal placées et si tenaces que son pénis ressemblait à un cornichon rose et charnu d'après une certaine Candy qui l'avait plaqué séance tenante ! Il y eut le fracas successif de trois chasses d'eau et nous nous retrouvâmes, chacune à son lavabo, pour nous laver les mains. L'autre femme fit l'impasse sur la propreté et passa directement au rituel du coup de peigne et de la rectification du maquillage. Je fus tentée de montrer l'affiche nous enjoignant vivement de freiner la propagation de la maladie, mais compris que l'avertissement s'adressait aux seuls employés de la taverne. Aucun règlement ne nous empêchait, nous, de contaminer tous ceux que nous touchions. Résolue à montrer l'exemple, je me frottai les mains avec la minutie d'un chirurgien prêt à opérer, mais la femme se garda bien de m'imiter.

Enfin et comme par miracle, mon cerveau me recracha le nom de l'employée avec un hoquet satisfait. Je saisis son regard dans la glace et lui décochai un superbe sourire au moment où elle tirait une serviette en papier pour s'essuyer les mains.

– Vous êtes bien Margaret ? lui demandai-je.

Elle me regarda d'un œil vide, puis lâcha un tiède « Oh, bonjour ». M'avait-elle oubliée ou se souvenait-elle de moi et ne tenait-elle pas à engager la conversation ? La seconde hypothèse me parut la plus vraisemblable. Elle froissa sa serviette et la jeta dans la corbeille.

– Kinsey Millhone, lui soufflai-je comme si elle venait de me poser la question. On s'est vues ce matin au bureau pendant que je parlais à l'inspecteur LaMott !

Je lui tendis une main que la politesse l'empêcha d'ignorer.

– Ravie de vous revoir, dit-elle.

– Je vous avais reconnue à la minute où vous êtes entrée, mais impossible de savoir où je vous avais vue.

Je me tournai et fis un petit geste de la main à l'autre femme.

– Bonjour, comment allez-vous ? Kinsey Millhone. Et vous, vous êtes… ?

Elle parut hésiter et lança un regard à Margaret.

– Earlene.

Elle me tendit la main, et je fus bien obligée de la prendre, avec les microbes et tout.

– Ma meilleure amie, me précisa Margaret.

– Vraiment super, dis-je.

En fait de poignée de main, Earlene m'abandonna ses doigts. J'eus l'impression qu'elle me fourrait une demi-livre de linguini bouillis au creux de la paume. Elle avait un joli minois rond, agrémenté d'un petit nez et de lèvres charnues, un corps de mutante tout en seins percutants, hanches en fuseau et jambes qui se terminaient par des pieds minuscules. Elle lança un autre coup d'œil à Margaret, manifestement consciente de son manque de chaleur. Je continuai de jouer les professionnelles de la vente, forçant sur les banalités pour être admise dans la conversation. Les agents de télémarché usent en permanence de cette stratégie, comme si le reste du monde ignorait les raisons de cette cordialité déconcertante.

Margaret, elle, savait. Elle plaqua son sac contre sa poitrine en le maintenant solidement.

– J'ignore ce que vous avez dit à Rafer, mais il a été d'une humeur de chien toute la journée et c'est moi qui ai tout pris, me dit-elle.

– Vraiment ? Oh, je suis navrée. Je ne voulais pas le fâcher.

– Depuis la mort de Tom, il explose pour un rien ! Ils

faisaient équipe depuis des années, bien avant qu'on m'engage.

– Je comprends que ça l'ait bouleversé.

Ce baratin fétide pour la désarmer me donnait la nausée, mais il semblait faire son effet.

Margaret leva les yeux au ciel :

– Oh, il finira par s'en remettre, mais si j'ai un conseil à vous donner, c'est de ne pas vous trouver sur son chemin si vous le pouvez !

– Je l'éviterai dans la mesure du possible, mais je ne suis là que pour deux jours et je ne sais pas à qui demander des renseignements.

Malgré la perche tendue, Margaret fit la sourde oreille. Elle resta là sans mot dire, m'obligeant à tâtonner.

– Et si je vous disais ce que je cherche ? Vous pourriez peut-être m'aider ? Sincèrement, je ne suis pas là pour salir la mémoire de Tom Newquist. Je n'en ai pas la moindre intention. A ce qu'on m'a dit, c'était quelqu'un d'épatant et tout le monde semble vraiment le regretter.

– Ça, on peut le dire, reconnut-elle à contrecœur.

– Je ne savais pas par quel bout prendre votre patron, enfin... je voyais bien que je lui tapais sur les nerfs, mais je ne savais pas du tout pourquoi.

– Il ne s'agit pas de vous. D'après Rafer, c'est Selma qui sème la merde. Il dit qu'il en a marre de toujours la voir se mêler des affaires de Tom et de ce qui ne la regarde pas.

– Difficile de dire que ça ne la regarde pas, lui fis-je remarquer. C'était sa femme et elle a le droit de savoir.

– De savoir quoi ?

– Elle m'a dit que quelque chose minait Tom. Il dormait mal. Il restait perdu dans ses pensées. Elle espérait qu'il se confierait à elle, mais pas un mot. Elle voulait lui demander, mais n'osait jamais. Vous connaissez... On veut parler d'une question précise et on passe son temps à chercher le moment idéal pour le faire. Je suppose qu'il était irritable et qu'elle craignait de le mettre en colère. En tout cas, il est mort avant qu'elle ait pu aborder le sujet, et elle n'en sait pas plus.

– Ça ne l'autorise pas à fourrer son nez dans les affaires de Tom !

– Non, bien sûr, mais elle se ronge à l'idée qu'il soit mort à force de se faire du souci. De ne pas l'avoir interrogé alors qu'elle le pouvait encore la rend malade. C'est pour ça qu'elle a fait appel à moi.

– Bonne chance ! m'envoya Margaret d'un ton qui traduisait son espoir de me voir me planter.

– Je ne pense pas trouver grand-chose, mais je ne lui jetterai pas la pierre. Elle espère se racheter. Où est le mal ? A sa place, j'en ferais autant. Pas vous ?

– Ma foi…, commença Margaret.

Elle était visiblement à court d'arguments. A son affaire pour vous rembarrer, nettement moins quand il s'agissait de défendre sa position. Mes efforts pour dire la vérité m'avaient rendue moite. On ment toujours plus facilement car tout ce qu'on risque, c'est de se faire prendre. Mais une fois qu'on se défosse de la vérité, on est coincé : si l'autre ne marche pas, on n'a plus rien à vendre.

Earlene nous observait comme à un match de tennis. Ses yeux bleu vif ne perdaient pas une miette de l'échange et faisaient la navette entre le visage de Margaret et le mien. Incapable de savoir quel camp elle avait choisi, je résolus de la faire entrer dans la partie.

– Et vous, Earlene ? Que feriez-vous à la place de Selma ?

– Pareil, je pense. Je comprends votre raisonnement. (Coup d'œil rapide vers Margaret.) Tu disais toi-même que Tom était un ours les dernières semaines avant sa mort. (Elle me regarda et tendit le pouce vers Margaret comme si elle faisait du stop.) D'après elle, c'était l'andropause. Vous savez bien… lunatique, soupe au lait…

– Ear-lene !

– C'est vrai, non ?

– Bien entendu que c'est vrai, mais t'es pas obligée de le répéter aux toilettes !

Ceci venant de quelqu'un qui parlait des verrues d'un pénis inconnu.

– Auriez-vous une idée de ce qui le tracassait ? demandai-je.

Margaret se hérissa :

– Pas la moindre et je m'en garderais bien ! Et laissez-moi

vous dire qu'à mon avis elle ferait mieux de ne pas réveiller le chat qui dort ! S'il avait voulu la mettre au courant, il l'aurait fait, et donc qu'elle ne s'en mêle pas ! Et même s'il était teigneux et impossible à vivre, ce n'est pas un crime !

– Mais comment savoir ? Qui interroger, sinon Rafer ?

Earlene eut un geste d'apaisement.

– Elle peut toujours poser la question à Hatch, non ?

– Toi, occupe-toi de tes oignons ! lui lança sèchement Margaret.

– Hatch ? demandai-je à Earlene.

– C'est son mari. Il est assis là-bas, dit-elle en montrant le bar.

– Ce n'est pas lui qui vous aidera, ricana Margaret. Et ma main au feu que Wayne non plus ! Ça fait des années qu'il n'a pas travaillé avec Tom, alors je me demande ce qu'il pourrait bien savoir !

– Hatch travaillait pour Tom ?

– Oui et non. Wayne et lui sont shérifs adjoints, seulement Wayne couvre la commune de Whirly et Hatch passe ses journées dans le coin.

– On peut toujours essayer, risquai-je.

Margaret réfléchit, puis me lança un regard réprobateur.

– Je ne pense pas pouvoir vous en empêcher, mais à mon avis vous perdez votre temps.

– Je vais chercher ma bière et j'arrive, dis-je.

Je jouai des coudes jusqu'au bar pour y prendre mes affaires. En mon absence Margaret ne manquerait sûrement pas de travailler son mari, ce serait toujours ça de gagné. Je saisis ma chope et mon blouson et me dirigeai vers leur table, observant Hatch qui empruntait docilement une chaise supplémentaire à une table voisine. Je renouvelai le rituel des présentations, toute séduction dehors, tandis que je serrais la main des deux hommes. D'ordinaire, ce n'est pas l'effet que je produis.

– Margaret vous a-t-elle parlé de ce qui m'amène ?

– Tout à fait, dit Hatch.

Grand, pas un atome de graisse, un paillasson de cheveux blonds coupés court sur les côtés, il avait un visage osseux, tout en mâchoire et pommettes, et un grand nez bosselé. Ses oreilles saillaient avec la grâce de deux anses de potiche.

Le mari d'Earlene, Wayne, avala une large gorgée de bière et reposa sa chope d'un coup sec sur la table. Brun, le front qui commençait à se dégarnir, il avait les cheveux courts et coiffés vers l'avant. Beau comme une petite frappe de troisième catégorie. Je ne paraissais pas l'emballer outre mesure. Il évitait mon regard, portant son attention sur d'autres parties de la salle. De temps en temps, il se branchait sur la conversation, mais en faisant nettement comprendre qu'on ne lui ferait rien dire sur Tom.

Comme Hatch me paraissait au moins cordial, j'en fis mon principal interlocuteur.

– Si j'ai bien compris, vous connaissiez Tom.

– Tout le monde le connaissait.

– Pourriez-vous me parler un peu de lui ?

Hatch eut l'air mal à l'aise et me regarda en secouant la tête.

– Vous n'arriverez pas à me faire dire du mal de cet homme.

– Loin de moi cette intention. J'essaie seulement de me faire une idée du bonhomme. Comme je ne l'ai jamais rencontré personnellement, je navigue dans le noir. Depuis combien de temps le connaissiez-vous ?

– Un peu plus de quinze ans, bien avant que j'entre au bureau du shérif. J'habitais à Barstow et, juste comme je venais de m'installer ici, on cambriole mon appartement et on me pique ma chaîne. C'est Tom qui est arrivé quand j'ai appelé police-secours.

– Comment était-il ?

– Rapport à quoi ?

– A tout. Intelligent ? Blagueur ? Du genre décontracté ?

Hatch pencha la tête d'un air songeur, haussant une épaule en direction de son oreille.

– Je dirais qu'il était avant tout et toujours un bon policier… et qu'il le fut jusqu'au bout. C'est simple : son travail et lui ne faisaient qu'un. Intelligent, c'est indiscutable, et il faisait respecter la loi.

– Quelqu'un qui refusait les compromis, dis-je, citant le coroner.

– Exactement. Bien sûr, pour des broutilles il laissait parfois une chance au type, mais pour une infraction sérieuse il collait au règlement. Toutes ces excuses qu'on trouve aujourd'hui aux victimes de la société, avec lui ça ne marchait pas. On devait répondre de ses actes, inutile d'aller chercher ailleurs. Sur ce point, il était intraitable et je pense qu'il avait raison. Prenez une petite localité comme ici : vous avez quelqu'un qui enfreint la loi, vous êtes peut-être sorti avec sa sœur, ou bien ils vivaient à deux pas de chez vous à l'époque. Dans l'esprit de Tom, la personne n'entrait pas en ligne de compte. Pas qu'il aurait été sadique ni rien. Simplement il faisait son travail et on ne pouvait que respecter sa position.

– Des exemples ?

– Sur le moment, je ne vois pas. Mais toi, Wayne ? Tu sais de quoi je parle. Un truc typique de Tom ?

Wayne secoua la tête.

– Hatch, tu prends tes responsabilités, si tu veux que je te dise.

Hatch se gratta le menton, tiraillant sur la peau du dessous.

– Il y en a un qui me revient maintenant, très typique à mon sens. Il y avait ce brave type, un certain Sonny Gelson. Tu te souviens, bibiche ? Ça doit remonter à cinq, six ans. Il vivait du côté de Winona dans une vieille baraque qui tombait en morceaux. (Il n'attendit pas la réponse, mais je vis Margaret hocher la tête, tandis que son mari continuait sur sa lancée.) Une nuit, sa femme l'a abattu par erreur. Elle l'avait pris pour un voleur et ne l'a pas raté. A peu près six mois plus tôt, elle avait signalé la présence d'un rôdeur et Sonny lui avait acheté un Smith & Wesson. Donc voilà qu'un soir il est sorti et qu'elle est seule à la maison. Elle entend du bruit en bas dans l'entrée, prend l'arme dans un tiroir et plombe le type au moment où il entre. Le problème, c'est que l'arme lui a explosé dans la main. Sonny avait fabriqué ses cartouches lui-même et s'y était sans doute mal pris, à ce qu'il semblait en tout cas. Le coup est parti tout de même et il l'a pris en pleine poitrine. Je crois qu'il est mort avant même que Judy ait le temps d'appeler police-secours. En attendant, Judy avait la main en bouillie et pissait le sang… Mais voilà où je veux en venir : Tom s'est mis dans la tête que c'était un meurtre prémédité. Convaincu d'avoir affaire à un coup monté. On a donc Judy Gelson qui sanglote comme une malheureuse à cause de sa terrible erreur. Elle jure qu'elle ne savait pas que c'était lui. Tout le patelin se mobilise. Tout le monde est dans la rue à manifester. Le juge allait la laisser plaider l'accident et en rester là. A mon avis, elle aurait eu le sursis car son dossier était vierge. Le comté se serait évité des dépenses faramineuses et d'être éreinté par la presse. Tom poursuit son enquête et tombe en moins de deux sur une police d'assurance plutôt rondelette. Il s'avère que Judy avait un amant et que les deux avaient concocté toute cette histoire pour se débarrasser du mari, récupérer le pactole et filer ! Elle avait elle-même tripatouillé la cartouche pour rajouter de la poudre et passer pour l'innocente victime des circonstances ! C'est Tom qui l'a arrêtée, et il en avait rudement pincé pour elle dans son jeune temps. Elle avait été élue reine de la fête du lycée et ils avaient failli fuguer tous les deux le soir du bal de terminale. Mais pour lui ça ne changeait rien, et c'est là où je voulais en venir.

– Qu'est devenue Judy Gelson ?

– Elle a écopé de la perpétuité, dont vingt-cinq ans incompressibles qu'elle tire je ne sais où. Son jules court toujours. A vrai dire, personne n'a jamais su qui c'était. Peut-être un type du coin qui jouait gros. Tom n'a jamais lâché l'affaire, toujours en quête d'un indice qui le mettrait sur la piste du mec. Il ne supportait pas l'idée d'un crime impuni.

– Il aimait reprendre de vieux dossiers ?

– Comme tout le monde. On espère toujours résoudre l'énigme et se faire un nom. Mais il n'y a pas que ça ; il y a le fait de marquer « payé » sur la facture. « Pour solde de tout compte », on dirait aujourd'hui, mais c'est du pareil au même.

– Selma ne demande rien de plus, dis-je en jetant un regard en biais à Margaret.

Hatch secoua la tête au seul nom de Selma.

– Selma, ben, j'y viens. C'est une autre histoire. Je ne voudrais pas dire du mal d'elle. Tom l'adorait, il vénérait le sol qu'elle foulait, et je n'exagère pas.

Margaret ajouta son grain de sel :

– Mais nous, Selma, on a toujours eu du mal à l'encaisser.

– Comment ça ?

– Oh, vous savez, le genre à se vexer pour un rien, à se sentir visée alors que c'est faux. Tom faisait de son mieux pour lui donner confiance, mais ça ne suffisait jamais. Si on se rencontrait par hasard en société, il veillait toujours à l'inclure dans la conversation. N'est-ce pas ? demanda-t-elle en se tournant vers Earlene pour obtenir une confirmation. A mon avis, il savait que les gens ne l'aimaient pas et il voulait la mettre en valeur.

– Absolument ! Il s'évertuait à la faire sortir de sa coquille... à la faire parler alors que personne ne lui demandait rien. Lui, tout le monde l'aimait et on se fichait d'elle comme d'une guigne.

– Son manque de confiance était donc justifié.

Earlene éclata de rire :

– Et comment ! Mais si elle avait été moins tournée sur elle-même, peut-être qu'on l'aurait trouvée plus sympathique ! Selma est persuadée que le soleil se lève et se couche pour sa précieuse petite personne et elle en avait convaincu Tom aussi. Elle claquait dans ses doigts, il accourait ! Le comble, c'est qu'elle a des prétentions. Elle se comporte comme si elle valait cent fois mieux que nous. Dans une petite ville comme ici, on se fréquente tous beaucoup. Vous savez bien, on va à la même église, on s'inscrit au même country club. Eh bien, il fallait que Selma en fasse autant, toujours à se mettre en avant ! Cette femme ne connaît pas la fatigue, c'est une qualité que je lui reconnais. Demandez-lui n'importe quoi, elle le fera comme par enchantement !

J'avais surpris plusieurs fois le regard du mari d'Earlene, Wayne, au cours de cette tirade. Sans doute irrité qu'elle me parle. Comme il avait travaillé avec Tom, je le soupçonnais de ne pas apprécier la liberté avec laquelle sa femme exprimait sa façon de voir. Il semblait sur la défensive, lointain, les yeux vissés sur la table pendant que les trois autres échangeaient des anecdotes. La raison de son hostilité m'échappait. Rafer lui avait peut-être dit deux mots et bien fait comprendre qu'il interdisait à ses adjoints de collaborer avec moi. A moins de voir dans son attitude la réticence habituelle d'un policier à partager ses informations, même au niveau des commérages et des opinions personnelles.

Je l'obligeai à me regarder :

– Et vous, Wayne ? Rien à ajouter ?

Il eut un sourire, plus à sa propre intention qu'à la mienne.

– Je dirais qu'à eux trois, ils se débrouillent plutôt bien…

– Vous êtes d'accord avec leur sentiment ?

– Disons, pour l'essentiel, qu'on n'a pas à se mêler du ménage de Tom. La façon dont ça marchait entre Selma et lui, c'est leur affaire.

Earlene lui expédia une serviette en papier roulée en boule :

– Quel vieux grincheux tu fais ! lui lança-t-elle.

– Tu ne m'obligeras pas à répondre, lui renvoya-t-il d'un ton irrité.

– Allez, détends-toi… Sans blague, Selma, tu ne l'as jamais portée dans ton cœur non plus. Alors pourquoi ne pas le reconnaître ?

– Tu dis ce que tu veux. Moi, je ne me mêle pas de cette histoire.

– N'insistez pas, dis-je.

Soudain, je me sentais fatiguée. Le mélange de tension et d'air enfumé me donnait la migraine. J'avais demandé des informations d'ordre général, et voilà ce qu'on m'infligeait. De toute évidence, personne n'en dirait plus long.

– Je crois que je vais rentrer au motel, dis-je.

– « Ne me quitte pas fâchée, mais quitte-moi », susurra Wayne avec un sourire.

– Très drôle, je meurs de rire, lui lança Earlene.

– Nous ferions mieux d'y aller aussi, déclara Margaret en consultant sa montre. Ah, mon Dieu ! Je dois être au boulot à huit heures et regardez l'heure qu'il est. Onze heures quarante-cinq !

Earlene attrapa son blouson.

– Je ne m'étais pas rendu compte qu'il était si tard, et il faut encore qu'on vous dépose.

– On peut rentrer à pied. Ce n'est pas loin, proposa Margaret.

– Ne dis pas de bêtise ! Ça ne nous dérange pas, c'est sur notre chemin.

Ils rassemblèrent leurs affaires, enfilèrent leurs parkas, reculèrent bruyamment leurs chaises en se levant.

– Je vous suis, dis-je.

Chacun y alla de sa petite phrase d'adieu, le bla-bla-bla superficiel des échanges mondains. Je les regardai partir, puis revins au bar où je réglai mon addition. Alice, la serveuse à la chevelure orange, faisait justement une pause. Elle tira un tabouret à côté de moi et alluma une cigarette. Un trait d'eye-liner lui soulignait les yeux et sa frange d'épais cils noirs ne pouvait qu'être fausse ; un rouge à lèvres corail vif, un coup de blush sur chaque joue.

– Vous êtes flic ?

– Détective privée.

– Tout s'explique ! dit-elle en soufflant sa fumée en biais. J'ai entendu dire que vous cherchiez des renseignements sur Tom Newquist ?

– Les nouvelles vont vite.

– A qui le dites-vous ! Dans un bled comme ici, on n'a pas grand-chose à se mettre sous la dent. Vous vous trompez d'adresse avec la bande à qui vous parliez. Ils sont tous dans la police et ne trahiront pas leur clan. Pas un ne vous dira du mal de Tom !

– C'est bien mon impression. Et vous, quelque chose à ajouter ?

– Ma foi, je ne sais pas ce qui s'est dit. Moi, je le voyais juste ici. Elle, en revanche, je la connaissais mieux. Je les croisais parfois à l'église.

– A ce que je comprends, elle, on ne l'aimait pas beaucoup. En tout cas à les écouter.

– J'essaie de ne pas juger les gens, mais c'est difficile de ne pas s'en faire une idée malgré tout. Tout le monde casse du sucre sur le dos de Selma et ça me semble injuste. Si seulement elle cessait de s'esquinter la vie à cause de cette connerie de dents ! (Elle se mit la main devant la bouche.) Vous avez remarqué son geste ? La moitié du temps, je comprends à peine ce qu'elle dit parce qu'elle s'obstine à se cacher la bouche ! En tout cas, Tom était un type de première. Attention… je reconnais que Selma n'est pas commode… mais vous savez quoi ? Du coup lui, à côté, il avait l'air d'un ange ! Ce n'était pas un type agressif. Pas le genre à vous enquiquiner pour un oui ou pour un non. D'ailleurs, il n'en avait pas besoin : Selma s'en chargeait. Elle s'en prenait à tout le monde ! Vous voulez que je vous dise ? A elle le mauvais rôle, c'est elle qui se démène, dans le couple c'est elle qui fait tout le boulot, tandis que lui passe pour le brave type, le cœur d'or. Vous me suivez ?

– Tout à fait.

– Peut-être que chacun y trouvait son bonheur, mais c'est injuste qu'on lui fiche tout sur le dos. Les femmes comme elle, je connais : des amours si on creuse. Il pouvait lui filer une trempe… Il pouvait faire un raffut du diable, elle n'aurait pas insisté. S'il n'avait pas de jugeote, pourquoi le lui reprocher à elle ? Pour moi, ils sont à blâmer à égalité.

– Intéressant, dis-je.

– Moi, ce que je vous en dis, c'est ma réaction. J'en ai marre d'entendre tout le monde dire pis que pendre de Selma. Peut-être que je lui ressemble et que ça me blesse… Il y a des accords, dans les couples, sur qui fait quoi. Je ne dis pas qu'on prend le temps d'en discuter et de l'écrire sur le papier, mais vous voyez où je veux en venir… Vous en aurez un du genre taiseux, l'autre qui parlera plus volontiers. Ou bien un qui sera communicatif et l'autre timide. Tom était un homme passif, purement et simplement. Alors pourquoi lui reprocher à elle d'avoir pris les choses en main ? Vous auriez fait pareil !

– D'après Selma, il était très préoccupé les dernières semaines. Vous avez une idée là-dessus ?

Elle marqua un temps pour réfléchir, tirant sur sa cigarette.

– Je n'y ai pas vraiment fait attention, mais maintenant que vous me le dites, il n'était plus lui-même. Je vais vous dire ce que je vais faire. Laissez-moi poser des questions à droite et à gauche et voir si quelqu'un sait quelque chose. Ce n'est pas que les gens d'ici soient menteurs ni même cachottiers, mais ils se protègent.

– A qui le dites-vous !

Je sortis une carte de visite professionnelle et y inscrivis mon numéro de téléphone personnel à Santa Teresa et celui du motel où je résidais.

Alice eut un sourire.

– Cecilia Boden... Tout un programme. Si le motel vous sort par les yeux, vous pouvez toujours venir chez moi. J'ai toute la place qu'il faut.

Je lui rendis son sourire.

– Merci de votre aide.

Je sortis dans l'air nocturne. La température avait nettement baissé et je voyais ma respiration. Après les nuages de fumée du bar, je me demandai si je n'exhalais pas tout simplement le trop-plein. Le parking était à moitié vide et l'éclairage juste assez chiche pour faire naître un sentiment d'inquiétude. Je pris le temps de scruter les environs. Il n'y avait personne en vue, encore que n'importe qui pouvait se cacher dans la rangée de pins. Je fis passer mes clés de voiture dans ma main droite, lançai mon sac à main sur mon épaule gauche tout en me dirigeant vers la voiture de location et l'ouvris.

Je me glissai derrière le volant, claquai la portière et la verrouillai sans perdre une seconde. Entendre le système de fermeture s'enclencher me soulagea. La condensation embuant le pare-brise, je frottai la vitre de la main pour y voir quelque chose. Je mis le contact, alertée soudain par le ronflement sourd indiquant que la batterie était presque à plat. Je fis un nouvel essai et le moteur se mit en marche sans conviction. Il y eut une série de ratés, puis le moteur s'éteignit. Je restai immobile, me projetant déjà tout un film où je me voyais forcée de retourner au bar, dégoter de l'aide et me glisser finalement dans mon lit à une heure impossible après Dieu sait combien de péripéties.

Des phares éclairèrent l'allée derrière moi et j'en vérifiai la provenance dans mon rétroviseur. Une camionnette sombre roulait à faible allure. Le conducteur, le visage dissimulé par une cagoule de ski, se retourna pour me dévisager. Les trous pour les yeux étaient cerclés de blanc et l'ouverture de la bouche entourée d'un épais bord rouge. Nos regards se croisèrent un instant dans le reflet oblong du pare-brise. Je sentis ma peau me picoter, les pores saillir de peur. Je pensai *Blanc*; je pensai *de sexe masculin*. Mais j'avais peut-être tout faux.

CHAPITRE 7

J'entendis le gravier crisser, puis une explosion amortie, comme un coup de feu éloigné. La camionnette ralentit avant de s'immobiliser complètement. Son moteur tournait à vide dans l'air tranquille de la nuit. Je m'aperçus que je retenais mon souffle, ne sachant trop quelle stratégie adopter si le conducteur sortait et se dirigeait vers ma voiture. Au bout de trente interminables secondes, la camionnette se remit en marche tandis que je suivais son reflet dans le rétroviseur. Comme la paroi latérale ne portait aucune inscription, j'en déduisis qu'il ne s'agissait pas d'un véhicule commercial. Je tournai la tête et vis la camionnette atteindre le bout de l'allée et tourner à gauche. Sa curiosité me mettait mal à l'aise.

Je tentai de faire redémarrer la voiture. « Allez, vas-y », la suppliai-je. Le moteur me parut encore plus faiblard, c'est le moins qu'on puisse dire. La camionnette avait repris l'allée en sens inverse et revenait dans ma direction, séparée de moi par les voitures garées nez à nez avec la mienne. Je vis le conducteur se pencher en avant, son visage masqué penché vers moi. C'était cet anonymat qui me troublait, la cagoule informe gommant tous les traits hormis les yeux et la bouche, qui, du coup, prenaient une importance inquiétante. Le genre de cagoule dont s'affublent les terroristes et les braqueurs de banque, pas les citoyens ordinaires qui craignent la morsure du gel. La camionnette s'immobilisa. La cagoule de ski noire me fixait bien en face ; regard prolongé et intense. Je m'aperçus qu'on avait rétréci les trous des yeux et celui de la bouche par de gros points au fil blanc, sans prendre la peine de dissimuler ces derniers. Le conducteur tendit sa main droite prise dans un gant et pointa son index sur moi comme un revolver. On tira deux balles imaginaires dans ma direction, en appuyant sur la détente. Je lui renvoyai mon doigt. Ce bref échange gestuel traduisait l'agressivité d'une part, le défi de l'autre. Le conducteur parut se crisper ; peut-être aurais-je mieux fait de maîtriser mon réflexe du métacarpe. A Los Angeles, il en faut moins pour déclencher une fusillade sur le freeway. Pour la première fois, je me demandai s'il n'avait pas une arme réelle à ses pieds.

J'appuyai sur l'embrayage et mis une fois de plus le contact, lâchant un petit gémissement d'affolement. Comme par miracle, le moteur toussota et revint à la vie. Je mis la voiture au point mort et m'excitai sur l'accélérateur, allumant rageusement les phares pendant que je faisais ronfler le moteur. La flèche de l'ampèremètre piquait régulièrement vers la droite. Je lançai un coup d'œil à la camionnette au moment précis où elle tournait au bout du parking. J'ôtai le frein à main et partis en marche arrière.

Sortant de ma place, je passai les vitesses et enfilai vivement l'allée dans la direction opposée, fouillant l'obscurité pour voir ce qu'était devenue la camionnette. Mon cœur me battait dans la tête, à croire que la peur avait coincé ce malheureux organe entre mes deux oreilles ! J'arrivai au panneau de sortie et continuai, scrutant les rues plus loin au cas où la camionnette aurait fait le tour du pâté de maisons. Dans mon champ visuel, la rue était vide. Je me tapotai la poitrine, ce geste apaisant ayant pour objet de me réconforter et me tranquilliser. En fait, il ne s'était rien passé. Le conducteur avait dû se tromper, me prenant pour une connaissance et comprenant ensuite son erreur. Quelqu'un au volant d'une camionnette s'était retourné pour me regarder, faisant feu symboliquement avec l'index à l'horizontale et un frémissement du pouce sur la détente. L'incident ne ferait probablement pas la une du bulletin d'informations.

J'avais déjà parcouru la moitié de la ville quand j'aperçus la camionnette à un demi-pâté de maisons derrière moi. Je distinguais à présent qu'un des phares était légèrement de travers, son faisceau éclairant le sol comme si la voiture louchait. Je regardai autour de moi, mais rien : ni une voiture ni un piéton. Nota Lake était désert à cette heure, tous ses magasins fermés pour la nuit et conservant seulement ici et là une lumière impersonnelle à l'intérieur. Même la station-service avait baissé son rideau et se retranchait dans l'obscurité. Les réverbères déversaient un éclairage profus et glacial sur les trottoirs vides. Les feux de circulation passaient sans bruit du vert au rouge, puis du rouge au vert.

Alerte ou pas alerte ? J'évaluai mes options. La jauge indiquait un réservoir à moitié plein. Plus qu'il ne m'en fallait pour regagner le motel, mais l'idée d'être suivie ne me plaisait pas et je n'avais aucune intention d'essayer de semer mon poursuivant si la situation se gâtait. La 395 qui conduisait aux Chalets de Nota Lake n'était plus qu'une longue chaussée obscure filant vers l'horizon. Les rares commerces au bord de la route ayant fermé pour la nuit, je deviendrais de plus en plus vulnérable au fur et à mesure que la campagne environnante se ferait plus déserte. Je jetai un coup d'œil dans le rétroviseur. La camionnette se maintenait à la même distance, alignant son allure sur la mienne, un trente à l'heure très raisonnable. Un froid intérieur me faisait frissonner. Je mis le chauffage. J'aurais donné n'importe quoi pour avoir chaud et apercevoir un être humain. Enfin quoi ? Personne pour sortir son chien ? Les parents ne couraient pas chercher un litre de lait ou un médicament pour calmer la toux rauque du gamin ? Pas le moindre joggeur à saluer de la main au passage ? Je voulais que le conducteur de la camionnette voie que j'avais du renfort.

Je tournai dans la première rue à gauche et continuai de rouler jusqu'au troisième carrefour, les yeux vissés sur le rétroviseur. Au bout de quelques secondes, la camionnette tourna derrière moi et reprit sa filature. Je longeai six pâtés de maisons, puis tournai de nouveau à gauche. La rue doublait l'artère principale, mais en plus étroit et plus obscur ; secteur résidentiel silencieux, maisons éteintes. D'habitude, je garde une arme dans ma serviette que je cache dans le creux derrière la banquette arrière de la Volkswagen. Mais j'avais une voiture de location et avais quitté Santa Teresa avec Dietz. Qu'aurais-je fait d'une arme ? Je n'imaginais pas d'autre danger que de vivre au contact étroit d'un invalide. Me connaissant, je craignais une crise de claustrophobie affective, allez savoir, mais pas des risques physiques.

Je jetais un regard compulsif dans le rétroviseur toutes les deux secondes. La camionnette me suivait toujours, un phare dirigé sur la rue, l'autre sur moi. J'ai pris suffisamment de cours d'autodéfense pour savoir que les femmes ont naturellement du mal à évaluer le danger dont elles sont la cible. Quand on nous suit dans une rue sombre, beaucoup d'entre nous ne savent pas prendre la fuite. Nous attendons le signe qui viendra confirmer notre intuition. Nous hésitons à ameuter le quartier au cas où nous nous serions méprises sur la situation. Nous craignons plus de risquer d'embarrasser le type qui nous suit et préférons ne rien faire tant que nous ne sommes pas sûres qu'il nous veut vraiment du mal. Demandez à une femme de crier à l'aide et vous n'obtiendrez qu'un couinement pathétique, sans énergie ni pouvoir de dissuasion. Curieusement, je souffrais soudain du même syndrome. Peut-être le type de la camionnette rentrait-il tout bonnement chez lui et prenais-je par hasard l'itinéraire qu'il avait prévu d'emprunter. Admettons. Et d'ailleurs, si le conducteur de la camionnette voulait me faire craquer, je n'allais tout de même pas lui donner le plaisir de réagir !

Je me refusai à accélérer. Pas question de jouer au chat et à la souris. Je pris de nouveau à gauche, gardant une allure modérée à mesure que les rues défilaient. Devant moi, près du carrefour, se trouvait le centre administratif de Nota Lake, avec le quartier général du shérif. La première porte était celle de la brigade des pompiers, la suivante celle du poste de police. Je vis de la lumière à l'extérieur, mais ne fus pas certaine que l'endroit serait ouvert si près de minuit. Je rétrogradai au point mort et m'immobilisai, laissant tourner le moteur avec les phares allumés. La camionnette arriva à ma hauteur, son conducteur se tournant, comme avant, pour me dévisager. J'aurais pu jurer qu'un sourire se dessinait derrière la bouche ourlée de tricot rouge. Le conducteur ne fit pas d'autre geste et, après un moment d'une extrême tension, continua de rouler. Je vérifiai sa plaque d'immatriculation arrière, mais elle était recouverte par un ruban de plastique et ne laissait voir aucun numéro d'identification. La camionnette prit de la vitesse, tourna à gauche au carrefour et disparut. Sous la décharge d'adrénaline, j'eus l'impression de rayonner de l'intérieur.

J'attendis cinq minutes, qui durèrent une éternité. J'inspectai la rue de tous les côtés, me décrochant la tête pour scruter la zone située derrière moi, au cas où quelqu'un serait arrivé à pied. Je n'osais pas arrêter le moteur de peur que la voiture ne veuille pas repartir. Je serrai fort mes mains entre mes genoux pour essayer de réchauffer mes doigts glacés. Ma peur était aussi palpable qu'un accès de fièvre et me pétrissait de douleurs. J'aperçus de nouveau un faisceau de phares derrière moi, vérifiai dans le rétroviseur et vis un véhicule tourner lentement le coin de la rue. Un son rauque sortit de ma gorge et je m'affalai sur l'avertisseur. Un hurlement strident emplit la nuit. Le véhicule se rangea près du mien et je vis que c'était James Tennyson, le policier de la route, dans sa voiture de patrouille. Il reconnut mon visage et baissa sa vitre du côté conducteur.

– Ça va ? le vis-je articuler.

Je pressai le bouton de la console et ouvris ma vitre du côté passager.

– Je peux vous aider ? demanda-t-il.

– On m'a suivie. Ma seule idée a été de venir ici et de klaxonner.

– J'arrive, dit-il.

Il repéra une place de l'autre côté de la rue, roula jusqu'à l'espace vide au bord du trottoir, puis, laissant son moteur allumé, il traversa, s'approcha de ma portière et arrondit le dos pour qu'on puisse se parler à la bonne hauteur.

– De quoi s'agit-il ?

Je lui décrivis les faits, attentive à ne pas les déformer ni les exagérer. Je ne savais pas comment lui faire comprendre la peur qui m'avait submergée, mais il parut accepter mes dires sans chercher à minimiser mon affolement en le jugeant idiot ou injustifié. A première vue, il n'avait pas encore atteint la trentaine et je me pensais plus expérimentée que lui en matière de combat. Il n'empêche : sa qualité de policier en tenue le rendait rassurant. Il était déterminé, courtois, avec un beau visage lisse et toute la candeur de la jeunesse.

– Je comprends que vous ayez eu peur ! Rien que d'y penser, j'en ai froid dans le dos ! dit-il. Peut-être un des gars postés au bar ? Les types d'ici ne sont pas toujours très nets quand ils boivent. Il devait attendre que vous regagniez le parking.

– C'est ce que je me suis dit, moi aussi.

– Vous n'avez remarqué personne qui vous dévisageait au Tiny's ?

– Personne, non.

– Oh, il ne vous voulait sûrement pas de mal, même s'il vous a un peu effrayée.

– Mais la camionnette ? Il ne doit pas y avoir beaucoup de camionnettes noires dans une petite ville comme ici !

– Je ne l'ai pas vue, mais je patrouillais sur la route au sud de la ville. En passant au carrefour, j'ai vu le reflet de vos phares et j'ai rebroussé chemin. Je me disais que vous aviez peut-être un problème de voiture, mais je n'en étais pas sûr.

D'un mouvement de la tête, il désigna le poste de police.

– C'est fermé la nuit. Voulez-vous que je vous raccompagne ? Ce serait avec plaisir.

– Oui, s'il vous plaît.

Il fit avec moi les neuf kilomètres qui me séparaient du motel et passa devant pour me guider. Aucun signe de la camionnette. Aux Chalets de Nota Lake, nous nous garâmes côte à côte et il m'escorta jusqu'à ma chambre, attendant que j'ouvre la porte et allume à l'intérieur. Je m'apprêtais à inspecter les lieux, mais son bras s'interposa comme celui d'un chef de patrouille de sécurité au cours élémentaire.

– Je m'en charge, dit-il.

– Génial. Faites comme chez vous !

Je ne fais pas d'histoires dans ces cas-là. Je suis une femme forte et indépendante, pas une gourde. Je sais quand il convient de passer le relais à un policier, à savoir un individu disposant d'une arme, d'une matraque, d'une paire de menottes et d'un salaire. Il procéda à une inspection superficielle pendant que je lui collais aux talons avec l'impression d'être un personnage de dessin animé, les genoux mal assurés. Si une souris avait détalé, j'aurais hurlé comme une idiote.

Il jeta un coup d'œil dans la penderie, derrière la porte de la salle de bains. Il tira le rideau de la douche, se mit à quatre pattes et regarda sous le lit. L'endroit ne paraissait pas l'enthousiasmer plus que moi.

– Je n'avais encore jamais mis les pieds dans une de ces bicoques. Je ne crois pas que je m'y éterniserais ! Mme Boden se méfie du chauffage ?

– Sans doute que oui.

Il se releva et brossa la poussière de ses genoux.

– Elle prend combien pour ça ?

– Trente dollars par nuit.

– Tant que ça ?

Il secoua la tête d'un air incrédule. Puis il vérifia que les fenêtres étaient bien fermées. Pendant que j'attendais à l'intérieur, il fit le tour du chalet dehors, perçant l'obscurité du rayon de sa torche. Puis il revint à la porte.

– Tout me paraît normal.

– Espérons.

Son regard s'attarda sur moi.

– Je peux vous conduire ailleurs, si vous préférez. Nous avons des motels dans le centre-ville si vous pensez vous y sentir plus en sécurité. Et vous auriez plus chaud !

J'étudiai brièvement sa proposition. J'étais à la fois tendue et vannée. L'idée de déménager à une heure pareille ne m'emballait guère.

– Non, c'est parfait, dis-je. Je n'ai pas vu trace de la camionnette sur la route. C'était peut-être une farce.

– Moi, je me méfierais. Le monde est plein de cinglés. Vous ne devriez pas prendre ce genre d'incident à la légère. Parlez-en donc à la police demain matin et faites une déclaration. Autant avoir un point de départ en cas de nouveau pépin.

– Bien vu. Je n'y manquerai pas.

– Vous avez une lampe électrique ? Gardez donc celle-là pour la nuit, vous me la rapporterez demain. J'en ai une autre dans la voiture. Vous vous sentirez plus tranquille avec une arme.

Je pris la torche électrique, appréciant son poids non négligeable dans ma main. De quoi blesser sérieusement quelqu'un en lui en assenant un coup sur la tempe. J'ai vu des cuirs chevelus se fendre quand le bord s'abat juste où il faut. Pour un peu, je lui aurais réclamé aussi sa matraque et sa radio, mais je ne voulais pas le dépouiller de son matériel.

– Merci, dis-je en brandissant la torche. Je vous la dépose à la première heure.

– Rien ne presse.

Après son départ, je verrouillai la porte, puis j'inspectai le chalet avec soin, exactement comme lui. Je m'assurai que la fermeture des fenêtres était bien enclenchée, regardai sous tous les meubles, dans les placards, derrière les rideaux. J'éteignis et laissai mes yeux s'accommoder à l'obscurité, puis j'allai à chaque fenêtre et jetai un coup d'œil dehors. Il ne faisait pas entièrement noir. La lune devait briller quelque part dans les hauteurs, baignant les bois environnants d'une lumière argentée. Les troncs des bouleaux et des sycomores luisaient d'une pâleur de glace. La masse informe et compacte des conifères s'imposait dans le paysage nocturne. J'aurais dû changer de motel. Je regrettai cet isolement et aurais donné n'importe quoi pour me blottir dans la chaleur rassurante d'une grande chaîne hôtelière – un Hyatt ou un Marriott, avec ses centaines de chambres identiques et ses innombrables systèmes de sécurité intégrés. En l'occurrence, je n'avais ni téléphone ni voisins immédiats. La voiture de location étant garée à une centaine de mètres au moins, inutile d'imaginer pouvoir sauter dedans en cas de départ précipité.

J'appuyai mon front contre la vitre. De temps à autre, les phares d'une voiture pressée rayaient la route, mais aucune ne semblait vouloir ralentir, aucune non plus amorcer un virage en direction du parking du motel. C'est dans ce genre de circonstances qu'un mari ou un chien me manquent terriblement, mais comment savoir lequel des deux deviendrait une nuisance à la longue ? Au moins les maris n'aboient pas et ils sont, en général, dressés à la propreté dès le départ.

Je restai tout habillée, me lavai les dents dans le noir, faisant couler seulement un filet d'eau pour me débarbouiller. Je m'interrompis souvent pour écouter le silence. J'ôtai mes chaussures, mais les posai près du lit, à portée de main. Je me faufilai sous les couvertures et me calai contre les oreillers, torche à la main. A deux reprises, je me relevai pour jeter un coup d'œil par la fenêtre, mais il n'y avait rien à voir et je sentis enfin le calme me revenir.

Je dormis mal, mais quand l'aube pointa je me sentais mieux.

La providence m'accorda trois bonnes minutes d'eau chaude avant les premiers hoquets bruyants de la tuyauterie. J'allai à pied jusqu'à la route, dans un matin gorgé de soleil givré et d'air d'une transparence cristalline. L'odeur du terreau se mêlait à celle des aiguilles de pin. Aucun signe de la camionnette. Aucune silhouette encagoulée pour s'arrêter et me dévisager. Je pris un petit déjeuner au Rainbow, réconfortée par l'humanité banale des lieux. J'observai la préposée aux snacks, une jeune Noire qui travaillait avec une efficacité et une concentration remarquables.

Puis je retournai chez Selma.

Je la trouvai dans sa cuisine en compagnie de sa belle-sœur, Phyllis. Les deux femmes travaillaient sur la table du petit déjeuner, couverte de paperasses. Déploiement de dossiers grands ouverts et de listes de noms portés sur des blocs format ministre assortis d'onglets amovibles. J'en déduisis qu'elles faisaient les plans de table d'une manifestation quelconque au country club, débattant de qui asseoir à côté de qui pour générer le plus d'ambiance et le moins de conflits.

– Moi, j'éviterais, disait Phyllis. Les hommes s'entendent bien, mais leurs femmes ne s'adressent pas la parole. Tu te rappelles l'histoire entre Ann Carol et Joanna ?

– Ne me dis pas qu'elles se crêpent encore le chignon !

– Eh bien, si.

– Incroyable !

– Crois-moi. Si tu les mets l'une à côté de l'autre, tu auras du sang sur les mains. A un dîner, j'ai vu Joanna expédier un de ces petits pains durs comme du bois à la tête d'Ann Carol. Elle l'a touchée à l'œil droit et lui a fait une marque grande comme ça !

Selma s'arrêta pour allumer une cigarette tout en étudiant le plan.

– Si on la mettait à la Treize ?

Phyllis eut une grimace navrée.

– Ça devrait coller. Sinistre, mais sans risque. Au moins Ann Carol ne subira-t-elle pas un tir de petits pains volants !

Selma leva la tête :

– Tiens, Kinsey. Quel programme pour aujourd'hui ? Vous en voyez le bout dans le bureau ?

– Presque.

Je jetai un coup d'œil à Phyllis, ne sachant pas s'il fallait aborder le sujet devant elle. Selma perçut mon hésitation :

– Ne vous inquiétez pas. Vous pouvez y aller, elle sait tout.

– C'est un échec sur toute la ligne. Je ne mets pas votre histoire en doute, je suis convaincue que quelque chose tourmentait Tom. D'autres personnes m'ont confirmé qu'il avait changé. Mais je n'ai pas récolté le moindre indice sur ce qui le préoccupait. En réalité, je n'ai pas avancé d'un pouce. C'est exaspérant !

Je vis la déception se peindre sur le visage de Selma.

– Ça ne fait que deux jours, murmura-t-elle.

Phyllis fronçait légèrement les sourcils, rectifiant l'ordonnance d'une pile de papiers devant elle sur la table. J'espérais une suggestion, mais elle ne dit rien et je poursuivis :

– C'est vrai. Et il est toujours possible de voir surgir quelque chose d'inattendu, mais jusqu'ici, rien de rien. Je tenais à vous en informer. Si vous avez une minute, je vous mets au courant.

– Je suis sûre que vous faites de votre mieux, déclara-t-elle. Il y a du café chaud si ça vous dit. Je vous ai laissé une tasse près d'un petit pot avec du lait quelque part.

J'allai jusqu'à la cafetière électrique et me servis une tasse, vérifiant rapidement l'odeur du lait avant d'en verser dans mon café. Fallait-il lui parler de cette histoire de camionnette ? Cela ne me semblait pas utile. Elles avaient repris leurs occupations, et leurs soucis ou leurs hésitations ne m'intéressaient pas. J'aurais peut-être droit à une oreille compatissante, mais… et alors ?

– A tout de suite, dis-je.

Elles ne levèrent même pas la tête. Je haussai les épaules en mon for intérieur et gagnai le bureau.

Je restai un instant sur le seuil à avaler mon café à petites gorgées, le regard perdu dans le fouillis qui jonchait encore le sol. J'avais procédé avec méthode, mais rien ne tenait. Plusieurs pistes n'étaient que partiellement explorées, et celles que j'avais exploitées jusqu'au bout ne m'avaient conduite à aucune donnée concrète. J'étais simplement partie de l'hypothèse que, si Tom Newquist était sur un coup, il en restait forcément une trace quelque part. Il y avait une quantité de papiers qui ne se rattachaient à rien et que je ne voyais pas où classer. J'en avais empilé une bonne partie sur le bureau, dans un ordre qu'on ne décelait pas à l'œil nu. J'avais raclé les différentes strates jusqu'au fond, et je voyais mal vers quoi m'orienter à présent. Toute mon ardeur avait fondu pour cet examen approfondi qui me paraissait sale et inutile. D'accord, j'avais six cartons d'archives alignés le long d'un mur. Ils contenaient les dossiers que j'avais reconstitués et étiquetés : doubles de déclarations d'impôts, garanties, polices d'assurances, évaluations de patrimoine, quittances de divers services, factures de téléphone et facturettes de cartes de crédit. Toujours aucune trace de ses notes de terrain, mais il pouvait les avoir laissées au poste. Je notai dans ma tête de vérifier ce point avec Rafer.

Je posai ma tasse sur une étagère vide, pliai un nouveau carton et entrepris de dégager le bureau de Tom. Je mis des papiers dans le carton sans autre intention que de faire de la place. J'étais là en qualité d'enquêtrice, pas de femme de ménage logée nourrie. Le bureau rangé, je me sentis mieux. Puis je m'aperçus que le buvard de Tom était bourré de graffitis : griffonnages, numéros de téléphone, ce qui semblait être des numéros de dossier, chiens et chats de dessins animés en diverses postures, rendez-vous, noms et adresses, croquis de voitures crachant le feu par leurs tuyaux d'échappement. Certains chiffres étaient dessinés en relief, technique qu'il m'arrive d'utiliser quand je suis moi-même au téléphone. Certaines bribes d'information étaient encadrées ; d'autres soulignées et ombrées par des traits d'épaisseurs différentes. Je contemplai l'ensemble comme un cartouche de hiéroglyphes, puis je passai la surface au crible, un élément après l'autre. Les dessins ressemblaient beaucoup à ceux qu'affectionnaient les garçons du cours moyen quand j'étais à l'école primaire : poignards, taches de sang, pistolets tirant de vraies balles sur des caricatures. Un seul motif se répétait : un fragment de grosse corde formant un nœud coulant. Il en avait dessiné deux, l'un avec un numéro de téléphone barré d'un X au milieu, l'autre avec une série de numéros suivis d'un point d'interrogation. Un calendrier du mois de février écrit à la main occupait un angle du buvard, les quantièmes dûment indiqués. Une vérification rapide m'apprit qu'ils ne correspondaient pas au mois de février de l'année en cours. Le premier tombait un dimanche, et les deux derniers samedis étaient barrés. Je pris le temps d'établir une liste détaillée de tous les numéros de téléphone et de dossiers.

Intriguée, je récupérai la chemise des appels téléphoniques des six derniers mois dans l'espoir d'en trouver qui concordaient. Légèrement perplexe, je repérai sept appels comportant le préfixe 805, qui couvre Santa Teresa County, ainsi que Perdido au sud et San Luis Obispo au nord de chez nous. Je reconnus le numéro du bureau du shérif de Perdido. Les six autres appels, à un numéro près, avaient été effectués chacun à quinze jours d'intervalle environ. Le plus récent datait de la fin janvier, quelques jours avant sa mort. Sur une impulsion, je saisis le téléphone et composai le numéro en question. Au bout de trois sonneries, un répondeur s'enclencha, une voix de femme me débitant le classique « Désolée, je ne suis pas là pour l'instant, mais si vous me laissez votre nom, votre numéro de téléphone et votre message, je vous rappellerai dès que possible. Parlez après le bip sonore et prenez tout votre temps ». Elle avait une voix rauque de femme mûre, mais c'est toute l'information que je pus glaner. J'attendis le bip sonore, puis, jugeant préférable de ne pas laisser de message, je reposai le combiné avec délicatesse et sans dire un mot. Une amie de Selma ? Il faudrait que je lui pose la question quand elle aurait un moment.

Je notai le numéro et me remis au travail. J'essayai de comparer les numéros des factures de téléphone avec ceux du buvard et décrochai le gros lot ! Quelqu'un – Tom, je le pensai – semblait avoir passé un appel au numéro barré au milieu d'un des nœuds coulants, bien que le préfixe 805 fût omis. Je tentai ma chance et ce fut un être humain et vivant qui décrocha.

– Gramercy Hotel. Qui demandez-vous ?

– Gramercy Hotel ?

– C'est ça même.

– Le Gramercy du centre-ville de Santa Teresa ?

– Tout à fait.

– Excusez-moi, c'est une erreur.

J'appuyai sur l'interrupteur et raccrochai. Bizarre. Le Gramercy était un hôtel minable au bas de State Street. Pourquoi les Newquist l'auraient-ils appelé ? J'entourai le numéro dans mes notes, ajoutai un point d'interrogation et recommençai à étudier mes factures. Aucun autre numéro ne retint spécialement mon attention. Je rangeai un nouveau carton d'archives et continuai de trier.

A dix heures, je marquai une pause pour me dégourdir les jambes et faire quelques assouplissements. Il me restait encore à vider les meubles de rangement du bas, dont deux munis de grandes portes sur toute la longueur des étagères. Je décidai de liquider d'abord le plus pénible. Je me mis à quatre pattes et entrepris de sortir les cartons placés du côté gauche. L'espace de rangement était si vaste que je dus enfiler la tête et les épaules pour atteindre les coins du fond. Je fis glisser deux cartons et m'assis par terre pour en trier le contenu.

Sur le dessus du second carton, je tombai sur deux classeurs bleus à gros anneaux qui me parurent prometteurs. Apparemment, Tom gardait des photocopies des rapports conservés dans les archives du bureau du shérif. Celui-là était le registre des affaires criminelles non résolues mais toujours ouvertes, même si les feuillets jaunissants révélaient que beaucoup remontaient à des années. Tous ces dossiers que les inspecteurs reprenaient chaque fois qu'une nouvelle information surgissait ou qu'apparaissaient des pistes inexplorées ! Je les feuilletai avec intérêt. J'avais sous les yeux un état de la délinquance dans Nota County depuis 1935. Même en lisant entre les lignes, on constatait le mépris des droits de l'accusé dans les dossiers les plus anciens. La notion de « droits de la victime » aurait paru bizarre en 1942. A cette époque-là, la victime avait droit à une réparation légale. Aujourd'hui, les procès ne tournent plus autour de la culpabilité ou de l'innocence. C'est une bataille de l'intelligence et de l'astuce, où les avocats en présence, tels des gladiateurs intellectuels, mettent à l'épreuve leur art de la rhétorique. Un bon avocat de la défense doit être capable de prendre n'importe quel groupe de faits et de le présenter sous un jour tel que, illico presto et comme par magie, la réalité la plus évidente se transforme en coup monté ou complot de la police ou du gouvernement. En un instant, l'exécuteur se change en victime et on en oublie complètement le cadavre…

– Kinsey ?

Je sursautai.

Phyllis se tenait dans l'embrasure de la porte.

– Vous m'avez fait une de ces peurs ! Je ne vous avais pas entendue arriver.

– Excusez-moi. Je rentre chez moi. Puis-je vous parler une minute ?

– Bien sûr ! Entrez…

– En privé, ajouta-t-elle.

Sur quoi, elle tourna les talons.

CHAPITRE 8

Je me relevai tant bien que mal et la suivis dans le couloir. Dans notre dos, Selma bavardait avec quelqu'un au téléphone. Arrivée à la porte d'entrée, Phyllis l'ouvrit et passa sur le seuil. Après une hésitation, je la suivis, m'effaçant de côté pour lui permettre de la refermer derrière nous. Le froid me fit l'impression d'une gifle. Le ciel s'était couvert ; dans le lointain, de lourds nuages gris glissaient des sommets. Je croisai les bras et serrai les pieds pour protéger ma chaleur corporelle des assauts d'une météo cinglante.

La tenue en coton léger de Phyllis aurait mieux convenu à un barbecue estival. Elle portait des mini-socquettes de tennis, dont les pompons retombaient sur le dos de ses chaussures de marche. Pas de manteau, pas de blouson. Elle avait baissé la voix, comme si Selma rôdait dans l'encoignure de la porte.

– Il y a un détail dont j'aimerais vous parler pendant que j'en ai l'occasion.

– Vous n'êtes pas gelée ? lui demandai-je.

Elle restait plantée là, en petit chemisier de coton sans manches, sa jupe fouettant ses jambes nues. Moi, en col roulé à manches longues et en jean, je frôlais la convulsion à force d'empêcher mes dents de claquer.

D'un geste insouciant, elle écarta la morsure du froid.

– Question d'habitude. Ça ne me gêne pas. Cela ne prendra qu'une minute. J'aurais dû vous en parler plus tôt, mais je n'ai pas trouvé le bon moment.

Pour la mi-mars, son visage affichait un bronzage superbe. J'en déduisis que ce devait être le ski, car le reste de son corps était blanc. Elle portait joliment les marques de l'âge, des rides qui lui rayonnaient au coin des yeux et mettaient sa bouche comme entre parenthèses. Elle avait un nez long et droit et des dents très blanches et régulières. La personne idéale à avoir auprès de soi en cas de déprime ; agréable et efficace, mais sans en faire trop.

Dans le jardin, un vent impitoyable fouaillait l'herbe sèche. Les lèvres hermétiquement fermées, je refoulai des gémissements de chiot. Mes yeux larmoyaient sous la piqûre du froid. Dans une seconde j'aurais la goutte au nez, et pas de mouchoir sur moi. Je reniflai dans l'espoir de retarder le moment où je devrais me rabattre sur ma manche. Mon attention se reporta sur Phyllis, qui babillait déjà dans le vide.

– … comme vous le savez, c'est grâce à Tom que Macon est entré au bureau du shérif. Ils ont toujours été très proches malgré la différence d'âge et, bien entendu, quand Tom a épousé Selma, nous lui avons offert tous nos vœux.

– Il n'y a pas d'autres possibilités d'emploi dans le coin ? Tous les gens que je rencontre sont dans la police !

Elle eut un sourire.

– On se connaît tous. On a tendance à toujours se voir entre nous, comme dans un club.

– Je comprends, dis-je, la suppliant en mon for intérieur d'accélérer car j'avais les fesses gelées.

– Tom était un homme merveilleux ! Vous vous en rendrez compte quand vous commencerez votre enquête.

– C'est en effet l'avis unanime. A vrai dire, la plupart des gens semblent avoir plus de sympathie pour lui que pour elle.

– Oh, Selma a ses bons côtés. Tout le monde ne l'aime pas, mais c'est une femme bien. Je ne dirais pas que nous sommes amies… d'ailleurs on ne se connaît pas tellement, ce qui peut sembler bizarre étant donné que nous vivons à deux maisons l'une de l'autre… mais on peut voir les défauts des gens et pourtant les aimer pour ce qu'ils ont de mieux.

– Tout à fait.

Sans adhérer à son point de vue, je comprenais ce qu'elle voulait dire. Je faillis lui adresser un geste de la main comme pour lui dire : « Allez-y, roulez, roulez ! »

– Cela faisait des mois que Selma se plaignait de Tom. Elle a dû vous dire la même chose. Eh bien, en septembre… il y a six mois environ… Tom et Macon sont allés à une vente d'armes d'occasion à Los Angeles et je les ai suivis. Selma n'était pas très chaude – elle avait une obligation ce week-end-là –, bref, elle ne nous a pas accompagnés. Toujours est-il que, le hasard, j'ai aperçu Tom avec une femme et que je me rappelle avoir pensé : « Tiens, tiens. Suivez mon regard… » Je ne sais pas… leur façon de discuter à tous les deux… ça ne m'a pas paru, disons, normal. Tom l'intéressait, cette fille. Je peux vous le garantir… rien qu'à sa façon de le regarder !

Je sentis un éclair d'exaspération. Je n'en croyais pas mes oreilles.

– Phyllis, c'est maintenant que vous m'en parlez ! J'étais là à m'arracher les cheveux au milieu de tout ce bordel et voilà que vous me dites que le « problème » de Tom n'a rien à voir avec ces paperasses !

– Mais, justement, je ne sais pas vraiment. J'ai interrogé Macon au sujet de cette femme et il m'a dit qu'elle enquêtait pour la police, quelque part sur la côte. A Perdido, je crois, à moins que je ne me trompe. En tout cas, Macon disait l'avoir vue une ou deux fois en compagnie de Tom. Il m'a demandé de la fermer et c'est ce que j'ai fait, mais j'avais très mauvaise conscience. Selma s'occupait d'une grande réception d'anniversaire au country club et moi qui n'arrêtais pas de me demander si Tom avait… enfin vous me suivez… S'il avait une liaison, Selma aurait l'air d'une idiote. Franchement, l'humiliant quand votre mari vous trompe, c'est de vous apercevoir que tout le monde le savait, sauf vous. J'ignore si vous êtes passée par là…

– Bref, vous le lui avez dit, suggérai-je en essayant de lui prendre son pion et de passer à la case suivante, comme aux échecs.

A l'écouter, je soupçonnais Macon de l'avoir soumise aux humiliations qu'elle redoutait pour Selma.

Elle fit une grimace.

– A vrai dire, non. Je n'en ai jamais eu le courage. Je déteste tenir tête à Macon car il peut devenir infernal, mais je n'arrêtais pas de me poser la question. J'adorais Tom et je n'arrivais pas à déterminer jusqu'où allait ma loyauté de belle-sœur vis-à-vis de Selma. Enfin, je veux dire... il y a des fois où l'amitié passe avant le reste. D'un autre côté, on ne rend pas toujours service en annonçant ce genre de chose. D'une certaine façon, c'est de la malveillance. En tout cas, à mon sens... Quoi qu'il en soit, tout ce que je sais, c'est que Tom est mort et que Selma en devenait folle. Depuis, je n'ai pas passé une seconde sans me faire des reproches. Si je lui avais fait part de mes soupçons, elle aurait pu avoir une explication avec lui et mettre fin à l'histoire.

– Êtes-vous certaine qu'il avait une liaison ?

– Non, et c'est bien le problème ! Je pensais qu'il fallait prévenir Selma, mais je n'avais aucune preuve. D'où mes hésitations. D'après Macon, nous n'avions pas à nous en mêler et, avec lui qui me surveillait, j'étais prise entre le marteau et l'enclume.

– Et pourquoi m'en parler à présent ?

– C'est la première fois que j'en ai l'occasion. Quand je vous entendais vous agiter dans le bureau, je comprenais à quel point ce devait être frustrant pour vous ! Je veux dire... vous pourriez trouver des preuves si vous saviez où chercher ! S'il la bai... enfin, s'il se conduisait mal, il devait bien avoir laissé un indice, ou alors il était plus futé que la plupart des hommes.

La porte d'entrée s'ouvrit brusquement et Selma passa la tête dehors.

– Ah, vous êtes là ? Je croyais que vous m'aviez abandonnée. Que se passe-t-il ?

– On papotait, lui répondit Phyllis du tac au tac. Je repartais à la maison et elle a eu la gentillesse de me raccompagner.

– Non mais, tu l'as regardée ? Elle est gelée ! Pour l'amour du ciel, laisse-la rentrer, qu'elle se réchauffe !

Fondant de reconnaissance, je filai dans la maison, tandis qu'elles discutaient d'une nouvelle séance de travail le lendemain matin. Je pris la direction de la cuisine, où je me lavai les mains. Une autre femme... j'aurais dû inclure cette hypothèse pour faire bonne mesure. Sa présence aurait expliqué pourquoi les copains de Tom tenaient tant à le couvrir. Et aussi les six appels téléphoniques par le 805 à une femme non identifiée dont j'avais entendu le message d'annonce au répondeur...

Quelques minutes plus tard, Selma me rejoignit, hors d'elle :

– Alors ça, c'est le bouquet ! Je n'arrive pas à le croire ! Elle vient juste de me parler d'un dîner qui se prépare dans le quartier, et croyez-vous que je sois invitée ? Non, bien sûr ! Maintenant que je suis veuve, on me laisse tomber, comme si j'étais indésirable ! Les amis de Tom... les hommes... je sais qu'ils ne demanderaient pas mieux ! Mais vous connaissez les femmes : elles se sentent menacées à l'idée d'une femme seule dans les parages. Du vivant de Tom, nous faisions partie d'un groupe qui sortait beaucoup. Cocktails, dîners, soirées dansantes au club... Nous étions de toutes les soirées, mais depuis qu'il est mort, je n'ai pas mis le nez dehors ! Les deux premiers jours, évidemment, tout le monde a rappliqué. Avec une petite douceur et des promesses ! Mon œil ! Soir après soir, je reste vissée ici et personne ne téléphone, sauf pour ce genre de réjouissances ! Moi, j'appelle ça des corvées ! Cette bonne vieille Selma, toujours partante pour entrer dans un comité. Je n'arrête pas ! Je me crève au boulot, et pour aboutir à quoi ? Les femmes ne sont que trop heureuses de me refiler le bébé. Pas question de se fatiguer, si vous voyez ce que je veux dire !

– Mais Selma, ça ne fait que six semaines. C'est peut-être une façon de vous marquer leur considération, de vous donner le temps de faire votre deuil.

– Je ne doute pas qu'elles le présentent comme ça, me renvoya-t-elle tout net.

Je répondis au petit bonheur, dans l'espoir de la faire changer de sujet. Elle avait une vision faussée des choses et je me demandais comment elle le prendrait si elle se voyait comme les autres la voyaient. C'étaient ses grands airs qui les blessaient, pas son sentiment d'insécurité. Selma ne semblait pas comprendre qu'on lisait en elle comme dans un livre et qu'elle était totalement inconsciente du mépris suscité par ses prétentions.

Elle parut vouloir se secouer.

– Bon, j'arrête de m'apitoyer sur mon sort. Cela ne changera rien. Que diriez-vous d'un semblant de déjeuner ? Je mets un potage à chauffer et je peux nous faire des toasts au fromage.

– Excellente idée !

Je me sentais déjà coupable d'accepter son hospitalité alors que j'écoutais benoîtement les autres l'éreinter. Ces jugements sans appel faisaient certes partie des informations que je recueillais, mais rien ne m'empêchait de m'élever contre la malveillance avec laquelle on me les distillait.

– Brant se joindra-t-il à nous ?

– Ça m'étonnerait. Il est encore dans sa chambre, et le monde peut crouler sans qu'il réagisse. Il fait de la gym trois fois par semaine et aime bien dormir tard les matins où il n'y va pas. Je vais vérifier.

Elle s'éclipsa et revint aussitôt.

– Il arrive, mais il doit filer, m'annonça-t-elle. Parlez-moi donc de ce que vous avez découvert jusqu'ici ?

Je sortis une assiette et un bol de plus, puis j'ouvris le tiroir à couverts et pris des cuillers à soupe. Pendant qu'elle faisait chauffer le potage et griller le pain, je l'informai de l'état de mes activités à ce jour, lui dressant la liste des lieux où je m'étais rendue et des gens que j'avais interrogés. Mon rapport manquait de conviction. Les révélations de Phyllis m'offraient une nouvelle piste, mais je ne voulais pas lui en parler puisqu'il ne s'agissait que de présomptions. Selma n'avait jamais ne fût-ce qu'effleuré la question d'une autre femme, et il ne fallait pas compter sur moi pour aborder le sujet tant que rien ne le justifierait.

Brant fit son apparition au moment précis où nous passions à table. Il était en jean et bottes de cow-boy ; son T-shirt moulant soulignait l'efficacité des séances de musculation. Selma remplit les bols de potage et coupa les sandwichs en deux, en posant un sur chaque assiette.

Le silence dans lequel s'entama le repas me mit légèrement mal à l'aise.

– Comment vous est venue l'idée d'être auxiliaire médical ? lançai-je.

Ma question avait surpris Brant la bouche pleine. Il sourit, gêné, s'excusant d'un geste de son retard à me répondre, tandis qu'il fourrait la moitié de sa bouchée dans un coin de sa joue.

– J'avais deux amis chez les pompiers et j'ai suivi six mois de cours. Secourisme et conduite. Tom pensait sûrement que j'entrerais dans la police, mais je m'y voyais mal. J'adore ce que je fais. Vous savez, ça compte.

Je l'approuvai d'un signe de tête sans lâcher mon sandwich.

– C'est le genre de métier que vous envisagiez ?

– Oui, mais en plus marrant.

Je lui aurais volontiers posé d'autres questions, mais je le vis jeter un regard à sa montre. Il engloutit le reste de son sandwich et roula en boule sa serviette de papier. Écartant sa chaise de la table, il ramassa son bol à demi vide et son assiette. Debout devant l'évier, il avala quelques gorgées de potage avant de rincer son bol et de le ranger dans le lave-vaisselle.

Selma l'arrêta d'un geste :

– Je m'en occupe.

– Trop tard, dit-il en y rangeant son assiette.

Sa cuiller tinta dans le panier à couverts juste avant qu'il ne referme vivement l'appareil. Il déposa un bécot rapide sur la joue maternelle :

– Tu seras là tout à l'heure ?

– J'ai une réunion à la paroisse. Et toi ?

– Je pense faire un saut en voiture jusqu'à Independence pour voir Sherry.

– Tu rentres ce soir ?

– N'y compte pas trop, dit-il.

– Sois prudent sur la route.

– Du quarante à l'heure tout rond. Je crois que j'y arriverai.

Il rafla les quatre cookies abandonnés sur l'assiette et en fourra un dans sa bouche avec un large sourire.

– Je serais toi, je ferais une autre fournée. Tu as vu trop juste. A tout à l'heure !

Selma ayant quitté la maison après le déjeuner, je n'eus pas l'occasion d'aborder le sujet qui commençait à me tarabuster : faire un saut à Santa Teresa pour récupérer ma voiture. Cela faisait trois semaines que je roulais en voiture de location et la note augmentait de jour en jour. N'ayant jamais envisagé de séjourner à Nota Lake, ma garde-robe présentait des lacunes. J'aspirais à dormir dans mon lit, même pour une seule nuit. Dès mon arrivée, je me pencherais sur cette histoire d'enquêtrice au bureau du shérif. Et ce qui me retenait à Nota Lake pouvait attendre mon retour.

En attendant, je souhaitais dire deux mots à la police de Nota Lake. Compte tenu de ma nouvelle piste, je ne voyais aucun lien entre l'incident de la nuit et mon enquête, mais je décidai d'agir dans les règles et de faire établir une main courante. Je laissai un mot à Selma, enfilai mon blouson de cuir, pris mon sac à bandoulière et sortis.

La police de Nota Lake occupait un bâtiment banal d'un seul niveau à façade en stuc, doté d'une entrée en granit et de deux grandes marches également en granit. Une armature en aluminium encadrait les fenêtres et la porte en verre. Une flèche sous un autocollant représentant une silhouette dans un fauteuil roulant signalait une entrée pour handicapés sur la gauche. Des buissons taillés au carré bordaient la façade de devant jusqu'à la hauteur des fenêtres, et le drapeau américain et celui de l'État de Californie accrochés à leurs mâts respectifs claquaient au vent. Sur la toiture, six antennes de radio avaient un faux air de cannes à pêche. Comme à la brigade de pompiers mitoyenne, l'architecture se pliait aux lois du genre et servait un objectif strictement fonctionnel. On n'avait pas dépensé inconsidérément l'argent du contribuable.

Très voisine de celle du bureau du shérif deux portes plus bas, la sobriété de l'architecture intérieure se pliait au même impératif : plafond surbaissé constitué de panneaux fluorescents et de dalles acoustiques, classeurs en métal, comptoirs en contreplaqué. Sur les tables, j'aperçus le dos des deux consoles d'ordinateurs reliées à une unité centrale d'où une profusion de fils électriques partait dans tous les sens avec l'exubérance de racines aériennes.

Le policier chargé de l'accueil était un certain M. Corbet, un type d'une quarantaine d'années au visage poupin et affligé d'une calvitie naissante et de difficultés respiratoires.

– Sss-c'est pas contagieux, sss-c'est de l'asthme, siffla-t-il en inspirant. Sss-ça me vient avec le froid de l'air. Et sss-cette chaleur sss-sèche n'arrange rien. Une sss-seconde…

Il se fourra un inhalateur de poche entre les lèvres, aspirant goulûment la brume qui allait lui dégager les bronches. Il posa l'appareil de côté et secoua la tête d'un air découragé.

– Une vraie saleté ! Jamais eu de problème de ma vie jusqu'à il y a deux ans. Paraît que je suis allergique à la poussière, aux poils, au pollen et au moisi. Alors, on fait quoi, hein ? On arrête de respirer ? Moi, je vois rien d'autre.

– Ce n'est pas la joie, reconnus-je.

– D'après le docteur, on voit de plus en plus de gens avec des allergies. Il dit qu'il a une patiente qui réagit à l'air à l'intérieur. Aux produits synthétiques, aux produits chimiques et aux microbes qui arrivent par les bouches d'aération. La malheureuse est obligée de se trimbaler partout avec un chariot à oxygène. Elle tourne de l'œil et tombe dès qu'elle rencontre un agent pathogène étranger ! Dieu merci, je ne suis pas encore aussi atteint, mais le chef a tout de même dû me retirer du service actif pour me mettre dans les bureaux. Enfin, c'est la vie… Et maintenant, à quoi puis-je vous être utile ?

Je lui donnai ma carte de visite professionnelle pour établir ma crédibilité avant de me lancer dans la description de l'épisode mettant en cause le conducteur de la camionnette. L'officier de police Corbet m'écouta poliment, mais son expression me confirma qu'un individu affublé d'un masque de ski et me dévisageant avec insistance ne retiendrait pas l'attention diligente de la brigade des crimes et délits contre les personnes, laquelle ne comprenait sans doute que lui. Les poumons en perdition, il prit ma déposition, écrivant les détails en capitales sur le formulaire approprié. Puis il posa les mains sur le comptoir, pianotant comme s'il jouait un petit air.

– Je connais bien quelqu'un qui aurait ce genre de véhicule…

– Ah bon ? dis-je, étonnée.

– Comme je vous dis. Un dénommé Ercell Riccardi. Il habite juste au coin de la rue, à trois numéros d'ici. Il laisse sa camionnette garée dans l'allée. Ça m'étonne que vous l'ayez pas vue en venant.

– Je n'arrivais pas par là. J'ai tourné à droite dans la grand-rue.

– Jetez-y donc un coup d'œil. Ercell la laisse toujours dehors quand il ne s'en sert pas.

– Avec les clés sur le contact ?

– Parfaitement ! N'allez pas croire que Nota Lake soit la capitale mondiale du vol de voiture. Je dirais que ça lui a pris il y a cinq, six ans. On avait une épidémie de vols avec effraction, des bandes de gamins qui forçaient les serrures, brisaient les vitres, piquaient les lecteurs de cassette, partaient en virée... Bref, Ercell en a eu assez de remplacer sa stéréo et a « jeté l'éponge », comme il dit. La dernière fois qu'on lui a forcé sa portière, il n'a même pas pris la peine de déposer une plainte. Il a dit que ça faisait monter sa prime d'assurances et qu'il n'en avait plus rien à foutre ! Maintenant, il laisse la camionnette ouverte, les clés sur le contact et une note sur le tableau de bord disant : « Veuillez la remettre dans l'allée où vous l'avez prise. »

– Donc, les gens prennent sa camionnette quand ça leur chante ?

– Oh, ça n'arrive pas souvent. Y en a qui la lui empruntent de temps en temps, mais ils la ramènent toujours. C'est une question d'honneur, et Ercell s'en porte bien mieux !

Le téléphone se mit à sonner et l'officier de police Corbet se redressa.

– En tout cas, si vous pensez que c'était la camionnette d'Ercell, appelez-nous et on l'interrogera. Lui, c'est pas dans ses habitudes, mais n'importe qui aurait pu sauter dans son véhicule et vous avoir suivie.

– Je vais aller voir.

De nouveau dans la rue, je fourrai mes mains dans mes poches de blouson et gagnai le coin de la rue. Dès que je tournai dans Lone Star, j'aperçus la camionnette noire. Je m'en approchai avec prudence. Comment diable faire le lien entre cette voiture et celle que j'avais vue ? Je fis le tour du véhicule, me penchant pour examiner les phares de plus près. Impossible en plein jour de voir s'ils louchaient. Je m'approchai de l'arrière et passai un doigt sur la plaque d'immatriculation, scrutant la surface où subsistaient de faibles traces de ruban adhésif. Je me redressai et me tournai pour étudier la maison proprement dite. Posté à la fenêtre, un homme me regardait. Il me dévisagea d'un air renfrogné. Je revins sur mes pas et repartis vers l'endroit où j'étais garée.

Quand j'arrivai à mon véhicule, Macon Newquist m'attendait, sa voiture pie garée derrière la mienne, le long du trottoir. Il leva la tête et me regarda en souriant.

– Bonjour. Comment allez-vous ? Je me disais bien que c'était votre voiture. Tout va comme vous voulez ?

Je souris.

– Absolument. L'espace d'une minute, j'ai cru récolter une contravention !

– Ne vous inquiétez pas. Ici, on les réserve plutôt aux gens de passage. (Il croisa les bras et s'appuya d'une hanche sur le côté de la voiture de location.) J'espère que ça ne vous paraîtra pas déplacé, mais Phyllis m'a parlé de cette histoire de vente d'armes d'occasion. Elle vous a donné sans doute sa version au sujet de la fille avec qui Tom discutait.

Ma vitesse de réaction rétrograda, le temps que je soupèse ma réponse. Phyllis avait dû culpabiliser de m'en avoir parlé et lâcher le morceau à peine de retour chez elle. Jugeant préférable de rester sur la réserve, j'écartai le sujet :

– Elle m'en a glissé un mot. A vrai dire, je n'y ai pas fait tellement attention.

– Je ne voulais pas que vous vous fassiez des idées.

– Ne vous inquiétez pas.

– Parce qu'elle y attache une importance injustifiée.

– Ah.

– Comprenez-moi bien. Vous ne connaissez pas les femmes ici. Elles remarquent tout, et quand il s'avère que ce n'est rien, elles inventent des trucs. Cette femme à qui Tom parlait, c'était strictement professionnel.

– Cela ne m'étonne pas. Tout le monde insiste sur ses qualités de policier. Vous connaissez son nom ?

– Aucune idée. Elle s'occupe des enquêtes au bureau du shérif. Et si je le sais, c'est que j'ai posé la question à Tom.

– Vous ne sauriez pas de quel comté ?

Il se gratta le menton.

– Là, au débotté, non. Kern peut-être, ou San Benito… j'ai oublié ce qu'il m'a dit. Je voyais Phyllis qui les lorgnait tous les deux et je ne voulais pas que vous partiez sur une fausse piste. S'il faut épargner quelque chose à Selma, c'est bien ce genre de ragots sur son homme. Elle n'a plus que ses souvenirs et, si on les lui salit, que lui restera-t-il ?

– Vous prêchez une convertie ! Faites-moi confiance, jamais je ne traiterais ce genre de chose à la légère.

– Bravo ! Vous me rassurez. Ça ne plaît pas tellement aux gens que vous dépensiez l'argent de Tom à courir partout pour rien. Quels sont vos projets ?

– Ça reste à voir. Si vous avez des idées, j'espère que vous m'en ferez part.

Macon secoua la tête.

– Je voudrais bien vous aider, mais je me rends compte que je ne suis pas la bonne personne à interroger. D'accord, je vous l'ai proposé, mais je ne me sens pas capable d'objectivité, vu le contexte. On admirait beaucoup Tom, et je ne dis pas ça parce que je l'admirais moi aussi. S'il y avait une zone d'ombre dans sa vie… les gens préféreront l'ignorer. Prenez quelqu'un comme le mari de Margaret. Je crois que vous lui avez parlé au Tiny's. Hatch était un protégé de Tom, et l'autre type, Wayne, eh bien Tom l'a sauvé d'un placement familial désastreux. Vous saisissez ? Vous ne pouvez pas débouler comme ça pour demander à ces gens à quoi ressemblait Tom. Ils n'apprécieront pas. Ils seront polis, mais ils finiront par mal le prendre.

– Merci de l'avertissement.

– Avertissement n'est pas le mot. Comprenez-moi bien. C'est humain de vouloir protéger les gens qu'on aime. Je n'aurai qu'un conseil : pas d'initiative intempestive qui cause des ennuis pour rien.

– Loin de moi cette idée !

CHAPITRE 9

Je rentrai au motel après un bref détour par le Rainbow Café, où je pris un paquet de chips et une canette de Pepsi. Je mangeai par pur besoin de réconfort, mais c'était plus fort que moi. Cela faisait trois semaines que je ne courais pas, et je sentais mes fesses s'arrondir à chaque bouchée. La jeune Noire qui s'occupait du snack avait marqué une pause pour regarder la chaîne météo sur une petite télévision en couleurs placée au bout du comptoir. Elle était soignée et séduisante, auréolée d'une masse de boucles en tire-bouchon. Son visage se rembrunit quand elle vit ce qui se préparait.

– Franchement, j'en ai ma dose ! C'est pour quand, le printemps ? lança-t-elle à la cantonade.

Sur le Pacifique, l'image satellite déployait une configuration grumeleuse assez voisine d'une tomographie axiale numérique du cerveau, où les zones de turbulences se bousculaient dans une palette de bleus, verts et rouges. J'espérais reprendre la route avant l'arrivée du mauvais temps. Mars était imprévisible, et les cols pouvaient fermer en cas de forte tempête de neige. Nota Lake restait accessible en théorie, mais la voiture de location n'était pas équipée de chaînes et j'avais rarement conduit sur des routes dangereuses.

De retour au chalet, j'achevai de dactylographier mes notes, traduisant mon vain déploiement d'activités dans le jargon officiel d'un rapport écrit. Ce qui s'additionnait sur le papier arrivait à un total presque égal à zéro car j'avais carrément passé sous silence la femme enquêteur du bureau du shérif non-identifiée-à-ce-jour, qui pouvait, ou non, s'être intéressée à Tom Newquist et vice versa. San Benito ou Kern County, mon œil, Macon...

A deux heures, je décidai de faire un tour au service de photocopie. Je fermai la porte à clé et me dirigeai vers ma voiture. Cecilia devait me guetter depuis la fenêtre du bureau car, à la seconde où je passais, elle pianota sur la vitre et me fit signe. Elle vint à la porte, une feuille de papier à la main. Avec son gabarit d'elfe, elle s'habillait sûrement au rayon « enfant ». Sa tenue du jour consistait en un long sweat-shirt rouge égayé par un motif d'ours en peluche cousu sur le devant, qu'elle portait avec un collant blanc et d'énormes chaussures de jogging. Elle avait des jambes graciles de jeune pouliche, y compris les nodosités des genoux.

– Vous avez eu un appel. Alice voudrait que vous la contactiez. J'ai pris le numéro pour cette fois mais, à l'avenir, qu'elle vous appelle chez Selma. Je dirige un motel, pas une messagerie.

Irritée par son ton chagrin, je me fis un devoir de lui formuler également mes doléances :

– Pendant que je vous tiens, pensez-vous que je pourrais avoir un peu de chauffage ? Le chalet est presque invivable, on y gèle !

Une expression d'exaspération traversa son visage.

– Ici, les livraisons de fioul s'arrêtent au 1er mars. Je ne peux pas remuer ciel et terre pour en faire livrer juste parce qu'un ou deux touristes de passage font des histoires !

A l'entendre, on comprenait qu'elle avait été assaillie de plaintes une bonne partie de la journée.

– Écoutez, faites pour le mieux. Je serais navrée de devoir me plaindre à Selma quand elle réglera la note.

Cecilia battit en retraite en claquant légèrement la porte. Inutile de compter sur elle en cas de nouveaux messages. J'allai jusqu'à la cabine téléphonique et cherchai de la monnaie au fond de mon sac. Une petite réserve de pièces s'y cachait dans un angle, en même temps que quelques cheveux et un vieux Kleenex. J'insérai quelques pièces dans la fente et composai le numéro. Alice décrocha à la quatrième sonnerie, au moment précis où je m'attendais à entendre son répondeur s'enclencher.

– Allô ?

– Allô, Alice ? Kinsey Millhone à l'appareil. J'ai eu votre message. Vous êtes au travail ou chez vous ?

– Chez moi. Je ne reprends qu'à quatre heures au Tiny's. J'étais en train de me poser des rouleaux. Attendez une seconde que je défasse ceux de ce côté-ci... Ah, ça va mieux ! Des poils de Nylon dans l'oreille, ce n'est pas le pied. Écoutez, je ne sais pas si ça vous servira, mais je me suis dit que je vous en parlerais. La serveuse qui travaille au comptoir du Rainbow est une grande amie à moi. Elle s'appelle Nancy. J'ai parlé de Tom et lui ai dit ce qui vous occupait. D'après elle, il est passé cette nuit-là vers huit heures trente et il est parti juste avant la fermeture. Vous pouvez l'interroger vous-même si vous voulez.

– C'est la Noire ?

– Non, non. Celle-là, c'est Barrett, la fille de Rafer LaMott. Nancy tient aussi la caisse. Cheveux châtains, la quarantaine. Vous l'avez sûrement vue, car elle, elle vous a remarquée.

– Qu'a-t-elle dit d'autre ? Était-il seul ou avec quelqu'un ?

– Je lui ai posé la question et elle dit qu'il était seul, en tout cas à ce qu'elle a pu en juger. Il a commandé un cheeseburger-frites, bu un café, réglé sa note, et il est parti vers neuf heures et demie, juste au moment où elle faisait sa caisse. Comme je vous l'ai dit, c'est peut-être sans importance, mais d'après elle il ne passait jamais à une heure aussi tardive. Vous savez, la nuit où on l'a trouvé, il était sur la 395, mais il allait vers la montagne, il ne rentrait pas chez lui.

– Je m'en souviens. Le coroner a mentionné le fait qu'il s'était alimenté. D'après Selma, il ne travaillait pas ce soir-là. Il n'a même pas laissé de mot. Quand elle est rentrée de l'église, les urgences locales avaient déjà constaté le décès. Il est peut-être sorti pour rencontrer quelqu'un à la suite d'un coup de téléphone.

– A moins qu'il ait juste eu un petit creux. Selma est le genre de nana à le mettre aux légumes verts et au riz complet ! Peut-être qu'il a filé en douce se mettre un truc correct sous la dent. J'ai toujours dit que ce genre de régime vous bousille, ajouta-t-elle avec un petit rire moqueur. Sûr que cet excès de corps gras lui aura bouché les artères !

– En tout cas, nous savons où il était l'heure qui a précédé sa mort.

– Oh, ce n'est pas un scoop ! D'après Nancy, le coroner a déjà fait sa petite enquête. En tout cas, je vous avais prévenue que ça ne vous avancerait guère. Ma future carrière de détective me paraît réglée !

– On ne sait jamais. Ah... pendant que je vous ai au bout du fil... Auriez-vous entendu dire que Tom voyait une femme ?

Elle éclata d'un rire sonore :

– Tom ? Vous voulez rire ! Il était vieux jeu, côté sexe. Il y a des mecs, il suffit de les regarder pour savoir qu'ils ne savent pas se retenir. Toujours à vous peloter et à vous mettre la main aux fesses, à vous raconter des blagues salées en lorgnant vos nénés ! Une partie de jambes en l'air sur la banquette avant de leur pick-up ne serait pas pour leur déplaire, mais, faites-moi confiance, pas romantiques pour deux sous ! Tom a toujours été un type bien. Je ne l'ai jamais vu conter fleurette ni entendu faire une remarque déplacée. Pourquoi cette question ?

– Je me demandais s'il était allé au Rainbow pour un rendez-vous galant.

– Un rendez-vous galant ! C'est la meilleure ! Franchement, si vous voulez courir la gueuse dans cette ville, vous avez intérêt à le faire ailleurs, sauf si vous tenez à ce que tout le monde soit au courant. Pourquoi prendre un risque pareil ? Si sa sœur était passée, elle l'aurait repéré tout de suite ! Cecilia ne raffole pas de Selma, mais elle le lui aurait quand même dit. Les gens fonctionnent comme ça dans le coin. Tout est bon à colporter !

– Je suppose qu'on parle de moi ?

– Et pas qu'un peu !

– Alors, leurs conclusions ? Je dérange ?

– Oh, ça coince un peu ici ou là. On vous remarque, mais je n'ai rien entendu de grave. Dans un bled comme ici, chacun a son mot à dire, en particulier sur les nouveaux arrivants comme vous. Il y a des types qui se demandaient si vous étiez mariée. Sans doute parce qu'ils ne vous ont pas vu d'alliance.

– Il se trouve que j'ai ôté ma bague pour faire remonter le diamant.

– Mon œil!

– Sans blague. J'ai un mari é-norme. C'est un adepte de la gonflette et il ne supporte pas le gaspillage. Si quelqu'un me touchait, il lui arracherait la tête!

Elle se mit à rire.

– Vous n'avez jamais eu la bague au doigt.

– Alice, attendez-vous au pire.

Comme prévu, le temps se gâta sérieusement à mesure que le front progressait. La matinée avait été dégagée, la température aux alentours des dix degrés, mais au début de l'après-midi une épaisse masse de nuages bouchait le nord. Le ciel passa du bleu à un blanc uniforme, puis à un gris opaque aussi sinistre qu'une éclipse solaire. Tous les sommets avaient disparu, comme effacés, et l'air s'emplit bientôt d'un crachin glacial.

Mon après-midi se passa comme suit. Je pris la voiture pour aller en ville au service de photocopie, où je sortis mon rapport dactylographié en plusieurs exemplaires ainsi que des agrandissements en 13 x 18, réalisés à la photocopieuse, de la tête de Tom Newquist. Je déposai la photo d'origine et l'original de mon rapport dans la boîte à lettres de Selma et laissai la torche électrique dans le sas d'entrée de James Tennyson, six rues plus loin. Il me restait encore des heures à tuer avant de pouvoir décemment aller me coucher.

Je m'ennuyais à périr et voulais avoir chaud. Nota Lake n'avait pas de cinéma. Nota Lake n'avait pas de bibliothèque ni de bowling, en tout cas pas de repérable. J'allai à l'unique librairie et déambulai dans les travées. La boutique était petite mais sympathique, et son approvisionnement plus que correct. Je pris deux livres de poche, regagnai le chalet, me glissai sous une pile de couvertures et lus tout mon content.

A six heures, j'enfilai mon blouson et partis à pied au Rainbow sous un curieux mélange de rafales de pluie et de neige fondue tombant en bourrasques. Je me repus d'un bacon-laitue-tomate entre deux tranches de pain complet grillées, puis je parlai de tout et de rien avec Nancy pendant qu'elle encaissait. Je savais déjà ce qu'elle avait à dire, mais l'interrogeai malgré tout pour vérifier l'exactitude des dires d'Alice. A 6 :35, je réintégrai le chalet, terminai le premier livre, le reposai et passai au suivant. A dix heures, vannée par une dure journée de travail, je me levai, me brossai les dents, fis une toilette de chat et me remis au lit, où je m'endormis sans tarder.

Un bruit s'infiltra dans le rêve bitumeux qui m'enveloppait. Je remontai péniblement à la surface, nageant au ralenti, le corps alourdi d'images sombres et lesté de toute sa dramaturgie onirique. J'avais l'impression d'être engluée dans le lit. Mes yeux s'ouvrirent et je tendis l'oreille, sans bien savoir où je me trouvais. Nota Lake se réinsinua dans ma conscience ; il faisait si froid dans le chalet que j'aurais pu aussi bien dormir dehors. Qu'avais-je entendu ? Je tournai la tête avec un effort colossal. A en croire le réveil, il était 4 :14, et il faisait nuit noire. Le grattement léger du métal contre le métal... pas un bruit de clé... peut-être un objet pointu crochetant la serrure. La peur me frappa comme un cocktail Molotov, déclenchant l'éclat brutal d'une furieuse poussée d'adrénaline. Je rejetai les couvertures d'un coup. J'avais gardé mes vêtements, mais le froid m'engourdissait le visage et les mains. Je fis passer mes deux jambes sur le côté du lit, cherchai mes chaussures au petit bonheur et entrai dedans sans me soucier de les lacer.

Je restai debout sans bouger, fixée sur le silence. Même au cœur du pays et avec une pollution lumineuse minimale, je m'aperçus qu'il ne faisait pas absolument noir. Je distinguais la masse de six carrés d'un gris plus clair, celle des fenêtres des trois côtés. Mon regard se reporta sur le lit, dont la blancheur des draps vides signalait mon absence. Sans perdre une seconde, je tassai les oreillers en leur donnant les rondeurs d'un corps sur lequel je rabattis les couvertures. C'est un stratagème auquel se font toujours prendre les fâcheux. Je me rapprochai silencieusement de la porte, guettant les grattements de l'intrus sous les battements sourds de mon cœur. Mes doigts parcoururent l'encadrement. Il n'y avait pas de chaîne de sécurité et, la porte forcée, plus rien ne s'interposerait entre mon visiteur nocturne et moi. Malgré l'obscurité ambiante, le chalet se précisait. Je refis un état des lieux, cherchant ce qui pourrait me servir d'arme dans le mobilier spartiate. Lit, chaise, savon, table, rideau de douche. De mon côté de la porte, je gardai les doigts sur la sûreté du bouton pour l'empêcher de tourner. Avec un peu de chance, le type croirait avoir perdu la main ou que la serrure était dure. De l'autre côté de la porte, j'entendis un léger frottement sur les fragments d'écorce, comme si mon visiteur battait en retraite pour chercher un autre accès. Je gagnai la table sur la pointe des pieds et attrapai une des chaises en bois. Revenant à la porte, je glissai la latte supérieure du dossier sous le bouton, bloquant les pieds sur le plancher. Ça ne tiendrait pas longtemps mais le ralentirait peut-être. Je m'octroyai une seconde pour me baisser et attacher mes chaussures, ne voulant pas risquer de faire cliqueter les lacets sur le bois du plancher. Dehors, des bruits ténus indiquaient que l'intrus faisait patiemment le tour du chalet.

Avais-je verrouillé les fenêtres ? Aucun souvenir. Je tâtai un à un les systèmes de fermeture. Les trois fenêtres paraissaient solidement closes. Le léger entrebâillement des rideaux me permettait de voir une mince tranche de l'extérieur. J'aperçus des silhouettes massives de sapins de Noël, une série de conifères en pointillé sur le paysage. Pas une voiture sur la route. Pas une lumière dans les chalets voisins. Je devinai un mouvement sur la gauche : quelqu'un contournait le chalet vers l'arrière.

Traversant la pièce sans faire de bruit, je m'aventurai dans l'obscurité plus épaisse de la salle de bains. Je cherchai à tâtons le rideau de douche, accroché par une série d'anneaux à une tringle de métal. Mes doigts explorèrent les fixations vissées au mur de part et d'autre de la cabine. Avec précaution, je dégageai la tringle, faisant glisser un à un les anneaux du rideau. Une fois que je l'eus en main, je me rendis compte de son inutilité : trop légère, trop facile à tordre. Il me fallait une arme, mais laquelle ? Je jetai un coup d'œil à la vitre givrée de la fenêtre, qui semblait très, très légèrement plus claire que le noir du mur autour. Au milieu s'encadraient la tête et les épaules de l'intrus. Il posa ses mains en coupe sur la vitre pour mieux voir, sûrement agacé de constater qu'il faisait trop noir pour distinguer quelque chose. Je ne bougeai pas, ne perdant rien de ses mouvements à l'extérieur. Il y eut un bruit infinitésimal : le crissement amorti d'un marteau fendu qu'on insérait en douceur dans la fente entre l'encadrement et la vitre.

Je passai fébrilement en revue le contenu du chalet dans l'espoir de me rappeler un objet qui pût me servir d'arme. PQ, tapis de bain, cintres, table à repasser, fer. Je posai la tringle en veillant à ne faire aucun bruit. Gagnai la penderie et tâtonnai dans le noir jusqu'à ce que mes doigts rencontrent la planche à repasser. Me hissant sur la pointe des pieds, j'attrapai le fer sur l'étagère au-dessus, le protégeant de la main pour ne rien heurter. Je cherchai le bout de la fiche, dont je maintins les dents tout en déroulant le fil. Toujours à l'aveugle, je cherchai la prise près du lavabo, insérai la fiche et fis glisser le sélecteur de température sur la droite aussi loin qu'il le voulut bien. Je posai le fer à la verticale sur le meuble de toilette. Et lançai de nouveau un regard vers la fenêtre. La tête et les épaules avaient disparu.

Je traversai silencieusement la pièce jusqu'à la porte et me penchai tout contre, l'oreille à la serrure, en veillant à ne pas déranger la chaise. J'entendis le rossignol qu'on renfilait. J'entendis le minuscule mécanisme s'enclencher tandis que les deux tiges de métal coulissaient dans la gorge. Derrière moi, dans la salle de bains, le fer chauffait avec un petit bruit régulier. J'avais mis le sélecteur de température sur LIN, tissu bien connu pour se froisser plus facilement que la chair humaine. Je brûlais de sentir le poids du fer dans ma main, mais n'osais pas encore arracher le fil de la prise. Ma poitrine me faisait mal à l'endroit où le muscle caoutchouteux de mon cœur martelait désespérément les côtes qui l'emprisonnaient. Experte en crochetage de serrures, je savais par expérience la patience exigée par cet exercice. Je ne connaissais personne capable d'utiliser un rossignol avec des gants ; il travaillait donc selon toute probabilité les mains nues. Depuis les profondeurs de la serrure, je crus entendre l'instrument progresser dans la gorge, soulevant l'un après l'autre les éléments du mécanisme.

Je posai la main droite sur le bouton, sans appuyer. Je le sentis tourner sous mes doigts. La chaise toujours en place, je filai sur la pointe des pieds vers la salle de bains avec une grâce de ballerine. La chaleur du fer m'irradia quand je le débranchai. Les doigts autour de la poignée, je me remis à l'affût près de la porte. Mon visiteur nocturne abordait à présent la phase d'ouverture, sans doute attentif au moindre grincement risquant de me signaler sa présence. Je fixai intensément l'encadrement de la porte, lui intimant de se montrer. Il poussa. La chaise avança d'un pouce. Aussi furtifs qu'une araignée, ses doigts apparurent autour du bord. Je plongeai, fer en avant. Je croyais avoir bien calculé le moment, mais il fut plus rapide que prévu. Je le touchai, mais pas avant qu'il eût ouvert la porte d'un coup de pied. La chaise vola derrière moi. Je sentis l'odeur chimique puissante du bois roussi. Je plaquai de nouveau le fer sur lui et perçus cette fois une odeur de chair brûlée. Il lâcha une interjection rauque – pas un mot, mais un grognement.

En même temps son bras se détendit et je pris son poing en pleine figure. Je vacillai, déséquilibrée. Ma main lâcha le fer qui vola et s'écrasa bruyamment sur le sol. Rapide, le mec. Avant même de savoir ce qui m'arrivait, il me faucha. Je tombai. Il me coinça le bras derrière le dos, me plantant son genou dans les reins. Son poids m'empêchait de respirer et je sus que j'allais m'évanouir s'il n'atténuait pas la pression. Impossible d'inspirer assez d'air pour émettre un son. Le moindre mouvement me faisait un mal atroce. Je sentis une odeur de sueur provoquée par la tension, sans pouvoir dire de qui elle venait.

Vous voyez ? C'est exactement le genre de situation dont je vous parlais. J'étais là, le nez dans l'infâme carpette tressée de Cecilia Boden, immobilisée par un type qui menaçait de m'abîmer sérieusement. Si j'avais prévu le tour regrettable que prendraient les choses le jour où j'avais quitté Carson City, j'aurais changé mon fusil d'épaule… largué la voiture de location et pris l'avion pour rentrer, faisant l'économie d'une mission à Nota Lake. Mais comment l'aurais-je su ?

En attendant, la brute et moi nous trouvions provisoirement dans une impasse, le temps qu'il décide des représailles qu'il allait m'infliger. Ce type allait me faire mal. Sur ce point, pas de doute. Il ne s'attendait pas à de la résistance et il était furieux de ma pugnacité, même si celle-ci était bien pitoyable. Je le sentais gonflé à bloc, prêt à exploser de rage, le souffle court et rauque. J'essayai de me détendre tout en m'armant pour l'inévitable. J'attendis un coup sur la nuque. Je priai le ciel qu'un couteau de poche ou un semi-automatique ne figurent pas au catalogue de ses armes favorites. S'il me relevait la tête vers l'arrière, il pouvait me trancher la gorge d'un coup de lame. Le temps s'était arrêté, pause presque libératrice.

La torture n'est pas ma tasse de thé. Je sais depuis toujours que dans des circonstances extrêmes, quand il faut choisir entre, disons… un tison ardent dans l'œil ou trahir un ami, je balancerai le copain. Raison de plus, d'ailleurs, pour garder mes distances, car on ne peut visiblement pas compter sur moi pour tenir un secret. En l'occurrence, j'aurais sûrement crié grâce si j'avais pu articuler un mot.

L'adversité vous dope. Libérée, la colère agit comme une drogue et induit une euphorie irrésistible, malgré son âpreté. Il se dégagea à moitié de moi et m'enfonça le genou dans la cage thoracique, me coupant net la respiration. Il me saisit l'index de la main droite et lui imprima une violente torsion, déboîtant le doigt de ce que j'appris plus tard être l'articulation métacarpophalangienne proximale. Cela fit le même bruit creux qu'une carotte crue qu'on casse en deux. Je m'entendis pousser un cri de douleur, haut perché et saccadé, tandis qu'il m'attrapait le majeur et délogeait l'os de sa jointure. Je sentis mes deux doigts saillir dans un rapport anormal avec le reste de ma main. L'homme me flanqua un coup de pied, puis je l'entendis respirer bruyamment en me dominant de toute sa hauteur. Je fermai les yeux, craignant de provoquer une nouvelle attaque.

La figure contre le tapis, j'aspirais une odeur fibreuse de coton humide saturé de suie et fus envahie par une reconnaissance absurde lorsqu'il ne m'expédia pas un deuxième coup de pied. Il traversa rapidement le chalet. J'entendis la porte claquer derrière lui, puis le bruit assourdi de ses pas qui s'éloignaient. Et enfin, à une certaine distance, le bruit d'un moteur qui démarrait. J'étais vivante. Blessée. Il était temps de bouger.

Je roulai sur le dos en me protégeant le bras droit. Mes mains tremblaient et des bruits involontaires sortaient de ma gorge. J'étais trempée de sueur, traversée d'une chaleur si brûlante que je me crus prête à vomir. En même temps, je fus prise d'un tremblement violent. Une créature née du stress s'était détachée du reste de ma personne et planait dans les hauteurs, afin d'analyser la situation sans être partie prenante de ma souffrance et de mon humiliation.

Tu devrais vraiment aller chercher du secours, me suggéra-t-elle. *Tes blessures, tu n'en mourras pas. Le choc, en revanche… Tu te souviens des symptômes ? Le pouls et la respiration qui s'accélèrent. La tension artérielle qui chute. La faiblesse, la léthargie, la moiteur. Cela ne te rappelle rien ?*

Je peinais à respirer, luttant pour rester lucide, tandis que ma vision s'illuminait et rétrécissait. Ma dernière blessure remontait à loin et j'avais presque oublié cette impression d'être consumée par la douleur. Je savais qu'il aurait pu me tuer et j'aurais dû me réjouir qu'il s'en soit tenu là. J'imaginai son sentiment d'ivresse. Il m'avait humiliée, et ma tentative d'autodéfense semblait si dérisoire après coup…

Main contre la poitrine pour la protéger, je roulai sur le côté, puis sur les genoux. Je pris appui sur mon coude gauche et m'aidai tant bien que mal à me relever. Des miaulements de chaton s'échappaient de ma gorge. Les larmes me brûlaient les yeux. La facilité avec laquelle on m'avait plaquée au sol m'ahurissait. Je n'étais rien, un ver de terre qu'il aurait pu écraser sous ses pieds. Ma belle assurance n'existait plus, il m'en avait dépouillée à son profit. Je le voyais un sourire aux lèvres et, pourquoi pas ? riant tout haut en accélérant sur la route. Brandissant joyeusement le poing, revivant la façon dont il m'avait soumise, comme je ne manquerais pas de le remâcher des jours durant…

J'allumai le plafonnier et regardai ma main. L'index et le majeur saillaient en faisant un angle de trente degrés. Honnêtement, je ne sentais pas grand-chose, mais leur vue me révulsait. Mon sac traînait près du lit. Je pris mon blouson et m'en enveloppai comme d'un châle. Bizarrement, le chalet paraissait relativement en ordre. Le fer avait valsé au bout de la pièce. La chaise en bois gisait sur le sol et la carpette tressée était de travers. La petite fée du logis que je suis redressa la chaise et remit la carpette en place, ramassa le fer et le rangea sur l'étagère du haut dans la penderie, le cordon pendant. Il ne me restait plus que moi à remettre en ordre.

Je fermai péniblement le chalet à clé ; pris la direction du bureau du motel. La nuit était froide et la neige tournoyante me chuchotait des douceurs au passage. J'aspirai profondément le froid, revigorée par l'humidité imprégnant l'air. Plus loin, près de la route, j'aperçus le panneau lumineux indiquant qu'il restait des places au motel, une balise de néon rougeoyante lançant son invite à l'automobiliste de passage. La route était déserte. Aucun signe de vie dans les chalets. De l'autre côté de la fenêtre du bureau, une lampe de table brillait. J'entrai. Je m'appuyai contre le chambranle en frappant à la porte de Cecilia. De longues minutes s'écoulèrent. Finalement, la porte s'entrouvrit avec précaution et Cecilia passa la tête dehors.

Le vacarme de plus en plus insistant d'un évanouissement proche montait à mes oreilles. J'aurais donné n'importe quoi pour m'asseoir, la tête entre les genoux. J'inspirai profondément, secouant la tête dans l'espoir de rester lucide.

Les yeux encore collés de sommeil, elle sortit, nouant la cordelière de son peignoir en chenille rose.

– Que signifie ce boucan ? lança-t-elle d'un ton irrité. Qu'est-ce qui vous prend ?

Je levai la main.

– J'ai besoin d'aide.

CHAPITRE 10

Cecilia appela police-secours et fit part de l'effraction et des voies de fait ultérieures. Le standard lui répondit qu'on envoyait une ambulance, à quoi elle répliqua qu'elle aurait déjà eu le temps de me conduire à l'hôpital avant l'arrivée des ambulanciers. En un clin d'œil elle fut en survêtement, manteau et chaussures de jogging, et m'installa dans son Oldsmobile surdimensionnée. Portons à son crédit qu'elle semblait dûment chamboulée par ma blessure, m'expédiant de petites tapes réconfortantes de temps à autre, accompagnées de remarques du genre : « Courage. On va s'occuper de vous. On y est presque. C'est juste au bas de la route. » Elle conduisait avec une prudence excessive, les deux mains sur le volant, le menton levé pour voir au-dessus. Sa vitesse n'excéda jamais le soixante à l'heure et elle résolut le problème de la file à respecter en roulant obstinément à cheval sur les deux voies.

Je ne sentais plus la douleur. Une sorte d'anesthésiant naturel m'avait envahie et je me sentais dans le flou. Je me laissai aller contre le siège. Elle m'observa d'un air anxieux, craignant sûrement de me voir vomir sur la garniture de siège qu'on aurait du mal à ravoir.

– Vous êtes blanche comme un linge, dit-elle.

Elle appuya sur la commande de la vitre et descendit celle-ci à mi-hauteur ; un grand courant d'air glacé me fouetta le visage. La chaussée luisait d'humidité, la neige rayait la route en oblique. A cette heure nocturne, un silence apaisant enveloppait le paysage. Pour l'instant, la neige ne tenait pas, mais elle poudrait déjà de blanc les troncs des arbres et jetait un voile impalpable sur les champs engourdis, abandonnés aux herbes folles.

Long et bas, l'hôpital était un bâtiment d'un seul niveau qui s'étirait en ligne droite comme un motel médical en continu. Les façades extérieures mêlaient la brique et le stuc, coiffées d'une toiture de bardeaux d'asphalte à triples pattes de fixation. L'aire de stationnement à proximité de l'entrée, réservée aux ambulances, était quasiment déserte. Un calme plat régnait dans la salle des urgences, bien qu'une poignée de braves, de garde cette nuit-là, se soient dépêchés d'apparaître à point nommé, dont une employée de l'administration affichant L. LIPPINCOTT sur son badge. *Lucille, Louis, Lillian, Lula*, au choix.

La dame évita de s'attarder sur mon bouquet de doigts en bataille.

– Comment êtes-vous tombée ? me demanda-t-elle.

– Je ne suis pas tombée. On m'a agressée, rectifiai-je, avant de lui donner un bref résumé des voies de fait.

Son expression passa du dégoût au scepticisme, persuadée qu'elle était que j'avais sauté des épisodes. Peut-être imaginait-elle quelque pratique déviante de la masturbation ou des ébats sado-maso trop déplaisants pour être racontés.

Je pris place sur une petite chaise rembourrée et déclinai mon identité – nom, adresse du domicile, couverture sociale – qu'elle entra dans son ordinateur. La soixantaine, les traits lourds, des cheveux grisonnants permanentés en vaguelettes impeccables. On aurait dit que son visage s'était à demi dégonflé, laissant des poches et des rides molles. Elle portait un tailleur-pantalon en polyester blanc à nid-d'abeilles, vaguement professionnel, amplement épaulé et enjolivé de gros boutons blancs sur le devant.

– Où est passée Cecilia ? Ce n'est pas elle qui vous a amenée ?

– Je crois qu'elle est partie aux toilettes. Elle était assise là-bas, dis-je en montrant la salle d'attente.

Un talent fraîchement éclos me permettait de montrer deux directions en même temps : l'index et le majeur filant vers le nord, l'annulaire et l'auriculaire mettant le cap sur l'est-nord-est. J'essayai de ne pas regarder, mais on résistait mal à la tentation.

Elle fit une photocopie de ma carte d'assurance, qu'elle reposa de côté. La manipulation commande-imprimante engendra des documents que je fus incapable de signer de ma main droite esquintée. Elle fit une note à cet effet, indiquant que j'endossais la responsabilité financière de l'admission. Puis elle monta un bracelet en plastique portant mon nom et le numéro d'identification de l'hôpital et me le fixa autour du poignet avec une sorte de poinçonneuse.

Mon dossier à la main, elle m'escorta jusqu'à une porte et me montra un siège dans une salle d'examen à peu près du format d'une cellule de prison. Elle inséra mon dossier dans un casier fixé à la porte avant de partir.

– On s'occupe de vous tout de suite.

L'endroit ressemblait à toutes les salles d'urgences que j'avais déjà affrontées dans ma vie : sol beige moucheté, ciré à mort pour nettoyer plus facilement le sang et autres fluides corporels ; panneaux insonorisants au plafond pour mieux étouffer les sanglots et les cris de douleur. L'odeur insistante d'alcool à 90° me fit penser aux seringues et j'éprouvai le besoin de m'allonger séance tenante. J'ôtai mon blouson et grimpai péniblement sur la table d'examen, où je m'étendis dans un crissement de papier, perdue dans la contemplation du plafond. Ça n'allait pas fort. Je tremblais de partout. Les lumières paraissaient anormalement vives et la pièce tanguait. Je rabattis mon bras gauche sur les yeux et essayai de penser à quelque chose de sympa, faire l'amour par exemple.

Il y eut un bruit de conversation étouffée dans le couloir et quelqu'un entra, s'emparant de mon dossier sur la porte.

– Mademoiselle Millhone ?

J'entendis le déclic d'un stylo-bille et ouvris les yeux.

L'infirmière des urgences était noire, V. LaMott à en croire son badge. Ce devait être la femme de Rafer LaMott, la mère de la jeune cuisinière du snack du Rainbow Café. Étaient-ils la seule famille afro-américaine de Nota Lake ? Comme sa fille, V. LaMott était svelte, la peau brun tabac. Elle avait les cheveux coupés très court et ne portait pas de maquillage.

– Je suis Mme LaMott. Vous connaissez mon mari, je crois ?

– Nous avons échangé quelques mots.

– Voyons cette main.

Je la lui tendis. Le fait qu'elle ait parlé de Rafer me donna à penser qu'il ne lui avait rien caché de sa muflerie à mon endroit. Elle semblait le genre de femme à lui avoir passé un savon à ce sujet. Je l'espérais.

Je gardai le visage détourné tout le temps qu'elle m'examina. Je me sentais complètement crispée, mais elle veilla à éviter tout contact trop appuyé. Comme il ne semblait pas y avoir d'assistant de garde, elle procéda elle-même à l'examen des signes vitaux. Elle prit ma température avec un thermomètre électronique qui donnait un résultat presque instantané, puis elle plaqua mon bras gauche contre elle pour me passer le tensiomètre et vérifier ma pression artérielle. Elle avait les mains chaudes, les miennes me parurent exsangues. Elle inscrivit des choses sur ma fiche.

– V comme quoi ? lui demandai-je.

– Victoria. Mais vous pouvez m'appeler Vicky si vous voulez. Nous ne faisons pas de cérémonies par ici. Vous êtes sous traitement ?

– La pilule.

– Des allergies ?

– Pas à ma connaissance.

– Avez-vous fait un rappel contre le tétanos ces dix dernières années ?

Le flou total.

– Aucun souvenir.

– Bon, on va régler ça.

Je sentis la panique me gagner.

– Vous savez, ce n'est pas vraiment nécessaire. Ce n'est pas un problème. J'ai deux doigts de déboîtés, mais la peau est intacte. Regardez : pas de coupure, pas de perforation. Je n'ai marché sur aucun clou…

– Je reviens tout de suite.

Je sentis le cœur me manquer. Dans mon état de faiblesse, j'en avais oublié de mentir. J'aurais pu lui raconter n'importe quoi sur mon dossier médical. Elle n'en aurait jamais rien su et c'était mon affaire. Le tétanos, et alors ? Cette fois, ça dépassait les bornes. J'ai la phobie des aiguilles ; autrement dit, je peux m'évanouir à la seule idée d'une piqûre et j'ai la tête qui tourne à la vue d'une S-E-R-I-N-G-U-E. Je suis connue pour tomber dans les pommes alors que ce sont d'autres qu'on pique. Ne comptez pas sur moi pour faire du tourisme dans un pays exigeant des vaccinations. Vous iriez vous la couler douce dans une région où la variole et le choléra continuent à ravager la population ?

S'il y a une chose que je déteste au monde, ce sont ces scandaleuses émissions de télévision, où la vidéo de service cadre brusquement sur des enfants en pleurs pendant qu'on plante une seringue hypodermique dans leurs petits bras charnus ! La seule vue de leur expression de confiance trahie a de quoi vous rendre malade ! Je sentis mes paumes devenir moites. Même allongée, je craignis de m'évanouir.

Elle revint aussitôt, tenant vous savez quoi sur un petit plateau en plastique, comme un en-cas. Dans un ultime effort pour dominer la situation, je la convainquis de me faire l'injection dans la fesse et non dans le gras du bras, malgré le mal que j'eus à baisser mon jean d'une seule main.

– Moi non plus, je n'aime pas, dit-elle. Les piqûres me fichent une peur bleue… On y va.

Je supportai l'épreuve d'une âme stoïque, encore que ce fût moins horrible que dans mon souvenir. Question de maturité ? Je l'entendis glousser.

– Eh merde ! dis-je.

– Désolée. Je sais que ça pique.

– Ce n'est pas ça, mais je viens de me rappeler. Ma dernière injection antitétanique remonte à trois ans. J'ai reçu une balle dans le bras et on m'en a fait une.

– Ah bon ?

Elle inséra la seringue dans un petit récipient étiqueté « seringues usagées » et ôta l'aiguille d'un geste vif comme si elle craignait que je la lui subtilise pour me piquer six fois de plus, rien que pour le plaisir. Professionnelle comme toujours, j'en profitai pour l'interroger sur les Newquist pendant que nous attendions le médecin.

– A ce que je comprends, Rafer et Tom étaient très amis, lançai-je en guise d'introduction.

– C'est exact.

– Vous vous voyiez beaucoup, tous les quatre ?

La réponse tarda tant que je vins à la rescousse :

– Autant être franche. J'ai entendu partout le même refrain. Personne n'aime Selma.

Vicky sourit.

– On sortait ensemble quand on ne pouvait pas faire autrement. Comme il y avait des occasions où on ne pouvait pas l'éviter, on tâchait de s'en accommoder. Rafer ne voulait pas de scène, moi non plus d'ailleurs. Un jour, elle m'a dit, et ce sont ses propres mots, je vous donne ma parole : « Je vous aurais bien invités mais j'ai pensé que vous vous sentiriez plus à l'aise avec des gens de votre milieu. » Je me suis retenue, mais je mourais d'envie de lui dire : « Sûr que ça ne m'emballe pas de traîner avec une bande de Blanches aussi minables que toi ! » Et pour tout compliquer, notre fille, Barrett, sortait avec son fils !

– Elle devait jubiler...

– Elle était mal placée pour s'y opposer. Elle remuait l'air à tout bout de champ pour montrer qu'elle n'avait pas de préjugés. La bonne blague. Si ce n'avait pas été si lamentable, j'en serais morte de rire ! Cette femme n'a aucune instruction et le cerveau de la taille d'un petit pois. Rafer et moi, on a fait l'UCLA[1]. Il a son diplôme de criminologie... C'était avant qu'il postule une affectation au bureau du shérif. Moi, j'ai une licence de sciences et je suis infirmière diplômée d'État par-dessus le marché !

– Selma savait que les jeunes se voyaient ?

– Bien sûr ! Ils sont sortis ensemble pendant quatre ans. Tom adorait Barrett. Je sais qu'il trouvait qu'elle avait une bonne influence sur Brant.

– Brant a des problèmes ?

– C'est un garçon bien. Mais disons qu'à l'époque il était un peu paumé, comme un tas de mômes de son âge. A mon avis, il

1. University of California at Los Angeles.

n'a jamais touché à la drogue, mais il buvait pas mal et il était révolté contre tout.

– Pourquoi ont-ils rompu ?

– Il faudra que vous le demandiez à Barrett. J'essaie de ne pas me mêler de ses affaires. Si vous voulez mon opinion, je pense que Brant était trop demandeur et trop dépendant pour une fille comme elle. Une vraie chiffe molle, collant. Mais ça remonte à loin, naturellement. Il avait vingt ans à l'époque. Elle venait de finir le lycée et ne semblait pas prête à s'engager pour de bon…

L'entrée du médecin la coupa net. Le Dr Price abordait la trentaine ; mince et juvénile, il avait des yeux bleu vif, de grandes oreilles, des cheveux bruns à reflets auburn et la peau pâle et constellée de taches de rousseur. Sa joue portait encore la marque des plis de l'oreiller qu'il avait tassé pour dormir. J'eus la vision de toute l'équipe des urgences en train de faire un somme sur de petits lits de camp quelque part. Il portait un pyjama de bloc opératoire et une blouse blanche, son stéthoscope lové dans sa poche comme un serpent de compagnie. Je me demandais comment il avait atterri dans un hôpital aussi modeste. Pas parce qu'il était le dernier de sa promo, espérai-je. Il jeta un coup d'œil à mes doigts et lança un « Ouaouh ! Joli ! » dont l'enthousiasme me fit chaud au cœur.

Nous discutâmes un peu de mon agresseur et de son travail. Il m'examina la mâchoire.

– Il ne vous a pas ratée…

– Je ne vous le fais pas dire ! J'avais oublié ce détail. Ça ressemble à quoi ?

– À de l'ombre à paupières mal placée. D'autres abrasions ou contusions ? Ou, pour parler en clair, des points douloureux sur le corps ?

– Il m'a expédié un coup de pied dans les côtes.

– Voyons voir, dit-il en écartant ma chemise.

Ma cage thoracique, sur le côté droit, virait au violet à vitesse accélérée. Il m'ausculta pour s'assurer qu'aucune côte n'avait perforé mes poumons sous le coup. Il me palpa le bras droit, le poignet, la main et les doigts, et se lança dans un bref cours magistral sur les jointures, ligaments et tendons, et sur ce qui se passe exactement quand on vous les écarte d'une torsion violente. Nous gagnâmes en ordre de marche la pièce voisine, où un technicien fripé me radiographia le torse et la main. Je revins à la table et m'y allongeai de nouveau, aspirant profondément l'air conditionné tandis que la pièce tournoyait.

Le film développé, il m'invita à le suivre dans le couloir, où il glissa les clichés sur un écran lumineux. Vicky nous rejoignit. Debout tous les trois, nous étudiâmes les radios. Je me sentais comme un confrère appelé en consultation pour examiner un cas déroutant. Il y avait des traces de contusion, mais rien de cassé ; mes côtes seraient douloureuses pendant quelques jours, mais elles n'exigeaient pas de soins médicaux. Les rayons X révélaient en revanche que les deux doigts esquintés étaient complètement déboîtés. Je ne constatai aucune fracture, mais le Dr Price désigna deux petits morceaux d'os que mon organisme, m'assura-t-il, allait réabsorber sans tarder.

Je repartis vers la table et m'y rallongeai, soulagée. Comme ma fesse brûlait encore sous l'âpre morsure de la piqûre antitétanique, je remarquai à peine que le médecin, tout en sifflotant un petit air guilleret, me faisait plusieurs piqûres dans les jointures des deux doigts. Je n'y étais plus pour personne. Ils pouvaient faire ce qu'ils voulaient, j'étais trop écœurée pour m'en rendre compte. Tandis que je fixais le mur, le médecin remit mes doigts dans leur position verticale d'origine. Il quitta la pièce quelques minutes. Quand j'osai enfin regarder ma main, je vis que les doigts abîmés étaient à présent rouges et enflés. Ils acceptaient de se plier, mais les articulations gonflées paraissaient souffrir d'une poussée aiguë de polyarthrite rhumatoïde. J'appliquai ma bouche sur ma peau insensible et brûlante avec la compétence d'une mère évaluant la température de son enfant fiévreux.

Le Dr Price revint avec : 1) un rouleau de sparadrap, 2) un paquet de gaze, 3) une attelle en métal qui ressemblait à un bâton d'esquimau incurvé et qu'on ne manquerait pas de facturer dans les cinq cents dollars à ma compagnie d'assurances. Il me ficela les deux doigts ensemble avec le sparadrap, puis les fixa à l'annulaire avec un autre morceau de bande adhésive, le tout reposant sur l'attelle. Je sentis mes primes monter en flèche. L'assurance médicale n'a d'intérêt que si l'on ne touche jamais aux bénéfices. Sinon, on récolte un avis d'annulation ou une augmentation impressionnante des cotisations.

J'entendis de nouveau discuter dans le couloir et un adjoint du shérif apparut à la porte de la salle d'examen. Il bavarda avec le Dr Price, puis le médecin partit, me laissant seule avec lui. C'était un type que je n'avais pas encore vu ; un grand gamin osseux au visage allongé, avec des cheveux noirs, des sourcils broussailleux qui se rejoignaient et des bagues de métal étincelantes sur les dents. Bref, je me sentis en confiance.

– Mademoiselle Millhone, je suis l'adjoint Carey Badger. A ce que je comprends, vous avez un problème. Pouvez-vous me raconter ce qui s'est passé ?

– Bien sûr, dis-je, répétant pour la énième fois ma triste histoire.

De la main gauche, il nota ces informations dans un petit carnet à spirale sans jamais me quitter des yeux. Son crayon était du gabarit de ceux qu'on utilise pour marquer les points au bridge, petit et mince, et la pointe en paraissait émoussée. Il me fit penser à un serveur notant pour ne pas oublier... pain de mie au thon, pas trop de mayonnaise...

– Une idée sur l'identité de votre agresseur ?

– Pas la moindre.

– Taille, corpulence ? En gros ?

– Je dirais près d'un mètre quatre-vingts et il faisait bien trente kilos de plus que moi. J'en fais cinquante-neuf, ce qui le mettrait à quatre-vingt-huit, quatre-vingt-dix minimum.

– Autre chose ? Cicatrices, verrues, tatouages ?

– Il faisait noir comme dans un four. Et comme il portait un masque de ski et des vêtements épais, je n'ai pas vu grand-chose. Le soir d'avant, le même type m'avait suivie à la sortie du parking du Tiny's. Je ne le jurerais pas sur une pile de bibles, mais on ne me fera pas croire que deux types différents s'en soient pris à moi comme ça. La première fois, il conduisait une camionnette noire sans plaques d'immatriculation visibles. J'ai fait une déposition ce matin au poste de police.

– Vous ne pouvez rien me dire d'autre sur lui ?

– Il dégageait une forte odeur de transpiration.

Il tourna la page sans cesser d'écrire, puis contempla ses notes d'un air réprobateur.

– Qu'a-t-il fait la première fois ? Vous a-t-il accostée ?

– Il m'a dévisagée et m'a fait ce geste, dis-je, mimant un coup de feu de la main gauche. Ça ne paraît pas très méchant, mais l'intention était bien de m'effrayer et il y a réussi.

– Vous a-t-il parlé à un moment quelconque ?

– Pas un mot.

– Et le véhicule qu'il conduisait ? Était-ce le même que l'autre soir ?

– Je n'ai pas vu. Il devait l'avoir garé au bord de la route et être venu à pied jusqu'au chalet que j'occupe.

– Il savait sans doute lequel, sauf s'il s'agit d'une effraction effectuée au hasard.

Je le regardai avec intérêt :

– C'est vrai, je n'y avais pas pensé. Je me demande comment il a trouvé le chalet... Je me suis réveillée au moment où il forçait la serrure. Comme il n'arrivait à rien, il a essayé la fenêtre de la salle de bains. Après quoi, il a réattaqué la porte.

– Et après vous avoir déboîté les doigts, il a filé ?

– C'est exact. J'ai entendu une voiture démarrer plus loin, mais je n'ai aucune idée du type de véhicule. A ce moment-là, j'essayais de me ressaisir pour aller chercher du secours.

L'adjoint Badger inscrivit une dernière note à sa propre intention, puis fourra son petit carnet dans sa poche, le crayon dûment rangé dans la spirale de métal.

– Eh bien, dans ce cas, je crois qu'on s'en tiendra là. Je vais transmettre ces informations au service concerné.

Il y eut un bruit de conversation dehors et Rafer LaMott fit son apparition. Il serra la main de l'adjoint, qui ne s'éternisa pas et disparut dans le couloir. Je vis la femme de Rafer au poste des infirmières. Son attitude laissait entendre qu'elle avait pleinement conscience de sa présence. Aurait-elle pris l'initiative de l'appeler ? Il paraissait sortir de la douche, rasé de frais, chic comme tout dans un pantalon de velours fauve et une veste en cachemire rouge brique sur une chemise de ville. Son visage ne trahissait aucun sentiment. Les mains dans les poches, il s'appuya avec naturel contre le mur. Une vraie pub pour catalogue de prêt-à-porter masculin.

– Comme Cecilia était fatiguée, je lui ai dit de rentrer. Dès que vous en aurez fini, je vous conduis où vous voulez.

CHAPITRE 11

Il était six heures du matin lorsque Rafer m'installa enfin sur le siège avant de sa voiture. Inutile de m'attendre à des excuses en bonne et due forme : il n'irait probablement pas plus loin que son offre de me déposer quelque part. Il voulait de toute évidence me cuisiner sur les progrès de mon enquête, mais je m'en fichais. Le soleil n'était pas encore officiellement levé et l'air du petit matin me parut d'une rare mélancolie. Je n'avais aucune idée de l'endroit où je voulais être déposée. La seule pensée de me retrouver seule au chalet me révulsait. Selma n'était sûrement pas levée à une heure pareille et je voyais mal Cecilia m'ouvrir les bras.

– Où va-t-on ? me demanda-t-il comme s'il lisait dans mes pensées.

– Autant me déposer au Rainbow. Je peux m'y installer le temps d'y voir un peu plus clair.

– J'aimerais jeter un coup d'œil au chalet. J'ai demandé à un type de l'identité judiciaire d'Independence de passer à sept heures, dès qu'il arrivera. Avec un peu de chance il découvrira que votre homme a laissé des empreintes.

– Profitez-en pour l'exorciser ! Je ne passerai sûrement pas une nuit correcte tant que je ne serai pas partie.

Il me jeta un regard en biais.

– Vous pensez rentrer ?

– C'est une idée fixe depuis que je suis arrivée.

Il resta silencieux un moment, attentif à la route. La ville commençait à reprendre vie. Des voitures nous doublaient ; les phares n'étaient presque plus nécessaires à mesure que le ciel s'éclaircissait, passant progressivement du gris acier au gris tourterelle. A un carrefour, un restaurant, l'Elmo's, brillait de tous ses feux ; on apercevait des clients à l'intérieur. Je distinguai des têtes penchées sur des assiettes de petit déjeuner. Une serveuse allait de table en table, un pichet de café à chaque main, pour servir ceux qui en redemandaient. Dehors, sur le trottoir, deux femmes en survêtement discutaient tout en courant, absorbées par leur conversation. Elles arrivèrent à l'angle au moment où les feux passaient au rouge et continuèrent de courir sur place. Nous redémarrâmes.

Rafer ouvrit enfin la bouche :

– La dernière fois que j'ai eu affaire à un gars de l'IJ, il disait faire une recherche dans l'intérêt des familles. Je me suis cassé le cul à suivre l'affaire, prenant deux jours sur mon temps personnel pour repérer son type dans un autre État. Et m'apercevoir que le gars de l'IJ m'avait mené en bateau ! Il essayait de régler une histoire d'impayés. Ça m'a écœuré.

– Je comprends, dis-je, me creusant la tête pour me rappeler si je lui avais menti aussi.

– Vous avez une théorie sur l'agression de cette nuit ?

– A mon avis, c'est le type qui m'a suivie à la sortie du Tiny's.

Son regard revint sur la route.

– J'ai entendu parler de cette histoire. Corbet nous a fait suivre une copie du rapport. Je l'ai transmise à la police de la route du comté pour la mettre en alerte elle aussi. Y a-t-il eu vol ?

– Je n'ai même pas regardé. J'avais trop à faire avec ça, lui rappelai-je en levant ma main. De toute façon, je ne crois pas au vol comme mobile. Je pense qu'on voulait me dissuader de poursuivre mon enquête.

– Pourquoi ?

– A votre avis ? Sans doute pour protéger Tom Newquist... Je ne vois rien d'autre.

– Je ne crois pas qu'il y ait le moindre rapport avec Tom.

– Et moi, je ne peux pas le prouver. Alors, ça nous mène où ?

– Vous pouvez vous tromper de piste, vous savez. Vous êtes seule, plutôt attirante. Bref, une cible normale...

– Dans quel but ? Il n'y avait pas de mobile sexuel. C'étaient les bonnes vieilles voies de fait. Ce type tenait à me faire mal, physiquement.

– Quoi d'autre ?

– Comment ça « quoi d'autre » ? C'est tout, point ! Mais moi, j'ai une question à vous poser : où est le carnet de travail de Tom ? Il a disparu. Personne ne l'a vu depuis sa mort.

Il m'envoya un regard rapide, puis secoua la tête avec l'air de ne pas comprendre. Je le voyais se repasser le fil des événements.

– J'essaie de me rappeler la dernière fois que je l'ai vu, dit-il. En général, il le gardait à portée de la main, mais je sais qu'il n'est pas dans ses tiroirs de bureau car nous les avons entièrement vidés.

– Le policier de la route ne se rappelle pas l'avoir vu dans le pick-up. Il n'a pas eu l'idée de le chercher, mais cela me paraît bizarre. Je sais que ça vous énerve que je m'obstine sur ce...

– Écoutez. Il n'était pas question de ça. C'est Selma qui m'a fichu en rogne. Rien à voir avec vous.

Je sentis que le courant commençait à passer. Rien de plus désarmant que ce genre de concession.

– N'importe comment, il n'y a peut-être aucun lien, dis-je. Comment procède-t-on pour les rapports ? Est-ce que la plupart de ses notes n'auraient pas été déjà mises en forme et transmises ?

– C'est possible. Il gardait un exemplaire personnel de toutes ses enquêtes en cours. Les originaux partent à l'identité judiciaire, à Independence. On les soumet à date fixe. La nouvelle génération paraît mieux gérer la paperasserie. Ceux de la vieille école comme Tom et moi, on s'en occupe quand on a le temps.

– Ne pourrait-on pas, d'une façon ou d'une autre, remonter la piste en vérifiant les rapports qui manquent ?

– Je ne vois pas comment, ni ce qu'on apprendrait vraiment. Impossible de connaître ses déplacements, les gens qu'il a interrogés et encore moins le contenu des entretiens. On a souvent des dossiers où il manque un ou deux rapports... surtout s'il travaillait sur une affaire et n'avait pas encore tapé ses notes. Qui plus est, il n'aurait pas tout mis, juste les renseignements qu'il jugeait coller. On prend parfois un tas de notes pour s'apercevoir qu'elles ne valent pas un clou quand on les examine de près.

– Supposons qu'il cherchait de nouvelles informations sur une de ses enquêtes ?

– C'est sans doute le cas. Mais il s'agissait peut-être d'un dossier traité par quelqu'un d'autre et qu'il avait repris pour une raison quelconque.

– Par exemple ?

Rafer eut un geste d'ignorance.

– Je ne sais pas, une nouvelle piste. On tombe de temps en temps sur des dossiers sensibles... l'informateur ressort de la juridiction d'un autre État, ou l'affaire a des rapports avec l'Inspection générale.

– Nous y voilà ! Je veux dire... Tom avait peut-être appris quelque chose qu'il ne savait pas comment traiter...

– Il m'en aurait parlé. On se disait tout.

– Supposons que cela vous concernait.

Il eut un petit mouvement qui trahissait son agacement.

– On laisse tomber, d'accord ? Je ne dis pas qu'on ne puisse pas en reparler, mais laissez-moi le temps de réfléchir.

– Une chose encore. Et ne vous énervez pas, dites-moi juste ce que vous pensez. Peut-on envisager que Tom ait eu une liaison ?

– Non.

J'éclatai de rire.

– « Limitez votre réponse à vingt-cinq mots au maximum », récitai-je. Pourquoi pas ?

– C'était un homme d'une moralité sans faille.

– Justement, cela n'expliquerait-il pas son humeur ? Un individu dénué de sens moral n'aurait pas eu d'arrière-pensées.

– Objection, votre Honneur. Pure hypothèse.

– Rafer, quelque chose le tourmentait. Selma n'est pas la seule à l'avoir constaté. J'ignore si la raison était d'ordre personnel ou professionnel, mais, à ce que je comprends, il se sentait vraiment mal dans sa peau.

Nous entrâmes dans le parking situé entre le Rainbow Café et les Chalets de Nota Lake. Rafer se gara sur un emplacement et ouvrit sa portière.

– Venez… Je vous offre le petit déjeuner. Ma fille bosse là.

Je me battis avec la poignée et renonçai. J'attendis qu'il fasse le tour de la voiture et ouvre la portière de mon côté. Il me tendit même une main secourable pour m'aider à descendre.

– Merci ! Je vois que je vais être pas mal handicapée.

– Ça vous fera du bien, dit-il. D'être forcée de gérer vos problèmes de dépendance.

– Je n'ai pas de problèmes de dépendance, lui renvoyai-je avec assurance.

Il eut un sourire.

Il me tint la porte du café et j'entrai la première. Bruissant d'une clientèle exclusivement masculine, l'endroit servait visiblement de point de chute pour une courte halte aux lève-tôt, cultivateurs, agents de police et saisonniers se rendant au travail. Surchauffé comme toujours, l'intérieur sentait un mélange de café, bacon, saucisses, sirop d'érable et cigarettes. La serveuse brune, Nancy, prenait une commande à une tablée de types en combinaison de travail, tandis que Barrett, de l'autre côté du comptoir, consacrait son attention à une plaque chauffante encombrée de pancakes et d'omelettes en cours de confection. Rafer passa devant moi et nous trouva un box vide. En longeant les tables, je vis que nous attirions un grand nombre de regards. Le tam-tam avait déjà dû propager la nouvelle de mon agression.

– Comment avez-vous atterri à Nota Lake ? demandai-je, tandis que nous nous glissions sur les banquettes.

– J'ai débuté comme estafette à la police de Los Angeles, en suivant des cours du soir pour passer ma licence. Mon diplôme en poche, je me suis inscrit à l'école de police. On m'a engagé à San Bernardino et affecté finalement à la brigade des vols qualifiés, mais quand Barrett est née, Vicky a commencé à m'asticoter pour qu'on quitte L. A. Elle était infirmière aux urgences à Queen of Angels et ne supportait pas de passer autant de temps dans les transports. Même avec un double salaire, on ne pouvait pas acheter de maison dans les quartiers qui nous plaisaient. J'ai appris qu'un poste se libérait au bureau du shérif ici. Vic et moi, on est montés un week-end et on est tombés amoureux de l'endroit. Ça fait vingt-trois ans… Tom était déjà là. Il a grandi à Bakersfield.

Deux tables plus loin, j'aperçus Macon, le regard fixé sur moi. Il se pencha et fit une remarque. L'homme qui se trouvait avec lui se retourna mine de rien, faisant semblant de jeter un coup d'œil à la salle en regardant dans le vide alors qu'il me visait. Je saisis un menu, prétendant ne pas avoir remarqué son manège. C'était Hatch, le mari de Margaret.

– Vous avez choisi ? demanda Rafer. Je fais de l'exercice. J'ai beau essayer de faire attention, la tentation l'emporte.

– Nous sommes deux, dis-je. Vous disiez que votre fille s'appelait Barrett ?

– Une idée de Vicky. Je ne sais pas où elle a pêché ce nom, mais il semble lui aller. A propos, son boulot ici, c'est provisoire. Elle s'est inscrite en médecine. Elle veut être psy. Ça lui permet de vivre à la maison et de mettre de l'argent de côté pour le jour où elle s'en ira.

– Où compte-t-elle faire sa première année ? À UCLA ?

– Et où donc sinon ? demanda-t-il avec un sourire.

– J'ai détesté les études, lui confiai-je. Je suis arrivée jusqu'en terminale à la force du poignet, mais ça s'est arrêté là. Disons que j'ai dû faire trois semestres à la fac, mais en détestant aussi.

– Pourquoi ? Vous semblez intelligente.

– Trop contestataire. J'ai mon diplôme de l'école de police, mais ça ressemblait plus à un camp d'entraînement qu'à une académie.

– Vous êtes dans la police !

– J'étais. Trop contestataire pour y rester.

Nancy fit son apparition, un pichet de café à la main. C'était une femme d'une quarantaine d'années, les cheveux tirés en un chignon souple retenu par une résille. Elle avait de grands yeux marron, un grain de beauté sur la joue droite, et le genre de corps que les mains des hommes semblent avoir du mal à éviter. Elle portait un T-shirt, un pantalon de coupe ample et des mocassins fauves dotés d'une semelle de crêpe d'un pouce d'épaisseur.

– Vous êtes matinal ! lança-t-elle à Rafer.

D'un même mouvement nous poussâmes vers elle nos tasses, qu'elle remplit.

– Vous connaissez Kinsey ?

– On n'a pas été présentées, mais je sais qui c'est. Je m'appelle Nancy. Vous avez parlé de moi avec Alice.

– Comment allez-vous ? Je vous serrerais la main si je pouvais.

– Oui… j'en ai entendu parler. Cecilia est passée au moment où on ouvrait. Elle dit qu'on ne vous a pas ratée. Votre mâchoire est en train de bleuir à vue d'œil !

Je mis la main sur la chose en question.

– C'est vrai, j'oubliais ! Ça doit faire un choc.

– Ça vous donne de la personnalité, dit-elle. (Elle jeta un coup d'œil à Rafer.) Qu'est-ce que je vous sers ?

Il reporta son regard sur le menu.

– Voyons voir. Comme je veux maintenir mon taux de cholestérol, je vais prendre les pancakes aux airelles, des saucisses, deux œufs brouillés et un café.

– La même chose pour moi, ajoutai-je.

– Un jus d'orange ?

– Cette question ! Il y a un problème ?

– Je reviens dans une seconde.

Je vis le regard de Rafer s'arrêter sur la vitre.

– Excusez-moi, j'aperçois Alex. Je le conduis au chalet et le mets au travail.

Il me fallut mes deux mains pour tenir ma tasse de café étant donné que j'avais trois doigts de la main droite collés ensemble comme dans un gant à four. D'après le médecin, je pourrais ôter le sparadrap dans un jour ou deux, dans la mesure où je me sentirais à l'aise. Il m'avait donné quatre analgésiques, dûment rangés dans une petite enveloppe blanche cachetée. Elle me rappelait celle que j'apportais à l'église quand j'étais petite, avec ma pièce de cinq ou dix cents à mettre sur le plateau à la quête. Celui-ci était en bois, et on se le passait de main en main jusqu'à ce qu'il arrive au bedeau au bout du rang. J'avais été éjectée de je ne sais combien de cours de catéchisme pour des raisons que j'ai refoulées, mais ma tante Gin, prenant fait et cause pour moi, décréta que j'avais le droit d'aller à un office digne de ce nom. Sans doute pour me faire bénéficier des vertus du prêche. J'appris surtout qu'il est très difficile de procéder au décompte visuel exact des tuyaux d'orgue.

Un coup d'œil dans la vitre me montra Rafer qui traversait le parking et partait en direction du chalet en compagnie d'un type jeune équipé d'une mallette noire, comme une serviette de médecin. J'effectuai un inventaire physique de ma personne, notant les côtes endolories au côté droit. Sans être enflée, ma mâchoire souffrait visiblement d'un hématome. Pas de dent absente, aucune branlante. Je sentais une nodosité à la fesse de la taille d'une pièce de un dollar en argent et je savais par expérience qu'elle allait me démanger à me rendre folle pendant des semaines.

– Mademoiselle Millhone, puis-je vous dire un mot ?

Je levai la tête. James Tennyson se tenait au garde-à-vous dans son uniforme marron-jaune de la police de la route, harnaché de pied en cap : matraque, torche électrique, clés, holster, arme de service, balles.

– Bien sûr ! Asseyez-vous.

Il maintint son holster d'une main en se glissant dans le box. Il me parut un peu gêné, mais je ne le connaissais pas assez pour en jurer.

– J'ai vu Rafer quitter la table et me suis dit que vous auriez peut-être quelques minutes...

– C'est parfait. Ravie de vous voir. Avez-vous récupéré votre torche ?

– Pas de problème. Je vous remercie de l'avoir rapportée. Jo l'a trouvée dans le sas quand elle est sortie chercher le journal. (Il eut un geste vers ma main.) Je viens d'apprendre que le type vous a agressée, cette nuit. Ça va ?

– Comme ci, comme ça.

– Il ne plaisantait pas !

– Je m'en tirerai.

– Je voulais vous dire... Ça m'est revenu seulement hier. La nuit de la mort de Tom... Je patrouillais sur la 395 quand j'ai repéré son pick-up... vous savez, avec les feux de détresse allumés. Au début, je n'ai pas compris que c'était lui parce qu'il était à une certaine distance, mais j'avais l'intention de m'arrêter pour voir si je pouvais être utile à quelque chose. En tout cas, il y avait une femme qui marchait le long de la route en direction de la ville.

– Une femme ?

– Une femme. J'en mettrais ma main au feu.

– Elle venait vers vous ?

– C'est ça même, mais elle a brusquement tourné. Peu de temps avant que je la croise, de sorte que je n'ai pas pu bien la voir, juste une vague impression. Elle était emmitouflée jusqu'aux yeux. S'il n'y avait pas eu Tom et le fait que j'aie dû appeler les secours, je serais reparti dans sa direction pour voir si elle n'avait besoin de rien.

– C'est rare de voir quelqu'un à pied par ici ?

– Pour ça oui ! Enfin d'après moi, surtout à une heure pareille. On était à des kilomètres de tout, et on ne peut pas dire qu'il y ait beaucoup de maisons dans le coin, sauf un lotissement. Peut-être qu'elle était allée courir, mais elle n'avait pas la tenue pour. Et puis dans le noir ? Ça m'étonnerait. Toujours est-il que la chose m'a paru bizarre. J'ai dû me dire qu'elle avait eu des mots avec son copain et qu'elle était repartie à pied. Comme je n'ai pas vu d'autre véhicule, je ne pense pas qu'elle ait crevé ni rien du genre.

– Et vous ne la connaissiez pas ?

– Impossible de savoir. En tout cas, personne que j'aie identifié, vu le contexte. Comme je l'ai dit, je n'y ai pas vraiment fait attention et, ensuite, ça m'est complètement sorti de l'esprit. Je ne sais même pas comment ça m'est revenu ! Juste parce que vous m'avez posé la question.

Je méditai un instant.

– A quelle distance du pick-up était-elle quand vous l'avez vue ?

– A quatre cents mètres, je dirais. Je voyais les feux de Tom clignoter au loin.

– Croyez-vous qu'elle ait pu se trouver avec lui ?

– Je dirais que c'est une possibilité. S'il ressentait une douleur dans la poitrine, elle partait peut-être chercher du secours.

– Pourquoi ne pas vous avoir fait signe de vous arrêter ?

– Aucune idée. Je ne vois pas d'explication.

– J'aimerais voir l'endroit où le pick-up de Tom était garé. Si vous m'y conduisiez tout à l'heure ?

– Je ne demande pas mieux, mais ce n'est pas difficile à localiser. A un kilomètre et demi à peu près en allant dans cette direction. Vous cherchez deux gros rochers près d'un pin qui n'a plus de tête. Il a été frappé par la foudre lors d'un énorme orage l'an dernier. En faisant attention, vous ne pouvez pas le rater. C'est sur la droite.

– Merci.

Il jeta un coup d'œil vers une des tables proches de la devanture.

– Mon petit déjeuner m'attend. Si vous avez d'autres questions, appelez-moi.

Je le regardai s'éloigner. Debout près de la caisse, Hatch et Mason attendaient que Nancy prenne leur argent. Les deux hommes n'avaient rien perdu de ma conversation avec James, malgré leur indifférence ostensible. Rafer revint, entrant dans le café sans le technicien, que je supposai en train de s'activer au chalet avec ses petites brosses et ses poudres. Rafer s'installa sur la banquette :

– Désolé pour le retard. Je lui ai dit qu'on le rejoindrait dès qu'on aurait fini.

Lorsque nous arrivâmes au chalet après le petit déjeuner, la porte était grande ouverte. Je vis des traces de talc sur la partie extérieure des appuis de fenêtres. Rafer me présenta à l'expert de l'identité judiciaire, qui releva une série de mes empreintes pour les éliminer. Ensuite, il prit celles de Cecilia et de tout le personnel de nettoyage ou d'entretien. Une peine qu'il aurait pu s'éviter. Le chalet ne livra aucun indice : pas d'empreintes utilisables sur les vitres, rien sur le mobilier, aucune trace de pas dans la terre humide aux abords du chalet.

Une humidité glacée semblait imprégner l'intérieur, où les oreillers que j'avais tassés sous les couvertures dessinaient toujours des bosses. L'endroit me donna le frisson. Il faisait froid. Le réveil digital clignotait, révélant une nouvelle panne d'électricité. Je m'étais lentement vidée de mon adrénaline, comme d'une eau grise s'évacuant d'un siphon bouché. J'avais l'impression d'être une immondice. Un mince filet de répulsion gouttait sur moi, et de nouveau le souvenir de ma misérable tentative d'autodéfense me submergea de honte. L'anxiété s'insinuait au bas de ma colonne vertébrale, me rappelant dans un souffle impalpable l'étendue de ma vulnérabilité. Une réminiscence remonta sans grâce à la surface. J'avais de nouveau cinq ans, contusionnée et couverte de sang après l'accident qui avait tué mes parents. La torture affective de leur perte avait toujours pris le pas sur la souffrance physique.

Tandis que Rafer et le technicien tenaient conseil dehors, parlant à voix basse, je sortis mon sac de voyage et entrepris de faire mes bagages. J'allai dans la salle de bains, rassemblai mes affaires de toilette et les mis au fond du sac. Je n'entendis pas entrer Rafer, mais j'eus soudain conscience qu'il se tenait sur le seuil.

– Vous partez ?

– Il faudrait être cinglée pour rester ici.

– D'accord avec vous sur ce point, mais je ne pensais pas que vous aviez bouclé votre enquête.

– Cela reste à voir.

Son regard inquiet s'attarda sur moi.

– Vous voulez qu'on en parle ?

Je levai la tête vers lui.

– De quoi ? Pour moi, c'est un boulot comme un autre, pas un impératif moral. On me paie pour un certain travail. Je pense avoir atteint mes limites.

– Vous laissez tomber ?

– Je n'ai pas dit ça. Je vais d'abord en parler avec Selma, ensuite nous aviserons.

– Écoutez, je me rends bien compte que ça vous a secouée. Je vous offrirais bien une protection rapprochée, mais tous mes adjoints sont pris. Nous opérons avec un budget réduit au minimum…

– Merci de votre prévenance. Je vous ferai connaître mes intentions.

– Un peu d'aide ne serait pas du luxe. Connaissez-vous quelqu'un qui puisse se charger de votre sécurité ?

– Oh, je vous en prie ! Il n'en est pas question, je ne veux pas en entendre parler. C'est strictement mon problème et je m'en occupe. Croyez-moi, ce n'est pas une question d'entêtement ou de fierté. J'ai déjà fait appel une fois à un garde du corps, mais là, c'est différent.

– Comment ça ?

– Si ce type avait voulu me tuer, il l'aurait fait.

– Écoutez, j'ai déjà pris des coups dans ma vie et je sais dans quel état on se sent ensuite. On est complètement paumé. On perd confiance. C'est comme de monter à cheval…

– Non ! Absolument pas ! On m'a déjà tabassée… (Je levai la main et m'arrêtait net en secouant la tête.) Désolée. Ce n'est pas après vous que j'en ai. Je sais que votre proposition part d'un bon sentiment, mais c'est à moi de me ressaisir. Je vais bien. Simplement, je ne veux pas passer une minute de plus dans ce bled.

– Bon, dit-il, marquant cette syllabe unique au sceau du scepticisme.

Il attendit en silence, les mains dans les poches, se balançant sur ses talons. Je tirai la fermeture Éclair du sac, pris mon blouson et mon sac à main, jetai un regard autour de la pièce. Mes notes s'éparpillaient encore sur la table et j'avais oublié la Smith-Corona, toujours à sa place, le couvercle à demi fermé. Je le bloquai d'un coup sec et fourrai les papiers dans une enveloppe kraft que j'enfilai dans une poche extérieure du sac de voyage. De la main gauche, je soulevai la machine à écrire.

– Merci pour le trajet et le petit déjeuner.

– Le travail m'appelle, mais prévenez-moi si je peux faire quoi que ce soit pour vous aider.

– Vous pouvez porter ça, dis-je en lui passant la machine.

Il fit mieux, s'emparant à la fois du sac de voyage et de la Smith-Corona et m'accompagnant jusqu'à la voiture. J'attendis qu'il ait démarré, puis me dirigeai vers le bureau et passai la tête par la porte. Pas trace de Cecilia. La lampe de bureau brillait toujours, mais sa porte était close. Elle rattrapait sans doute les heures de sommeil qu'elle avait perdues à me conduire aux urgences. Je montai dans ma voiture, sortis du parking et pris à gauche en direction de la 395.

Un œil sur le compteur kilométrique, j'attendis d'avoir fait un kilomètre et demi, puis je commençai à chercher l'endroit où le pick-up de Tom était garé la nuit de sa mort. Comme l'avait dit Tennyson, on le repérait sans peine. Deux rochers massifs et un pin imposant dépouillé de sa partie supérieure. Je vis la blancheur de l'aubier mis à nu à l'endroit où la foudre avait coupé le tronc.

Je ralentis sur le bas-côté et me garai. Sortant de la voiture, je drapai mon épais blouson de cuir autour de mes épaules. Il n'y avait pas de circulation à cette heure-là et aucun bruit ne troublait l'air matinal. Des nuages gris foncé bouchaient le ciel, la brume assombrissait les montagnes. Il commençait à neiger ; de gros flocons de dentelle qui me collaient au visage comme une kyrielle de baisers. Je renversai la tête en arrière un instant et laissai la neige me caresser la langue.

Bien entendu, il ne restait aucune trace des véhicules ayant stationné à cet endroit six semaines auparavant. Si le pick-up, la voiture de police de Tennyson et l'ambulance avaient labouré le sol et les gravillons le long de l'accotement, la nature était passée ensuite, gommant la moindre trace de l'épisode. Je procédai à un ratissage systématique de la zone, les yeux rivés sur le sol dénudé tout en effectuant un parcours en grille. J'imaginai Tom dans son pick-up, la douleur fichée comme un poignard entre les omoplates. La nausée, la moiteur, la sueur glacée de la Mort l'obligeant à concentrer ses idées. Pour l'instant, je reléguai dans un coin de mon esprit l'image de la femme marchant sur la route. A ma connaissance, elle sortait tout droit de l'imagination de James Tennyson, pure invention destinée à me lancer sur une fausse piste. Quand on enquête, on doit toujours accueillir une information avec une touche de scepticisme. Son mobile m'échappait. Peut-être, comme il le laissait entendre, n'était-il qu'un type réellement serviable qui prenait à cœur son métier et voulait me faire part du souvenir remonté à sa mémoire. Ce qui m'amenait là, en l'occurrence, était la possibilité que Tom ait laissé tomber son carnet par la fenêtre ou réussi, d'une façon ou d'une autre, à en détruire le contenu lors de ses derniers instants.

Je ratissai chaque pouce de terrain dans un rayon de trente mètres. Il n'y avait pas de carnet, aucune page flottant dans la brise, pas le moindre petit bout de papier déchiré, pas un seul coin et recoin où l'on ait pu dissimuler des pages pliées. Du pied, je retournai les pierres et les feuilles mortes, écartai les branchages tombés au sol et creusai des plaques de neige durcie. On voyait mal Tom se traîner jusque-là au prix de ses dernières forces. Je partais de l'hypothèse que ses notes de terrain étaient sensibles et qu'il avait tenté d'en préserver le caractère confidentiel. Là encore, rien ne le prouvait. Les notes n'avaient peut-être aucun rapport.

Je remontai en voiture et mis le contact, non sans mal. Le sparadrap de ma main droite gênait la précision du moindre mouvement, et l'effort nécessaire pour compenser cette maladresse ne manquerait pas de m'épuiser pendant au moins deux jours. Sans être grave, ma blessure m'exaspérait et tombait mal, me rappelant en permanence qu'on m'avait fait souffrir. Je fis demi-tour sur la chaussée et repartis en sens inverse, chez Selma. A dix heures, je roulais en direction de chez moi.

CHAPITRE 12

Peu après avoir quitté Nota Lake, je crus apercevoir derrière moi, à huit cents mètres environ, une voiture de la police du comté qui me tenait compagnie. La distance m'empêchait d'identifier le conducteur, mais j'eus l'impression d'être reconduite à la frontière. Je surveillai le rétroviseur, mais la voiture pie se maintint à une distance respectueuse. Lorsque nous arrivâmes à la jonction de la 395 et de la 168, un panneau me signala qu'on était à huit kilomètres de Whirly Township et à onze de Rudd. La voiture de police tourna et disparut. Escorte intentionnelle ou simple coïncidence ? Je ne savais pas trop. Et pas davantage s'il fallait y voir de la bienveillance ou de l'agressivité. Le mari d'Earlene, Wayne, était l'adjoint affecté à cette commune, peut-être était-ce lui qui partait à son travail.

Après cet incident, le paysage du désert défila dans une répétition monotone de collines basses couvertes de buissons, et je passai le reste du trajet dans l'état de vague hypnose induit par la route. Je traversai quelques rares agglomérations – Big Pine, Independence, Lone Pine, Cartago, Olancha –, petites enclaves inattendues consistant pour l'essentiel en stations-service, petites maisons en bois, cafés, au mieux une pizzeria ou un Frosty Freeze[1], certaines encore garnies de planches contre l'hiver. Dans la plupart des localités, les bâtiments abandonnés paraissaient plus nombreux que ceux en service. Les maisons présentaient en général des façades en bois, auxquelles s'attachait un air de style western ou victorien. Dans certains secteurs, l'activité commer-

1. Chaîne de produits surgelés.

ciale semblait tourner presque entièrement autour de la vente et la livraison de propane. Un magasin d'alimentation se nichait à l'occasion parmi les peupliers de Virginie et les pins. Je dépassai une de ces églises marron et jaune de style motel, bien banales et dont on subodore qu'il est déprimant de croire à leurs articles de foi.

Entre les agglomérations, le désert reprenait ses droits, se déployant à perte de vue. L'air paraissait limpide et se réchauffait à mesure que la route perdait de l'altitude. La neige avait disparu, les flocons ténus ayant fait place à une pluie encore plus ténue. Ce qui aurait dû être un horizon ouvert et dégagé était rythmé par le défilé de lignes électriques, poteaux téléphoniques et puits de pétrole, le prix à payer pour exploiter de façon rentable une nature par ailleurs intacte. Sur ma gauche, des cônes de scories et des affleurements sombres et déchiquetés de lave trahissant une très ancienne activité volcanique trouaient par intervalles les collines pelées. Des rochers ponctuaient le paysage : verts, jaunes, bruns, crème. Deux grandes failles, celle de San Andreas et celle de Garlock, responsables en 1872 d'un des plus grands séismes de l'histoire de la Californie, coupaient la région.

Peu à peu je laissai mes pensées revenir sur les épisodes récents. J'avais passé une heure chez Selma avant de quitter Nota Lake. Jusque-là, en quatre jours d'enquête, j'avais gagné mille des quinze cents dollars qu'elle m'avait versés en acompte. Autrement dit, c'est moi qui lui devrais de l'argent si je rendais mon tablier... idée qui m'avait, je l'avoue, traversé l'esprit. Mon assurance médicale couvrirait les dépenses occasionnées par ma main esquintée. Selma avait manifesté l'émotion qui s'imposait devant ce qui s'était passé et nous avions décliné la gamme prévisible des sentiments d'horreur et de culpabilité.

– J'en suis malade ! C'est ma faute ! C'est moi qui vous ai entraînée dans cette histoire ! s'était-elle écriée.

– Ne dites pas de bêtises, Selma. Vous n'y êtes pour rien. En tout cas, les événements confirment votre intuition à propos du « secret » de Tom, si vous tenez à l'appeler ainsi.

– Mais je n'ai jamais imaginé que cela pouvait être dangereux !

– La vie est dangereuse, lui fis-je remarquer.

Une curieuse impatience m'envahissait. Le désir de poursuivre la tâche entreprise.

– Écoutez, on peut rester là à gémir, mais je préférerais de beaucoup passer mon temps à quelque chose de constructif. J'ai une grosse pile de factures de téléphone. On l'attaque ensemble pour voir combien de numéros vous identifiez. Ceux qui ne vous disent rien, je les vérifierai depuis Santa Teresa.

Nous avions donc attaqué, éliminant un peu plus des trois quarts de la liste d'appels passés au cours des dix derniers mois. Beaucoup l'avaient été par Selma et concernaient ses activités paroissiales, des manifestations de bienfaisance et les coups de téléphone amicaux interurbains passés à cet effet. Parmi les numéros restants, elle reconnut des communications professionnelles, ce que confirma l'utilisation judicieuse du répertoire rotatif de Tom. J'avais mis tout le dossier des factures de l'année précédente dans mon sac de voyage, avant de descendre au sous-sol inspecter les boîtes de rangement déjà repérées. Là, dans l'espace sec et surchauffé qui sentait la chaudière allumée et le papier chaud, régnait un ordre déconcertant.

Malgré la pagaille ahurissante de sa table de travail et de son bureau en haut, Tom Newquist était un homme méthodique, en tout cas dans le domaine professionnel. Sur une étagère à gauche se trouvait une série de cartons d'archives contenant ses notes de terrain des vingt-cinq dernières années, y compris de sa période à l'école de police. Chaque fois qu'il terminait un carnet, il ôtait les feuilles de papier réglé perforées de six trous, les entourait d'une feuille indiquant la période couverte, et maintenait le tout par un élastique. Parfois, plusieurs paquets de notes avaient trait au même dossier, et ils étaient en général regroupés à part dans une enveloppe en papier kraft, là encore étiquetée et datée. Je pus dérouler le fil de ses enquêtes, année après année, sans blancs ni interruptions. Quelquefois, l'extérieur d'une enveloppe portait une note mentionnant un appel téléphonique ou un télex ultérieurs ayant trait aux détails d'une affaire. Il dactylographiait alors une remise à jour et en ajoutait une copie avec ses notes, indiquant le service d'où provenait l'appel, la nature de la question et les détails de sa réponse. Il était visiblement préparé à justifier ses conclusions, devant le tribunal au besoin, cela pour toutes les enquêtes effectuées depuis son arrivée à Nota Lake. Le dernier paquet de notes datait du mois d'avril précédent. Y manquaient les notes allant de mai et juin de l'année précédente jusqu'à la date de sa mort. J'en déduisis que le carnet faisant défaut couvrait les dix derniers mois. C'était le seul trou de cette importance dans ses archives.

Je remontai, traversai la cuisine et entrai dans le garage, où j'entrepris une seconde fouille en règle du pick-up, plus minutieuse que la première. Je glissai même une épaule à l'intérieur pour projeter le rayon d'une torche électrique sous les sièges, au cas où Tom aurait mis son carnet à l'abri dans les ressorts. Aucune trace de l'objet, je me retrouvais à la case départ. Ma seule consolation était d'avoir tout passé au peigne fin – à ma connaissance en tout cas. Quelque chose m'avait visiblement échappé, sinon j'aurais mis la main sur ses notes.

La pluie s'intensifia à mesure que je filais vers le sud. A Rosamond, je dénichai un McDonald's et m'y arrêtai pour aller aux toilettes. Je pris un grand Coca, une maxi-frites et un Big Mac au fromage. J'en profitai pour avaler un analgésique. Douze minutes plus tard, je roulais à nouveau. Plus je me rapprochais de Los Angeles, plus mon moral remontait. Il me fallut cette embellie pour comprendre à quel point cette histoire m'avait démoralisée. La pluie devint ma compagne au rythme des essuie-glaces, tandis que la chaussée mouillée brasillait sous mes pneus. J'allumai la radio et laissai un flot monotone de mauvaise musique envahir la voiture.

En arrivant sur l'autoroute n° 5, je pris la direction nord jusqu'à l'échangeur de l'autoroute n° 126, où je filai de nouveau vers l'ouest en traversant Fillmore et Santa Paula. Ici, le paysage consistait en bosquets d'agrumes et d'avocatiers ; au bord de la route se pressaient des étals de produits locaux, derrière lesquels des lotissements s'étendaient à perte de vue. La 126 se déversa dans la 101 et je faillis gémir tout haut à la vue du Pacifique. Je baissai la vitre et penchai la tête de côté, laissant les gouttes de pluie me fouetter le visage. Il émanait de l'océan un parfum dense et sucré. Les vagues déferlaient et se retiraient sans trêve, cognant le rivage avec un battement assourdi ; çà et là, des oiseaux de mer arpentaient le sable tassé d'un pas rapide. L'eau soyeuse déployait à l'infini des nappes de taffetas gris ourlées d'une dentelle d'écume blanche. Je n'aime pas la montagne, en partie parce que les sports d'hiver me laissent complètement indifférente, surtout lorsqu'ils exigent un équipement qui coûte la peau du dos. Je fuis les activités liées à la vitesse, au froid et à l'altitude, et tout ce qui inclut un risque de chute et de fractures corporelles invalidantes. Malgré le plaisir qu'elles semblent procurer, elles ne m'ont jamais attirée. L'océan, c'est une tout autre histoire, et quand il m'arrive de séjourner brièvement à l'intérieur des terres, je n'y trouve jamais le même bonheur qu'au bord des eaux profondes. Comprenez-moi bien : je ne vais pas dans l'eau car elle grouille de créatures piquantes, urticantes, tentaculaires et visqueuses, mais j'aime regarder l'eau et me fondre dans sa présence immense et perpétuellement changeante. Et puis, il me paraît sain de me savoir à l'abri de la voracité de ces bestioles.

Le moral retrouvé, j'accélérai sur les derniers kilomètres et entrai dans Santa Teresa. Je pris la bretelle de sortie de Cabana et tournai à gauche, laissant le refuge ornithologique à ma droite et, peu après, les terrains de volley-ball sur le sable d'East Beach. Cela faisait maintenant cinq heures que je conduisais, si pressée de rentrer à la maison que mon pied paraissait soudé à l'accélérateur. Je n'en pouvais plus. J'avais la nuque raide et un goût de métal brûlant dans la bouche. La douleur pulsait dans mes doigts abîmés, pourtant engourdis par les médicaments. Et ma fesse me faisait aussi mal que tout le reste.

Mon quartier avait son air habituel, une petite rue résidentielle à un pâté de maisons de la plage : palmiers, grands pins, clôtures grillagées, trottoirs bosselés où les racines des arbres ont déformé le béton. La plupart des maisons sont en stuc, coiffées de toitures en tuiles rouges patinées par les ans. Un immeuble en copropriété surgit ici ou là entre les pavillons individuels. Je dénichai une place en face de mon appartement, un ancien garage monoplace reconverti en retraite discrète à deux niveaux et rattachée par une petite véranda à la maison où habite mon propriétaire. Ce mois-ci marquait le cinquième anniversaire de mon occupation des lieux et je tiens comme à la prunelle de mes yeux à cet espace où je me sens enfin chez moi.

Il me fallut deux voyages pour décharger la voiture de location, passant et repassant par le portail grinçant d'Henry. J'entassai le tout dans la petite véranda couverte, ouvris la porte d'entrée, laissai la machine à écrire près du bureau, repartis chercher mon sac de voyage et le traînai en haut de l'escalier en colimaçon. Je quittai mes vêtements, défis mon bandage et m'offris une longue douche chaude sous laquelle je me lavai les cheveux, me rasai les jambes de la main gauche et entonnai un pot-pourri d'airs de comédies musicales dont la moitié des paroles consistait en la-la-la. Le luxe d'être propre et au chaud me laissait presque pantelante. Pour une fois, je fis l'impasse sur le fil dentaire, me brossai les dents de la main gauche et m'humectai d'une eau de Cologne achetée à bas prix dans un drugstore et qui embaumait le muguet. Je mis un pull à col roulé propre, un jean propre, des chaussettes propres, des Reebok et une touche de rouge à lèvres. Et j'inspectai le résultat dans la glace de la salle de bains. Non, cela me donnait l'air idiot. J'effaçai le rouge avec un morceau de PQ et décrétai qu'il n'y avait rien à ajouter. Après quoi, il ne me resta plus qu'à passer environ vingt minutes à essayer de me bander les doigts en faisant tenir l'attelle. L'exercice deviendrait exécrable sous peu, je n'en doutais pas.

Je sortis tête baissée et traversai le patio, pataugeant sous la pluie. Le jardin d'Henry reprenait tout juste vie. Santa Teresa jouit d'un climat tempéré toute l'année, mais nous apprécions particulièrement un printemps presque imperceptible, où les pousses vertes pointent à travers le sol durci comme partout ailleurs. Henry avait commencé à nettoyer les plates-bandes destinées à ses fleurs annuelles et à quelques plants de tomates. Je respirai l'odeur des allées mouillées, du paillis d'écorce et des quelques narcisses qui avaient dû s'ouvrir sous la pluie. Il était cinq heures moins le quart et le jour s'assombrissait à l'approche du crépuscule, seulement éclairé par le gris léger des nuages de pluie.

Je jetai un coup d'œil par la vitre de la porte de service

d'Henry tout en frappant au carreau. Les lumières étaient allumées et plusieurs éléments attestaient que ma visite le surprenait en pleine activité culinaire. Pendant de nombreuses années, Henry Pitt avait gagné sa vie comme boulanger et, depuis qu'il a pris sa retraite, il continue d'adorer cuisiner. Le visage maigre, bronzé, des jambes à n'en plus finir, c'est un homme distingué doté de cheveux blancs, d'yeux bleus, d'un nez aquilin et de toutes ses dents. A quatre-vingt-six ans, la nature lui a conservé son intelligence, un moral éblouissant et une énergie prodigieuse. Il arriva dans la cuisine depuis le couloir, portant une pile des petits torchons blancs en tissu éponge qu'il utilise quand il cuisine. D'habitude, il en coince un dans sa ceinture, en jette un autre sur son épaule, un troisième lui servant à l'occasion de manique. Il portait un T-shirt de la marine et un short blanc, protégés par un grand tablier de boulanger qui lui arrivait sous les genoux. Il posa les torchons sur le plan de travail et se précipita pour ouvrir la porte, le visage plissé de sourires.

– Kinsey ! Je ne t'attendais pas aujourd'hui. Entre, entre ! Ta main... que lui est-il arrivé ?

– C'est une longue histoire ! Dans une minute, je te donne la version abrégée.

Il s'écarta et j'entrai, le serrant dans mes bras au passage. Je vis sur le plan de travail un grand bocal de farine, un autre de sucre en poudre plus petit, deux plaquettes de beurre, un quart rempli de levure en poudre, une boîte d'œufs et une jatte de Granny Smiths ; plus un moule à tarte, un rouleau à pâtisserie et une râpe.

– Ça sent bon ! Qu'est-ce qui cuit ?

Il sourit.

– Une surprise pour l'anniversaire de Rosie. J'ai un pudding de pâtes au four. Une spécialité hongroise dont tu ne me demanderas pas de prononcer le nom. Je lui mitonne aussi une tarte aux pommes hongroise.

– Ça lui fait combien ?

– Elle refuse de le dire. Aux dernières nouvelles, elle avouait soixante-six, mais à mon avis c'était une estimation à la baisse. Ça doit lui faire soixante-dix. Tu es des nôtres, j'espère.

– Pas question de rater la fête ! J'irai faire un tour pour lui trouver un cadeau. A quelle heure ?

– Je ne bouge pas avant six heures. Mais assieds-toi, assieds-toi, je te fais une théière.

Il m'installa dans son fauteuil à bascule et mit la bouilloire à chauffer pendant que nous nous informions mutuellement de la marche du monde pendant mes semaines d'absence. Nous procédâmes dans le désordre à l'échange habituel de scoops : le voyage, l'opération de Dietz, les nouvelles du front. Je lui exposai ma mission d'une façon aussi succincte que possible, notamment la nature de l'enquête, les protagonistes et l'agression de la nuit précédente, ce qui me permit de m'écouter faire le point :

– J'ai une ou deux pistes à explorer. Il semblerait que Tom ait été en contact avec une enquêtrice du bureau du shérif de l'endroit, encore que je ne puisse dire, pour l'instant, si ce contact était d'ordre personnel ou professionnel. A ce qu'on m'a dit, ils discutaient en tête à tête et la femme lui faisait visiblement du charme. Simple rumeur, bien entendu, mais qui mérite d'être vérifiée.

– Et si c'est un pétard mouillé ?

– Alors, je suis coincée.

Pendant que je finissais mon thé, Henry prépara sa pâte à tarte et entreprit de peler et de râper les pommes pour la garniture. Je lavai ma tasse et ma soucoupe et les mis dans l'égouttoir.

– Je file chercher un cadeau. Tu t'habilles pour ce soir ?

– J'ai un pantalon. Je trouverai peut-être une veste sport. Toi, tu es parfaite.

Il s'avéra que tout le restaurant de Rosie était mobilisé pour l'anniversaire de la maîtresse des lieux. Cette cantine de quartier ringarde avait toujours été mon point de chute favori. Jadis (il y a cinq ans), elle était souvent vide, hormis un couple de poivrots locaux qui faisaient leur apparition quotidienne à l'ouverture et qu'on devait en général raccompagner chez eux. Ces dernières années, Dieu sait pourquoi, l'endroit était devenu le point de rencontre de diverses équipes sportives dont les trophées ornent aujourd'hui la moindre surface disponible. Rosie, jamais réputée pour son humeur suave, avait pourtant toléré cette bande de joyeux drilles dopés à la testostérone avec une patience déconcertante. Ce soir-là, les joyeux drilles occupaient le terrain au grand complet et avaient décoré le restaurant, dans l'esprit festif de rigueur, d'une débauche de guirlandes en papier crépon, ballons de baudruche et banderoles proclamant REMPILE ROSIE ! S'y ajoutaient un gigantesque bouquet de fleurs, un baril de mauvaise bière, une pile de boîtes de pizzas et un énorme gâteau d'anniversaire. La fumée de cigarettes imprégnait l'air et donnait à la salle l'éclat feutré et embrumé d'un vieux ferrotype. Les sportifs avaient gavé le juke-box de tubes des années 60 chargés de décibels et repoussé toutes les tables contre les murs pour se livrer aux joies du twist et du watusi. Rosie les couvait d'un sourire indulgent. Quelqu'un lui avait donné un chapeau pointu couvert de paillettes et retenu par un élastique sous le menton, une plume fichée sur le haut. Elle portait une robe tahitienne comme à l'accoutumée, ayant opté ce soir-là pour la rose fluo égayée d'un volant d'une dizaine de centimètres autour du décolleté avantageux. Très chic, William était en costume trois-pièces, chemise blanche et cravate marine à pois rouges, mais je ne vis personne du quartier. Nous prîmes place, Henry et moi – lui en jean et veste sport également en jean, moi en jean et veste en tweed de cérémonie –, tels des spectateurs à un concours de danse. J'avais passé près d'une heure en ville dans un grand magasin et fini par porter mon choix sur un caraco en soie rouge qui me paraissait devoir titiller l'imagination de la belle.

Nous filâmes à dix heures et rentrâmes vite sous la pluie.

Je fermai la porte à double tour et fis le tour de l'appartement, émerveillée par l'ingéniosité de son agencement : le judas en forme de hublot de la porte d'entrée, les murs en teck et chêne vernis, les placards nichés dans les moindres recoins. J'avais un canapé de dépannage encastré dans la baie vitrée, deux fauteuils metteur en scène en toile, des étagères, mon bureau. En haut de l'escalier en colimaçon, outre le placard encastré dans l'une des parois, je disposais de patères pour les vêtements, d'un matelas double posé sur une estrade à tiroirs encastrés, et d'un second cabinet de toilette avec une baignoire au ras du sol et une fenêtre donnant sur l'océan. J'avais l'impression de vivre sur une péniche dérivant sans hâte le long d'un fleuve, douillette et fonctionnelle, chaude, merveilleusement claire. Dans mon bonheur de me retrouver chez moi, j'eus un mal fou à aller me coucher. Je me faufilai en tenue d'Ève sous une pile d'édredons et écoutai la pluie faire des claquettes sur la verrière en Plexiglas. Emplie d'un sentiment de possession absurde : mon oreiller, ma couverture, ma tanière ignorée de tous. Ma maison.

Il était six heures quand j'ouvris l'œil. Je n'avais pas mis la sonnerie, mais je me réveillai automatiquement, retrouvant mes vieilles habitudes. Mon esprit se brancha sur le bruit de la pluie, fit l'impasse sur l'idée même d'aller courir et se renfonça dans le sommeil. A huit heures, je me secouai et procédai à mes ablutions matinales habituelles. Je pris un petit déjeuner, lus le journal, puis installai la machine à écrire sur le bureau. Je m'interrompis pour monter récupérer mes notes dans mon sac de voyage. La première corvée de la matinée consisterait à rendre la voiture de location. Après quoi, je sauterais dans un taxi jusqu'au bureau, ferais une apparition et prendrais connaissance des derniers potins professionnels. Je n'avais pas encore décidé si je travaillerais au bureau ou chez moi. Autant rester là et demander à quelqu'un de Kingman & Ives de me raccompagner.

En attendant, j'enlevai le couvercle de la machine et entrepris de mettre péniblement à jour mon rapport d'activité avec deux doigts. C'est seulement au moment où j'ouvris le couvercle que je vis ce qui m'avait échappé en faisant mes bagages à Nota Lake. Une main inconnue s'était attaquée aux deux rangées du milieu du clavier et en avait fait un magma indémêlable. Certaines touches étaient carrément cassées, d'autres simplement tordues sur le côté, comme mes doigts. Vissée à mon siège, je contemplai les dégâts, ahurie. Où voulait-on en venir ?

CHAPITRE 13

Je décidai de sauter la séance de bureau pour me concentrer sur l'exploration de mes une ou deux pistes. Au fin fond de moi-même, je savais parfaitement qu'on avait esquinté ma machine à Nota Lake avant mon départ. N'empêche que cette découverte déconcertante gâtait mon sentiment de sécurité et de bien-être. Exaspérée, j'ouvris le tiroir du bas de mon bureau et en sortis l'annuaire des pages jaunes, cherchai « MACHINES À ÉCRIRE (Réparations) », et passai plusieurs coups de fil avant de trouver un spécialiste capable de s'occuper de ma Smith-Corona d'époque. Je notai son adresse et lui dis que je passerais dans moins d'une heure.

En sortant mes notes, je trouvai les numéros de téléphone locaux copiés sur le buvard de Tom Newquist. Lorsque j'avais passé mon unique coup de téléphone de son bureau, un répondeur avait pris l'appel. Je partais de l'hypothèse que la femme que j'avais entendue était l'enquêtrice du bureau du shérif qui faisait du charme à Tom. Une petite conversation avec elle pourrait grandement éclairer ma lanterne. Je composai le numéro. Une fois de plus, le répondeur s'enclencha et la même femme à voix de gorge m'informa de la marche à suivre après le bip sonore. Je laissai mon nom, mes numéros de téléphone personnel et professionnel et un court message lui faisant part de mon désir d'avoir un entretien avec elle au sujet de Tom Newquist. Puis j'appelai le bureau du shérif de Perdido :

– Pourriez-vous me dépanner ? J'essaie de joindre un enquêteur du shérif, une femme. Dans les quarante, cinquante ans, je crois. Je n'ai pas son nom, mais je crois qu'elle travaille au bureau du shérif du comté. Est-ce que cela vous dit quelque chose ?

– Quelle division ?

– Justement, je ne sais pas trop.

Le type à l'autre bout du fil se mit à rire.

– Ma petite dame, on a une bonne demi-douzaine de femmes à la brigade qui correspondent à cette description ! Il va falloir préciser.

– C'est bien ce que je craignais, soupirai-je. Eh bien, je suppose que je n'ai plus qu'à me mettre au boulot. En tout cas, merci.

– De rien.

Je réfléchis, mâchonnant mentalement mon crayon. Que faire, que faire ? Je composai le numéro de Phyllis Newquist à Nota Lake et tombai bien entendu sur son répondeur auquel je confiai ce qui suit : « Bonjour, Phyllis. Ici, Kinsey. Connaîtriez-vous par hasard le nom de cette enquêtrice du bureau du shérif avec qui Tom était en contact ? J'ai un numéro de téléphone personnel, mais si vous arriviez à savoir son nom, on avancerait. Je peux essayer de l'appeler à son travail et accélérer les choses. Sinon, je serai obligée d'attendre qu'elle me rappelle. » Cette fois encore, je laissai mes numéros, chez moi et au bureau, et revins à ma liste.

Le second numéro du buvard de Tom était celui du Gramercy Hotel. Il me parut mériter mon attention. Je mis la photo de Tom dans mon sac à main, pris mon blouson et un parapluie, et sortis sous la pluie. Bien qu'ils soient encore contusionnés et enflés, la douleur avait cessé de me tarauder les doigts et je bénis le ciel. Aux prises avec les clés de voiture, j'utilisai de mon mieux ma main gauche, faisant passer les objets d'une main dans l'autre. La présence de l'attelle m'obligeait à fractionner maladroitement le processus, ce qui ralentissait d'autant les entreprises les plus élémentaires. Je fis un second voyage pour la machine à écrire, que je plaçai sur le siège avant.

Je la déposai chez le réparateur après avoir extorqué à ce dernier la promesse de me la rendre dans les plus brefs délais. Puis je restituai la voiture de location au bureau de l'agence de la ville, finis de régler les détails financiers et rentrai à l'appartement en taxi. Là, je pris ma voiture qui, après une série de grognements et de crachotements, se décida à revenir à la vie dans une quinte de toux. Enfin, on avançait !

Je pris la direction du centre-ville de Santa Teresa et laissai ma voiture dans un parking public à proximité. Parapluie arqué contre la pluie, je marchai jusqu'au carrefour et tournai dans la rue suivante. Le Gramercy Hotel dressait ses deux étages trapus au bas de State Street ; cet hôtel résidentiel avait la faveur des sans-abris à l'arrivée de leur chèque mensuel. Badigeonné en vert crème-de-menthe-frappée, le bâtiment en stuc se caractérisait par une entrée couverte assez grande pour accueillir six fumeurs impénitents qui s'y protégeaient au coude à coude contre la pluie. Devant l'entrée, un panonceau détaillait les tarifs de l'hôtel.

CHAMBRE SEULE : 9,95 $ CHAMBRE DOUBLE : 13,95 $
À LA JOURNÉE * À LA SEMAINE * AU MOIS
PRIX ÉGALEMENT DISPONIBLES SUR SIMPLE DEMANDE

Un type qui utilisait un sac-poubelle en plastique en guise d'imper m'accueillit d'un œil chassieux et s'écarta pour me laisser pénétrer dans le hall. J'abaissai mon parapluie en essayant de ne transpercer aucune des personnes réunies pour leurs libations matinales. Cela me parut tôt pour des spiritueux en bouteille, mais c'était peut-être du jus de fruit qui circulait dans la pochette en papier marron.

L'hôtel avait sans doute joui d'une réputation d'élégance en des temps lointains. Le sol en marbre vert se parait d'un zigzag de journaux mis bout à bout pour éponger les traces de pas mouillés qui s'entrecroisaient dans le hall. Ici et là, à l'endroit où l'on avait ramassé les journaux trempés, subsistait l'image inversée des titres et du texte. Six pilastres au décor compliqué divisaient l'espace peu éclairé, chacun agrémenté d'une épaisseur de plastique vert opaque. Selon toute apparence, et au vu des instructions calligraphiées sur une pancarte, on n'encourageait pas la clientèle à se prélasser sur les sièges :

IL EST INTERDIT DE :
FUMER
CRACHER
TRAÎNER
RACOLER
BOIRE SUR LES LIEUX
SE BAGARRER
URINER DANS LES BACS À FLEURS

Ce qui résumait à peu près mon éthique personnelle. Je m'approchai du long bureau de la réception, placé sous une arcade rehaussée de volutes en plâtre blanc et de plantes d'ornement. Le type derrière le comptoir en marbre, appuyé sur les coudes, se pencha vers moi, visiblement intéressé par mes intentions. Encore un coup pour rien, mais franchement je ne voyais aucun autre fil à suivre à ce moment précis.

– Je voudrais parler au directeur. Est-il là ?

– Pour vous servir ! Je m'appelle Dave Estes. A qui ai-je affaire ?

– Kinsey Millhone, lui répondis-je en sortant ma carte professionnelle, que je lui tendis.

Il la lut avec attention, n'en ratant pas un mot. La trentaine, l'air jovial ; un type bien dans sa peau, avec des lunettes, un sourire narquois, des dents légèrement proéminentes et un début de calvitie qui révélait un front en pente douce, un peu comme une laisse abandonnée par la mer à marée basse. Les cheveux qui lui restaient étaient châtains et coupés ras. Il portait une combinaison de mécanicien marron et bardée de poches à fermeture Éclair. Les manches retroussées révélaient des avant-bras musclés.

– En quoi puis-je vous être utile ?

Je posai la photographie de Tom Newquist devant lui sur le comptoir.

– Auriez-vous vu cet homme, par hasard ? C'est un enquêteur du bureau du shérif de Nota County. Son nom est Tom…

– Minute, minute ! me coupa-t-il.

Il leva la main pour m'intimer silence en me faisant signe d'attendre un instant, période pendant laquelle son visage se plissa comme s'il allait éternuer. Il ferma les yeux, pinça les narines et ouvrit la bouche en faisant la respiration du petit chien. Son visage s'illumina :

– Newquist ! Tom Newquist ! lâcha-t-il, le doigt pointé sur moi.

– C'est exact, dis-je, abasourdie. Vous le connaissez ?

– Pas personnellement, mais il est passé par ici.

– Quand ça ?

– Oh, je dirais juin de l'année dernière. Sans doute la première semaine. Si on me demandait son âge, je répondrais la cinquantaine.

Cette confirmation me prenait tellement de court que j'en restai sans voix.

Estes me dévisageait.

– Il lui est arrivé quelque chose ?

– Il est mort d'une crise cardiaque il y a quelques semaines.

– C'est pas vrai ! Désolé de l'apprendre. Il paraissait pas si vieux...

– Non, mais il ne se surveillait pas beaucoup. Pouvez-vous me dire ce qui l'amenait chez vous ?

– Bien sûr ! Il cherchait un type qui sortait de taule. Nous semblons voués à ce genre de paroissiens. Ne me demandez pas pourquoi. Un établissement de cette classe... On doit savoir que nous offrons des prix intéressants, des chambres propres et que nous n'admettons aucune fantaisie.

– Vous rappelez-vous le nom de l'homme qu'il recherchait ?

– C'est un nom facile à se rappeler pour d'autres raisons, mais je vais voir si j'y arrive, juste pour le plaisir. Une minute...

Il refit son cinéma, le visage crispé pour montrer l'intensité de son effort. Puis il s'interrompit :

– Je parie que vous vous demandez à quoi ça sert, hein ? J'ai suivi un cours de mnémotechnique : l'art d'améliorer sa mémoire. Je passe énormément de temps seul, surtout la nuit quand je garde la réception. Toute l'astuce consiste à connaître les trucs, vous savez, les aide-mémoire et associations qui aident à fixer le souvenir.

– Le résultat me paraît prodigieux !

– Votre Newquist, je peux situer son passage parce que j'ai commencé à pratiquer à peu près au même moment. Il a été mon premier exercice de travaux pratiques. Newquist ? Pas de problème ! *New* parce que ce type était nouveau pour moi, vous me suivez ? *Quist*, parce que ça sonne comme question et enquête. Ce nouveau est arrivé avec une question, d'où *Newquist* !

– Génial ! Et son prénom ?

Estes eut un sourire :

– C'est vous qui me l'avez dit. Moi, je l'avais oublié.

– Et l'autre type ? Celui sur qui il enquêtait ?

– Qu'est-ce que j'ai trouvé pour celui-là... Voyons voir... Ça avait un rapport avec les dentistes. Ah, j'y suis. Son nom de famille était Toth. Autrement dit *tooth*[1], avec un « o » en moins. Ça tombait d'autant mieux qu'il lui manquait une dent, à ce type. Prénom : Alfie. Dentiste renvoie à docteur. Et, comme chez le docteur, vous dites « Ahh » quand il vous appuie sur la langue avec l'abaisse-langue. Le prénom commençait par un « A ». Donc je passe en revue dans ma tête tous les noms commençant par « A » qui me viennent à l'idée. Allen, Arnold, Avery, Alfie ! Et le tour est joué !

– Tom Newquist était là à titre professionnel ?

– Absolument ! Le problème, c'est qu'il l'a raté. Toth avait passé deux semaines ici, mais il est parti le 1er juin, peu avant que votre inspecteur rapplique.

– Savez-vous pourquoi il recherchait Toth ?

– Il a dit qu'il suivait une piste dans une affaire sur laquelle il était. Je m'en souviens parce que c'était exactement comme au ciné. Vous connaissez le topo, Clint Eastwood se pointe, badge à la main et pas envie de plaisanter ! Tout ce que je sais, c'est que Newquist est resté sur sa faim car Toth avait déjà filé.

– A-t-il laissé une adresse où faire suivre son courrier ?

– Non. En revanche, j'ai celle de son ex-femme, à la rubrique « parent le plus proche ne vivant pas sous votre toit ». Comme ça, on a quelqu'un à appeler si un type saccage la chambre ou

1. *Tooth* : dent.

passe l'arme à gauche. C'est un vrai bordel de se retrouver avec un macchabée !

– J'imagine... Est-ce que je pourrais avoir le nom et l'adresse de son ex-femme ?

– Bien sûr ! Pas de problème. Pour ce qui me concerne, ça n'a rien de confidentiel. Quand les gens arrivent, je les préviens que les autorités ont accès aux registres. Les flics viennent les consulter. Je ne réclame pas de justification d'enquête. Pour moi, ce serait de l'entrave à la justice.

– Je ne doute pas que la police apprécie votre attitude, mais les clients n'émettent pas d'objection ?

Dave Estes haussa les épaules avec indifférence.

– Je suppose que le jour où on me fera un procès, nous changerons de politique. Vous savez, un autre type est passé aussi. Un inspecteur en civil. C'était plus tôt, peut-être le 1er juin. Je n'étais pas de garde ce jour-là, sinon je l'aurais enregistré dans ma vieille caboche, déclara-t-il en se tapotant la tempe. J'ai dit à Peck qu'il aurait intérêt à s'inscrire au même cours que moi, mais je n'ai pas encore réussi à le convaincre.

– Dommage. Et qui était cet autre inspecteur ?

– Je peux pas dire, et c'est là où je veux en venir. Si Peck s'inscrivait au cours, il pourrait tout se rappeler en détail. Il ne l'a pas fait ? Alors nada. L'écran est vide. Fin de l'épisode.

– Pourrais-je interroger Peck moi-même ?

– Rien ne vous en empêche, mais je peux vous dire mot pour mot ce qu'il vous répondra. Il se souvient du passage de cet inspecteur, qu'il avait un mandat et tout, mais Toth n'était pas sur les lieux. En fait, il a réglé sa note un peu plus tard ce jour-là, peut-être qu'il craignait de se voir rattraper par la loi. L'inspecteur a rappelé le lendemain matin et Peck lui a donné l'adresse et le numéro de téléphone de l'ex-femme de Toth, comme je l'aurais fait moi-même.

– Avez-vous parlé à Tom Newquist de l'autre inspecteur ?

– Comme je vous en parle à vous. Je me suis dit que c'était peut-être un flic qu'il connaissait.

– Et l'ex de Toth ? Lui avez-vous dit comment la contacter ?

– Et comment ! C'était un défilé continuel chez cette femme !

– Personne ne vous a dit que vous étiez tenu à plus de réserve en matière de renseignements sur les gens ?

– Ma p'tite dame, je ne suis pas le gardien de la sécurité publique. Si un policier arrive en me demandant des informations, comptez pas sur moi pour faire de l'obstruction !

– Parlez-moi de ce mandat. Était-il émis par la police locale ?

– Je peux pas dire. Peck ne fait pas attention comme moi à ce genre de détails. Pour lui, c'est clair comme de l'eau de roche : on est là pour coopérer ! Dans ce genre d'établissement, on tient à avoir les flics dans sa manche. Si une bagarre éclate, on veut voir se pointer quelqu'un quand on appelle police-secours !

– Sans parler de leur aide ensuite, avec les cadavres.

– Vous avez mis dans le mille.

– Pouvons-nous revenir en arrière un instant et vérifier si j'ai bien compris ? Alfie Toth est resté deux semaines chez vous, à partir d'un moment quelconque en mai ?

– Exact.

– Arrive alors un inspecteur en civil avec un mandat d'amener. Alfie l'apprend et, comme on pouvait s'y attendre, règle sa note un peu plus tard ce même jour. L'inspecteur a rappelé et Peck lui a dit comment joindre l'ex-femme d'Alfie Toth.

– Tout juste. Peck pensait que Toth était allé là-bas, précisa Estes.

– Et puis, aux alentours du 5 juin, Tom Newquist a débarqué et vous lui avez transmis la même information.

– Pas de chouchou, c'est ma devise ! C'est pourquoi je vous la file aussi. Pourquoi dire oui à l'un et non à l'autre ? Moi, c'est ma façon de voir les choses.

– Vous ne m'avez encore rien filé, lui fis-je observer.

Il détacha une page de bloc et inscrivit un nom de femme, une adresse et un numéro de téléphone, le tout apparemment de tête. Il me le tendit par-dessus le comptoir.

Je pris le papier, reconnaissant au premier coup d'œil l'adresse de Perdido.

– On dirait qu'Alfie Toth était soudain très demandé.

– Mouais…

– Et vous ne savez pas pourquoi ?

– Non.

– Quel est le prénom de Peck ?

– Leland.

– Il est dans l'annuaire si j'ai besoin de lui parler ?

Estes eut un geste négatif.

– Il est sur la liste rouge. Et ce numéro-là, je ne vous le donnerai pas sans son autorisation !

Je réfléchis un instant, mais ne vis pas d'autre terrain à explorer. Rien ne m'empêcherait de le contacter plus tard en cas d'inspiration.

– En tout cas, merci pour votre aide. Vous ne me l'avez pas ménagée et je vous en suis reconnaissante.

Je pris mon parapluie, faisant passer mon sac de mon épaule droite à mon épaule gauche pour réussir à les tenir tous les deux.

– La suite ne vous intéresse pas ?

J'eus un moment d'incertitude :

– La suite ?

– Le type est mort. Assassiné. Un routard a trouvé son corps dans les collines près de Ten Pines il y a deux mois. Le 13 janvier. Je m'en souviens parce que c'est la date de l'anniversaire de ma grand-tante. Mort… naissance. Pas besoin d'être sorcier pour faire le rapprochement. J'ai tout ça bien verrouillé dans la tête.

Je le dévisageai, ahurie, me rappelant un court entrefilet à ce sujet dans le journal.

– C'était… Alfie Toth ?

– Soi-même ! D'après le coroner, il était rétamé depuis six, sept mois… exactement depuis le moment où tout le monde l'a demandé, notamment le type avec le mandat d'amener et votre Tom Newquist. On l'a sans doute rattrapé. Dommage que Peck se soit jamais occupé de développer ses talents. Il aurait pu être le témoin vedette de l'État.

– Dans quelles circonstances ?

– Ce qui suivra, n'importe quoi.

Assise derrière le volant, j'essayai de comprendre ce que signifiait toute cette histoire. Tout le monde avait voulu parler à

Alfie Toth avant qu'on le retrouve mort. Je vérifierais dans le journal local, mais, d'après mes souvenirs, le communiqué donnait très peu d'informations. On avait découvert un cadavre décomposé dans un secteur éloigné de la forêt domaniale de Los Padres, mais je n'avais pas retenu le nom. La cause de la mort n'était pas précisée, mais on soupçonnait une affaire louche. La police s'était montrée plutôt laconique, mais peut-être avait-elle dit à la presse tout ce qu'elle savait. Je n'avais vu passer aucune autre information sur ce fait divers et l'avais oublié. Les forêts domaniales d'Angeles et de Los Padres servent l'une comme l'autre de décharges aux victimes d'homicides, dont on imagine les cadavres abandonnés sur les chemins de grande randonnée comme des sacs de détritus.

Je mis consciencieusement la Volkswagen en marche et m'en fus à la bibliothèque municipale, huit rues plus loin, où je dénichai l'entrefilet en question dans un exemplaire du *Santa Teresa Dispatch* du 15 janvier.

UN CORPS DÉCOUVERT DANS LA FORÊT DE LOS PADRES
IL S'AGIRAIT D'UN VOYAGEUR DE PASSAGE

> D'après la police de Santa Teresa County, les restes décomposés découverts le 13 janvier par un randonneur dans la forêt domaniale de Los Padres ont été identifiés comme étant ceux d'un voyageur de passage, Alfred Toth, 45 ans. Le corps a été trouvé lundi dans une zone accidentée, à neuf kilomètres à l'est de Manzanita Mountain. Les inspecteurs ont pu identifier Toth grâce aux travaux dentaires relevés sur la mâchoire après avoir fait le rapprochement entre le corps et la déposition de son ex-épouse Olga Toth, résidant à Perdido et qui avait signalé sa disparition. Il s'agirait d'un homicide. Toute personne susceptible de fournir des renseignements est priée de contacter l'inspecteur Clay Boyd, au bureau du shérif.

Je trouvai une cabine téléphonique à l'extérieur du bâtiment, récupérai de la monnaie au fond de mon sac, appelai le bureau du shérif de Santa Teresa County et demandai l'inspecteur Boyd.

– Boyd à l'appareil.

Neutre, professionnel, efficace. Il m'avait juste donné son nom, mais je savais déjà qu'il ne serait pas mon meilleur copain.

– Bonjour, ici Kinsey Millhone, dis-je, m'efforçant de ne pas prendre un ton trop enjoué. Je suis détective privée, j'habite ici et je travaille sur une affaire qui est peut-être liée à la mort d'Alfie Toth.

Un blanc, puis :

– De quelle façon ?

– Ma foi, je ne sais pas encore exactement. Je ne vous demande aucune information confidentielle, mais pourriez-vous me dire où en est l'affaire ? Le dernier communiqué de presse remonte à janvier.

Un blanc. On se serait cru dans une conversation en différé. J'aurais juré qu'il prenait des notes.

– En quoi vous intéresse-t-elle ?

– Oh, c'est une histoire compliquée. Je travaille pour la femme… la veuve, devrais-je dire… d'un enquêteur du shérif de Nota Lake, dans le nord : Tom Newquist. Vous ne le connaîtriez pas par hasard ?

– Le nom ne me dit rien.

– Il est descendu ici en juin pour interroger Alfie Toth, mais le temps qu'il arrive au Gramercy, Toth avait déjà quitté l'hôtel. Ils se sont peut-être vus par la suite… je n'en ai pas encore la certitude… mais je pense que sa visite était liée à une enquête en cours.

– Mmmm…

– Pourriez-vous me dire si Newquist a contacté vos services ?

– Ne quittez pas, dit-il d'un ton résigné, celui d'un homme à qui on ne pourrait reprocher plus tard d'avoir dénié au public le droit de savoir.

Il me mit en attente. Des chuintements me signalèrent qu'on entrait dans l'hyperespace téléphonique. Je remerciai d'avance le ciel de ne pas m'infliger un air de polka ou une mélodie de John Philip Sousa. Certaines sociétés vous branchent sur le bulletin d'information diffusé en sourdine, si bien que vous restez là à vous demander si on vous soumet à un test auditif inédit.

L'inspecteur Boyd reprit la ligne. Sans doute avait-il le dossier ouvert devant lui sur son bureau car je l'entendis feuilleter des pages.

– Vous êtes toujours là ? demanda-t-il d'un ton affable.

– Je vous écoute.

– Tom Newquist ne s'est pas mis en rapport avec nous lors de son passage, en revanche nous avons été en communication avec Nota Lake.

– Tiens donc ! Je me demande pourquoi il ne vous avait pas informés de sa venue.

– Aucune idée. C'est bien là le hic, lâcha-t-il d'un ton légèrement narquois.

– S'il vous avait contactés, vous en auriez une trace ?

– Absolument.

Inutile de me faire un dessin. Je cherchais à en savoir plus long et l'inspecteur Boyd ne répondrait qu'à des questions précises. Ce que je ne lui demandais pas, inutile de compter sur lui pour me l'apporter sur un plateau ! Je devais éveiller son intérêt d'une manière ou d'une autre pour l'amener à coopérer.

– Si je vous expliquais mon problème, lançai-je sur le ton de la conversation. Sa femme est convaincue que quelque chose le tourmentait.

– Mmmm.

Je sentis mon exaspération monter. Comment cet individu pouvait-il être si courtois et si bouché à la fois ? Je passai à la vitesse supérieure :

– Alfie Toth était-il recherché par la police pour un délit quelconque à l'époque de sa mort ?

– Pas à ma connaissance. Il venait d'être libéré après avoir purgé une peine de prison pour vol.

– D'après le réceptionniste du Gramercy, un inspecteur en civil est venu avec un mandat d'amener.

– Pas un gars de chez nous.

– Vous ne voyez trace d'aucun mandat d'amener encore en cours contre lui ?

– Aucun.

– Mais il doit bien y avoir un lien, sinon Tom Newquist n'aurait pas pris la peine de faire le trajet jusqu'ici.

– Je vais vous dire. S'il s'agit simplement de satisfaire la curiosité de Mme Newquist, je ne vois aucune raison de vous renseigner. Pourquoi ne pas interroger la police de Nota Lake et voir ce qu'elle a à dire ? C'est la meilleure solution.

– Autrement dit, vous avez quelque chose ?

– Autrement dit, je ne vais pas révéler le contenu d'une enquête en cours au premier venu en mal d'information. Vous connaissez les faits... Si vous avez du nouveau, nous vous saurons gré de votre collaboration.

– A-t-on le fin mot de l'affaire ?

– Pas à cette date.

– La presse parlait d'enquête pour homicide.

– C'est exact.

– Avez-vous un suspect ?

– Pas pour l'instant. Non, pas vraiment.

– Des pistes ?

– Aucune dont je souhaite vous parler, dit-il. Si vous voulez passer, je peux vous obtenir un entretien avec le chef de brigade, mais quant à vous donner des informations par téléphone, n'y comptez pas. N'y voyez aucune mauvaise intention de ma part, mais vous pouvez être n'importe qui... un journaliste.

– Dieu m'en garde ! Vous ne pensez quand même pas que je sois descendue si bas !

Je l'entendis sourire. Enfin, il s'amusait. Il parut réfléchir un instant, puis il dit :

– Voilà ce que je vous propose. Vous me laissez votre numéro et s'il survient quoi que ce soit que je sois autorisé à révéler, je vous contacte.

– C'est trop gentil à vous.

L'inspecteur Boyd se mit à rire :

– Bonne journée !

CHAPITRE 14

Olga Toth ouvrit la porte de son immeuble en copropriété de Perdido. Elle portait une tenue jaune vif consistant en un collant de gymnastique et une tunique en coton extensible et avait la taille prise dans une large ceinture blanche en plastique incrusté de pierreries. Le tissu la moulait aussi étroitement qu'une bande, sans pouvoir dissimuler tout à fait les dommages infligés par le temps à ses chairs sexagénaires. Ses bottes hautes, en vinyle façon croco agrémentées d'un motif fantaisie brodé sur l'empeigne, faisaient bien du quarante-deux fillette. Elle s'était fait retoucher le visage, sans doute à l'aide d'injections de collagène à en juger par ses lèvres trop pleines et ses joues légèrement bosselées. Elle avait des cheveux blond platine secs comme de l'étoupe et des yeux marron lourdement maquillés, surmontés par une paire de sourcils étonnamment rapprochés. Des effluves de vermouth me parvinrent avant même qu'elle eût ouvert la bouche.

J'avais fait les quarante-huit kilomètres qui me séparaient de Perdido sous une petite pluie persistante, le genre de bruine qui oblige à entendre le battement des essuie-glaces en permanence et à se concentrer farouchement sur la route. La chaussée était grasse, le revêtement lustré luisait d'un éclat trompeur qui rendait la conduite dangereuse. En temps normal, j'aurais reporté le trajet d'une heure ou deux, mais je craignais que la police réussisse à prévenir l'ex-femme d'Alfie en lui enjoignant de la boucler si je me manifestais.

L'adresse qu'on m'avait donnée touchait presque à la plage, dans un ensemble de maisons mitoyennes à charpente en bois d'un étage avec vue sur le Pacifique et comprenant dix appartements. Celui d'Olga était situé au premier, avec un escalier extérieur et une petite entrée couverte agrémentée de plantes en pot. La femme qui répondit à mon coup de sonnette était plus âgée que je ne m'y attendais et son sourire révélait un éblouissant assortiment de dents à pivot.

– Madame Toth ?

– Oui ?

Son ton trahissait un optimisme naturel, comme si, après avoir envoyé tous les bulletins de réponse et s'être cramponnée aux chiffres garantissant qu'elle réunissait les qualités nécessaires pour être l'heureuse élue, elle pouvait ouvrir la porte au quidam qui brandirait les clés de sa voiture neuve ou, mieux encore, le fameux chèque faisant d'elle une millionnaire.

Je lui montrai ma carte.

– Pourrais-je vous poser quelques questions sur votre ex-mari ?

– Lequel ?

– Alfie Toth.

La déception gomma son sourire, à croire qu'on pouvait l'interroger sur de meilleurs spécimens d'une ribambelle d'ex-époux.

– Ma jolie, navrée d'avoir à vous l'apprendre, mais il est décédé, de sorte que si vous venez pour ses impayés, vous êtes mal partie !

– Il s'agit d'autre chose. Puis-je entrer ?

– Vous n'êtes pas là pour une assignation ? demanda-t-elle d'un ton circonspect.

– Absolument pas. Je vous en donne ma parole.

– Parce que je vous préviens : j'ai fait paraître un avis dans le journal le jour où on s'est séparés en niant toute responsabilité pour les dettes autres que les miennes.

– Votre casier est vierge pour ce qui me concerne.

Elle m'étudia, puis s'écarta :

– Et pas d'embrouille, hein ?

– Ce n'est pas mon genre, dis-je.

Je la suivis dans la petite entrée et la vis récupérer un verre de Martini sur une petite console.

– Je buvais justement un coup, si cela vous dit.

– Pas maintenant, mais merci.

Nous entrâmes dans un séjour d'un blanc intégral : moquette rase en Nylon blanc passablement usée, voilages en Nylon blanc, canapés en similicuir blanc, chaises en vinyle blanc. Il n'y avait qu'une lampe d'allumée et la pluie tamisait la lumière filtrant à travers les voilages. La pièce me parut humide. La table basse chromée à plateau de verre accueillait un grand bouquet de lys composé avec art, une carafe de Martini, plusieurs numéros d'*Architectural Digest* et un numéro récent de *Modern Maturity*. Son regard tomba sur ce dernier à peu près en même temps que le mien. Elle se pencha avec un geste d'agacement :

– C'est à une amie. Je déteste ce genre de magazine. A la seconde même où vous avez cinquante ans, l'AARP[1] vous harcèle pour vous faire adhérer. Non que je sois proche de l'âge de la retraite, m'assura-t-elle. (Elle se servit un autre verre, ajoutant des olives qu'elle prit entre deux doigts dans une petite coupe à côté. Elle se lécha les doigts avec entrain.) Les olives, il n'y a que ça de vrai !

Elle avait des ongles très longs recouverts de vernis rose, dont l'épaisseur suggérait l'acrylique ou plusieurs couches de vernis-soie posées à la va-vite.

– Quel genre de métier faites-vous ? demandai-je.

Elle me fit signe de m'asseoir à un bout du canapé tandis qu'elle s'installait à l'autre, le bras allongé sur le dossier.

– Soins du visage et des cheveux, et si je peux me permettre...

Je l'interrompis d'un geste :

– Ne me donnez pas de tuyaux. Je suis incapable d'en tirer parti !

Elle se mit à rire, un rire rauque et truculent qui lui mit les seins en joie.

– Ça ne fait jamais de mal d'essayer ! Le jour où vous voudrez changer de look, passez-moi un coup de fil. Je pourrais faire

1. *American Association of Retired Persons* : Association américaine des retraités.

des merveilles avec une tignasse comme la vôtre!... Bon, et maintenant Alfie. Je pensais qu'il en avait fini avec ses problèmes, le malheureux.

Je l'informai de la mission qu'on m'avait confiée, avec l'idée qu'en sa qualité de veuve elle comprendrait les inquiétudes de Selma Newquist sur l'état mental de son mari pendant les semaines précédant sa mort.

– Newquist. Le nom me dit quelque chose. C'est le bonhomme qui m'a appelée une quinzaine de jours après la libération d'Alfie. Il disait que c'était important, mais à mon avis pas tellement urgent. Je lui ai dit qu'Alfie était encore dans les parages et que je me ferais un plaisir de savoir où, s'il me laissait un jour ou deux.

– Combien de temps Alfie a-t-il séjourné chez vous?

– Deux jours, trois peut-être. Je ne laisse aucun de mes ex s'éterniser plus longtemps. Sinon on se retrouve avec des types qui campent sur le paillasson chaque fois qu'on a le dos tourné! Ils veulent tous la même chose. (Elle leva la main droite pour énumérer leurs desiderata au fur et à mesure.) Faire l'amour, qu'on leur lave leur linge et quelques dollars dans la poche avant de se faire éjecter.

– Pourquoi Alfie a-t-il quitté le Gramercy?

– Il m'a paru inquiet. Je l'ai trouvé nerveux, mais il ne m'a pas dit pourquoi. Alfie n'a jamais tenu en place, mais, d'après moi, il cherchait un endroit où se faire oublier. Sans doute espérait-il s'installer ici pour de bon, mais je ne voulais pas en entendre parler. J'ai essayé de le décourager de faire des plans d'avenir. C'était un homme adorable, le plus adorable au monde. On est restés mariés huit ans! Évidemment, comme il en a passé la plus grande partie à faire le va-et-vient avec la prison, ça explique qu'on ait tenu si longtemps.

– Pour quel motif?

Elle écarta la question d'une main négligente.

– Jamais rien de bien méchant... chèques en bois, vol, ivresse sur la voie publique... Il lui est arrivé de faire pire et de se retrouver derrière les barreaux. Mais jamais pour acte de violence. Jamais pour voies de fait sur des personnes. Son problème était qu'il n'arrivait pas à se montrer plus malin que le système. Ce n'était pas dans sa nature, que voulez-vous. On ne pouvait pas lui reprocher d'être idiot. Il était né comme ça, c'est tout. Il avait de mauvaises fréquentations, toujours en cheville avec de pauvres types aux plans foireux ! Il se laissait facilement dominer. Le premier venu pouvait le mener par le bout du nez. Il était toujours partant. Pour vous dire sa stupidité ! Ça tournait généralement au désastre, mais sans pour autant lui mettre plus de plomb dans la cervelle ! On ne pouvait pas lui en vouloir. Et puis bel homme, aussi, à sa façon un peu tordue. Ce qu'il faisait, il le faisait bien ; le reste, autant mettre une croix dessus.

– Que faisait-il bien ?

– Au lit, c'était Superman. Cet homme-là était monté comme un âne et pouvait passer sa journée à baiser !

– Ah. Et comment vous êtes-vous rencontrés ?

– Dans un bar. A l'époque, je faisais les boîtes pour célibataires, encore que j'aie presque laissé tomber. Je ne sais pas pour vous, mais moi, par les temps qui courent je m'en tiens aux petites annonces. C'est bien plus drôle. Vous êtes célibataire ? On le dirait, à vous voir.

– Je le suis en effet, mais cette situation semble me convenir.

– Oh, je vois ce que vous voulez dire. Ça m'est égal de vivre seule. La solitude ne me pèse pas. En fait, j'aime autant être seule. Mais pour se faire un jules, je ne connais pas d'autre moyen.

– Vous le précisez dans les annonces ?

– Non, ce n'est pas le genre de chose à sortir tout net. Ce serait idiot. Il y a une centaine de façons plus futées d'annoncer la couleur… « Complicité joyeuse », « Aimant les plaisirs de la vie », « Cœur passionné cherche âme sœur ». Si on emploie la bonne terminologie, le type saisit.

– Mais ça ne vous fait pas peur ?

– Quoi ? me demanda-t-elle en me fixant de ses grands yeux incompréhensifs.

– Vous savez bien… trouver un partenaire au hasard, par petite annonce.

– Et comment mettre la main sur eux sinon ? Je ne couche

pas à tort et à travers, absolument pas, mais j'ai un appétit normal pour la chose. Trois fois, quatre fois par semaine, ça me démange, il faut que je me mette en chasse ! (Elle se trémoussa sur son siège en faisant claquer ses doigts pour me montrer les joies de la vie trépidante des célibataires, qui, visiblement, m'avaient échappé.) En tout cas, au moment où j'ai fait la connaissance d'Alfie, je traînais encore dans les clubs, et à Perdido, croyez-moi, cela limite sérieusement les options, sans parler des préférences ! À voir Alfie, je n'aurais jamais cru qu'il cachait des talents pareils ! Un baiseur infatigable. C'est simple, il ne débandait pas ! À y réfléchir, heureusement qu'il a passé tout ce temps à l'ombre...

Elle s'interrompit pour avaler son Martini, les sourcils levés en signe d'admiration.

En mal de réponse adéquate à ces révélations, je lui lançai une remarque anodine.

– De sorte qu'il a passé moins d'une semaine ici en juin ? enchaînai-je, soucieuse de l'aiguiller sur un terrain plus neutre.

Elle posa son verre sur la table.

– A peu près, je dirais. Pas plus car j'ai rencontré le type avec qui je sors en ce moment fin mai. Lester ne voyait pas d'un bon œil qu'Alfie dorme sur mon canapé. Les hommes ont tendance à protéger leur territoire, surtout une fois qu'ils vous sautent !

– Où est-il allé après ?

– Je n'en sais pas plus que vous. La dernière fois que je l'ai vu, il faisait ses bagages. Une chose est sûre, c'est qu'on est venu plus tard me poser des questions sur son bridge. La police essayait de l'identifier à ses couronnes de molaires. C'était à la mi-janvier, soit six mois après son départ.

– Pensez-vous qu'il soit parti parce qu'il avait peur ?

– Je n'y ai pas réfléchi à l'époque, mais c'est possible. Les flics semblaient penser qu'il avait été tué peu après avoir filé.

– Comment ont-ils déterminé la date de sa mort ?

– Je leur ai posé la même question, mais ils n'ont pas voulu me donner de détails.

– Avez-vous identifié le corps ?

– Oui, ce qu'il en restait. J'avais signalé sa disparition, disons, début septembre. Il était en liberté conditionnelle, et le policier auquel il devait se présenter avait, Dieu sait comment, retrouvé mon adresse et mon numéro de téléphone, et il était dans une colère noire parce que Alfie ne donnait pas signe de vie. Il était là et il m'engueulait… Je lui ai dit où il pouvait se le mettre !

– Pourquoi avez-vous attendu tout ce temps avant de prévenir la police ?

– Réfléchissez un peu ! Quand quelqu'un passe autant de temps qu'Alfie du mauvais côté de la barrière, on n'appelle pas les flics juste pour leur dire qu'on n'a pas vu son joli minois depuis deux mois ! Pour moi, il était porté manquant le plus clair du temps. En taule ou à traîner en ville, sur les routes… est-ce que je sais ? J'ai fini par remplir une déposition, mais les flics ne l'ont prise au sérieux qu'en retrouvant le corps à Ten Pines !

– La police a-t-elle une théorie sur ce qui lui est arrivé ?

Elle secoua la tête.

– Je vais vous dire… On ne l'a pas tué pour son fric car il était fauché comme pas un.

– Vous ne m'avez pas dit ce que Newquist voulait à Alfie au début…

– C'était au sujet d'un homicide à Nota County. Il avait entendu dire qu'Alfie connaissait bien un type dont on a retrouvé le corps en mars dernier. La police semblait avoir des raisons de penser qu'ils voyageaient ensemble à l'époque de la mort de cet homme.

– Alfie figurait parmi les suspects ?

– Ça, ma belle, les flics se gardent bien de le dire ! Ils jugent qu'on montre plus de bonne volonté s'ils vous disent qu'ils recherchent un témoin éventuel. C'est sans doute le cas, d'ailleurs. Alfie était une vraie lavette. La violence le terrifiait. Il n'aurait jamais tué personne, je peux le jurer sur une pile de préservatifs !

– Comment Tom a-t-il découvert la présence d'Alfie ?

– Par le type de l'hôtel.

– Je veux dire… à Santa Teresa ?

– Aucune idée. Il n'en a jamais parlé. Peut-être a-t-il fait une recherche sur ordinateur. Comme Alfie n'est pas resté longtemps en prison, il a très bien pu tomber sur lui par hasard.

– Et la victime ? Newquist vous a-t-il donné le nom de l'autre homme ?

– Inutile. Je le connaissais par Alfie. Un certain Ritter. Alfie et lui se sont connus en prison. C'était il y a six ans, à Chino. Je ne sais plus pourquoi Alfie avait écopé d'une peine de prison ferme à ce moment-là, une bêtise quelconque... Un type dangereux, ce Ritter, une vraie canaille, mais il protégeait les arrières d'Alfie et ils ont continué à traîner ensemble après leur sortie de taule. Alfie voulait installer Ritter ici, mais là j'ai refusé net. Ritter avait été condamné pour viol.

– « Ritter » était son prénom ou son nom ?

– Son nom. Il avait un prénom adorable, Percival, je crois. Tout le monde l'appelait Pinkie.

– Comment Alfie a-t-il réagi en apprenant la mort de Ritter ?

– Je n'ai jamais eu l'occasion de le mettre au courant. Je l'ai cherché dans toute la ville, mais il était déjà parti et je me suis dit qu'on ne le reverrait pas de sitôt. En fait, on l'a tué quelques jours après, en tout cas d'après les flics.

– A ce que je comprends, il était doué pour taper les gens ?

– Ce mec-là ne restait jamais plus d'une semaine sans téléphoner pour emprunter de l'argent. Sa prime d'étalon, comme il disait. Mais c'était juste une blague entre nous. Alfie avait sa fierté.

– Je n'en doute pas.

– Franchement, il me manque. Bon, Lester fait l'affaire, mais il est parfois bégueule côté sexe. Il refuse tout ce qui se passe au sud de la frontière, si vous voyez ce que je veux dire.

– Vous ne pensez pas que Lester ait eu quelque chose à voir avec la mort d'Alfie ? Jaloux peut-être ?

– Jaloux, il l'aurait été s'il avait su, mais je ne lui en ai jamais soufflé mot. Je lui ai dit qu'Alfie campait sur mon canapé, mais il ne lui serait pas venu à l'idée qu'on baisait comme des lapins à la moindre occasion ! Vous vous penchiez pour lacer votre soulier et Alfie vous sautait dessus, ce grand benêt !

– Et personne d'autre n'a téléphoné ou n'est passé pour le demander ?

– Je travaillais le plus gros de la journée et je ne sais pas trop à quoi s'occupait Alfie, sinon boire, jouer les gigolos et regarder les feuilletons à la télé. Il aimait faire les magasins. Il s'habillait très classe et beaucoup de son argent y passait. Que les sociétés de cartes de crédit aient continué à lui envoyer leurs bouts de plastique me dépasse. Il s'est déclaré deux fois en cessation de paiements ! Sans doute qu'il avait des amis. On l'aimait bien, en général. Comme je l'ai dit, c'était un mec adorable. Toujours en rut, mais un amour.

– Il semblait être quelqu'un de bien, marmonnai-je, espérant que la foudre divine m'épargnerait.

– Oh oui… C'était pas un enquiquineur ni quelqu'un de difficile à vivre. Il ne faisait jamais le coup de poing dans les bars, n'envoyait jamais de vanne à personne. C'était juste un grand nigaud qui bandait comme un cerf, dit-elle, des larmes dans la voix. Il semble qu'aujourd'hui on tue les gens sans raison. Ça vous arrive comme ça, par hasard. Alfie venait de sa campagne et manquait parfois de jugeote. On a pu le tuer juste pour le plaisir.

Je rentrai à Santa Teresa en tâchant de ne pas accorder trop d'importance aux informations recueillies. Je laissai mes pensées couler sans essayer d'y mettre de l'ordre ni de la logique. Je me rapprochais… De quoi, je ne savais pas trop. Une chose paraissait sûre en tout cas : Tom Newquist était sur la même piste et ses découvertes l'avaient peut-être plongé dans un désarroi inexprimable.

J'arrivai à l'appartement vers les trois heures. La pluie s'était accordé un moment de répit, mais le ciel restait sombre et bouché et les rues étaient encore mouillées. Je contournai les flaques, mon parapluie roulé sous le bras, et franchis le portail avec un sentiment de soulagement : enfin chez moi ! J'ouvris la porte et allumai. Dans ma main, la douleur revenait, mais atténuée, et j'en avais assez des contraintes que m'imposait l'attelle. J'ôtai mon blouson, allai chercher de l'eau dans la cuisine et avalai un comprimé. Assise sur le tabouret de bar, je défis la bande de gaze qui m'emmaillotait les doigts. L'attelle alla au panier, mais je laissai le sparadrap. Ce geste symbolique me remonta le moral.

J'interrogeai le répondeur, qui n'afficha qu'un message. J'appuyai sur « lecture » et entendis le contact de Tom au bureau du shérif. On ne m'avait laissé qu'une phrase : « Ici, Colleen Sellers, qui sera à son domicile jusqu'à cinq heures si vous souhaitez toujours la rappeler. »

Pourquoi pas ? Elle décrocha tout de suite, à croire qu'elle attendait l'appel. Ce fut un « Bonjour » réservé. Sans chaleur ni cordialité superflues.

– Kinsey Millhone à l'appareil. J'ai trouvé votre message sur mon répondeur. Colleen ?

– Oui. Vous disiez dans votre message que vous vouliez me joindre au sujet de Tom Newquist ?

– C'est exact. Merci de m'avoir rappelée. A vrai dire, ma démarche pourra vous paraître étrange. Je suppose que vous avez appris sa disparition ?

Je déteste parler de *disparition* alors qu'en réalité la personne est *morte*, mais j'estimai devoir faire preuve d'un minimum de délicatesse.

– Oui.

Comme elle ne faisait rien pour m'aider, je cessai de tourner autour du pot.

– Eh bien, je vous ai appelée parce que... je suis détective privée dans cette ville...

– Je sais qui vous êtes. J'ai vérifié.

– Parfait, ça m'évitera de vous l'expliquer. Quoi qu'il en soit, pour des raisons trop compliquées à détailler, sa veuve m'a demandé d'essayer de découvrir ce qui s'est passé pendant les deux derniers mois de sa vie.

– Pourquoi ?

– Pourquoi quoi ?

– Pourquoi est-ce trop compliqué à détailler ?

– Pourrions-nous en discuter de vive voix ?

Il y eut un silence, pendant lequel j'entendis un bruit d'inspiration qui me porta à croire qu'elle fumait une cigarette.

– On pourrait se donner rendez-vous quelque part, proposa-t-elle.

– Excellente idée ! Vous habitez Perdido ? Je ne demande pas mieux que de faire un saut, si vous voulez, ou…

– J'habite à Santa Teresa, pas très loin de chez vous.

– Génial. Super. Dites-moi seulement quand et où.

Nouveau silence pendant qu'elle tirait sur sa cigarette.

– Le parc de jeux en face d'Emile's dans cinq minutes. Ça vous va ?

– A tout de suite, dis-je.

Mais elle avait déjà raccroché.

Je la repérai de loin, assise sur l'une des balançoires. Coupe-vent jaune, capuche sur la tête. Elle avait pivoté sur elle-même, les chaînes des balançoires s'étant entortillées en X à la hauteur de la poitrine. Lorsqu'elle leva les pieds, celles-ci reprirent leur orientation normale et la firent tourner dans un sens, puis dans l'autre. Elle se pencha en arrière, se maintenant en position de la pointe des pieds. Puis elle prit son élan. Je la regardai tendre les jambes dans un mouvement régulier qui l'envoyait de plus en plus haut. Je crus que mon arrivée allait l'interrompre dans son jeu, mais elle continua à se balancer, le visage grave, les yeux fixés sur moi.

– Attention ! me lança-t-elle.

Et lorsqu'elle fut au maximum de son élan, elle lâcha les deux mains et sauta. Elle resta un instant en l'air, puis atterrit dans le sable, pieds joints, bras en l'air comme à la réception d'un saut de gymnaste.

– Bravo !

– Vous seriez capable d'en faire autant ?

– Bien sûr.

– Allez-y !

Seigneur, ce qu'il ne faut pas faire par conscience professionnelle ! Je pris sa place sur la balançoire, reculant comme elle jusqu'à me retrouver sur la pointe des pieds. Je m'élançai, cramponnée aux chaînes. Penchée en arrière, jambes tendues en avant, puis repliées vers l'arrière, penchée en avant, en un mouvement régulier tandis que la trajectoire de la balançoire s'accentuait. Plus haut, encore plus haut. Au sommet de la courbe, je lâchai tout et m'envolai comme elle. L'atterrissage fut un peu moins assuré et je dus faire un petit pas de côté pour garder l'équilibre.

– Pas mal. Question d'entraînement, déclara-t-elle avec grandeur d'âme. Si on marchait ? Vous avez un pépin ?

– Il ne pleut pas.

Elle repoussa sa capuche et leva les yeux.

– Ça ne va pas tarder. Tenez, on partage.

Elle ouvrit son parapluie, déployant un large dais noir au-dessus de nos têtes pendant que nous marchions. Nous tenions toutes les deux le manche, obligées d'avancer serrées l'une contre l'autre. De près, elle sentait la cigarette, mais n'en alluma aucune en ma présence. Je lui donnai la fin de la quarantaine : visage carré, lunettes trop grandes à monture carrée rouge, cheveux blonds mi-longs au carré. Elle avait les yeux d'un marron chaleureux et une grande bouche marquée d'une série de plis quand elle souriait. Fortement charpentée, elle était grande et sa pointure de chaussures l'obligeait sans doute à passer par les catalogues de VPC.

– Vous ne travaillez pas aujourd'hui ? lui demandai-je.

– Je me suis mise en congé.

– Puis-je vous demander pourquoi ?

– Vous pouvez me demander ce que vous voulez. Faites-moi confiance, je sais éluder quand la question ne me convient pas. J'aurai cinquante ans en juin. Ça m'est égal de vieillir, mais on est forcé de faire sérieusement le bilan. Brusquement, tout semble absurde. Je ne sais pas ce que je fais ni pourquoi je le fais.

– Vous avez de la famille par ici ?

– Plus maintenant. J'ai grandi dans l'Indiana, juste à la périphérie d'Evansville. Mes parents sont morts tous les deux... Papa en 1976, Maman l'année dernière. J'ai deux frères et une sœur. Un de mes frères, celui qui vivait ici, a eu une forme rare de leucémie, et il est mort au bout de six mois. Mon autre frère s'est tué en faisant du bateau quand il avait douze ans. Ma sœur est morte à un peu plus de vingt ans à la suite d'un avortement bâclé. C'est une sensation très curieuse d'être en première ligne sur tous les fronts.

– Vous avez des enfants ?

– Non, dit-elle en secouant la tête. Et ça aussi, ça donne à réfléchir. Bon, je sais que c'est trop tard, mais je me pose des questions. Pas que j'en aurais voulu. Je me connais assez pour savoir que j'aurais été nulle comme mère, mais à ce stade de ma vie je me demande si j'aurais dû agir différemment... Et vous ? Vous en avez, des enfants ?

– Non. Deux mariages, deux divorces, le tout avant d'avoir trente ans. A ce moment-là, je n'étais pas prête pour les enfants. Ni même pour le mariage, mais comment le savoir ? Ma façon de vivre semblant exclure toute vie de famille, c'est aussi bien.

– Savez-vous ce que je regrette ? De ne pas avoir écouté avec plus d'attention la saga familiale. Ou de n'avoir personne à qui la transmettre... Les archives de la famille perdues à jamais... Ça m'ennuie de ne pas savoir ce que vont devenir les albums de photos de famille après ma mort. Ils iront à la poubelle... tous ces oncles et tantes réduits à néant. On en trouve parfois dans des brocantes... de vieux instantanés en noir et blanc à bordure dentelée. La maison à lattes de bois blanc, le potager dont la clôture grillagée s'effondre, le chien à l'air solennel...

Sa voix se perdit, puis elle changea brusquement de sujet :

– Vous avez quoi, à la main ?

– Un type m'a déboîté les doigts. Si vous les aviez vus, l'un disant zut à l'autre ! A vous tourner le cœur !

Nous fîmes quelques pas en silence. A droite, un muret séparait le trottoir du sable tout au bout. Il devait y avoir deux cents mètres de plage avant le rivage frangé d'écume ; tout avait l'air sinistre par ce temps pourri.

– Où en sommes-nous ? repris-je.

– A quel point de vue ?

– Je suppose que vous êtes en train de me jauger pour essayer de savoir ce que vous êtes prête à me dire.

– Bien vu. Tom s'est confié à moi et je prends ça au sérieux. Autrement dit, même s'il est mort, pourquoi irais-je trahir sa confiance ?

– A vous de voir. L'enquête n'étant pas bouclée, vous auriez peut-être l'occasion de le faire à sa place.

– Il ne s'agit pas de Tom. Mais de sa femme, dit-elle.

– On peut voir les choses sous cet angle.

– Pourquoi l'aiderais-je ?

– Par simple compassion. Elle a le droit d'avoir l'esprit en paix.

– Comme tout le monde, non ? Je n'ai jamais rencontré cette femme et elle ne me serait sans doute pas sympathique même si je la connaissais. Alors sa tranquillité d'esprit, je m'en contrefous.

– Et la vôtre ?

– Ça me regarde.

C'est tout ce que je pus lui tirer. Nous étions arrivées à la jetée et la pluie reprenait.

– Je pense que je vais vous laisser ici, lui dis-je. J'habite une rue plus loin. Si vous jugez pouvoir m'en dire plus, contactez-moi.

– Je vais réfléchir.

– Vous me dépanneriez.

Je partis d'un bon pas vers chez moi sous une petite pluie de plus en plus serrée qui me collait les cheveux. Mais qu'est-ce qu'ils avaient tous à faire de la rétention anale ? La plaisanterie avait assez duré. Je fis un saut à l'appartement le temps de me passer une serviette sur les cheveux, de prendre mon sac et un parapluie, et refermai la porte à double tour. Récupérant ma voiture, je pris la direction de l'hôpital de Santa Teresa, dix rues plus loin.

CHAPITRE 15

Le Dr Yee se dirigeait vers le parking lorsque je l'interceptai. J'avais laissé la Volkswagen sur une place de stationnement payante de quatre-vingt-dix minutes en face des urgences et je faisais le tour du bâtiment pour entrer par la réception. Le Dr Yee était sorti par une porte latérale et se préparait à traverser la rue pour rejoindre le parking. Je l'appelai, il se retourna. Je lui fis signe de la main et il m'attendit, le temps que je traverse.

Santa Teresa County est resté fidèle au système du coroner-shérif, en vertu duquel le shérif, responsable élu, exerce aussi les fonctions de coroner. Les autopsies proprement dites sont effectuées par divers anatomopathologistes sous contrat avec le comté et travaillant en liaison avec les enquêteurs du shérif. La quarantaine entamée, Sino-Américain de la troisième génération, Steven Yee ne jurait que par la cuisine française.

– Vous me cherchiez ?

Il faisait facilement un mètre quatre-vingts. Élancé, bel homme, le visage lisse et rond. Ses cheveux raides aile-de-corbeau étaient striés de lignes blanches inattendues et rabattus en arrière.

– Une chance que je vous trouve ! Vous rentrez chez vous ? Je ne vous prendrai qu'un quart d'heure de votre temps, si vous pouvez me l'accorder.

Il consulta sa montre.

– On ne m'attend pas au restaurant avant une bonne heure.

– Le bruit m'en est revenu. Il paraît que vous entamez une seconde carrière ?

Il sourit de plaisir, haussant les épaules d'un air modeste.

– Oh, ça ne me rapporte pas des mille et des cents, mais je gagne déjà correctement ma vie. Ça me détend de couper des poireaux au lieu de… d'autres choses.

– Au moins vous savez vous servir d'un couteau à désosser!

Il éclata de rire.

– Croyez-moi, personne ne découpe la viande avec autant de précision! Passez donc un soir. Je vous mitonnerai une petite douceur qui vous fera gémir de délice!

– Ça ne me ferait pas de mal, reconnus-je. Vous me connaissez, moi et mes Big Mac au fromage…

– Quel bon vent vous amène? Le boulot?

– Je cherche des renseignements sur un certain Alfie Toth. Connaissez-vous le dossier?

– Et comment! C'est moi qui me suis occupé de l'autopsie.

Du pouce, il me montra le bâtiment.

– On remonte au bureau. Je vais vous montrer ce qu'on a.

– Génial! m'écriai-je avec joie en le suivant. A ce que je comprends, la mort de Toth pourrait être liée à un homicide à Nota Lake… un certain Ritter. Un enquêteur local travaillait sur l'affaire lorsqu'il est mort d'une attaque cardiaque il y a quelques semaines. Il s'appelait Tom Newquist. Vous a-t-il contacté?

– Je le connais de nom, mais n'ai pas été personnellement en rapport avec lui. J'ai eu le coroner de Nota Lake au téléphone et il m'a parlé de lui. Quel lien avez-vous avec l'affaire? Une escroquerie à l'assurance?

– Je ne travaille pas pour la California Insurance en ce moment. J'ai un bureau au cabinet juridique de Lonnie Kingman dans Capillo.

– La California Insurance a eu des problèmes?

– Ils m'ont virée sans état d'âme, ce qui me convient tout à fait. Il était temps de changer, et je travaille essentiellement en indépendante. La veuve Newquist a fait appel à moi. Elle dit que son mari était gravement préoccupé et veut que j'en découvre la raison. La police de Nota Lake n'a pas desserré les dents et celle d'ici ne s'est pas montrée plus coopérante.

– Ça ne m'étonne pas!

Une fois dans l'ascenseur, il appuya sur « Sous-sol » et nous parlâmes de choses et d'autres en nous enfonçant dans les entrailles du bâtiment.

Le bureau du Dr Yee consistait en une cellule spartiate au bout du couloir de la morgue. Des classeurs de métal beige garnissaient les murs du vestibule, le module proprement dit contenant mal son gros bureau à cylindre, son fauteuil pivotant et un siège en bois ordinaire pour les invités. Ses traités de médecine occupaient les étagères d'une bibliothèque sur pied, la partie supérieure de son bureau accueillant une impeccable rangée de livres de cuisine française, flanqués de part et d'autre d'un grand bocal de formol trouble où flottait quelque chose que je préférai ne pas examiner. Un implant mammaire aux silicones lui servait de presse-papiers, immobilisant une pile de notes éparses.

– Une seconde, je vais vous chercher le dossier, dit-il. Installez-vous.

Comme des revues médicales s'empilaient sur la chaise, je m'assis sur le bord, reconnaissante envers le Dr Yee de m'accorder sa confiance. Il ne traitait jamais l'information par-dessus la jambe, mais ne souffrait pas de la même paranoïa que les inspecteurs de police. Il revint avec un dossier et une enveloppe en papier kraft qu'il lâcha de mon côté du bureau avant de s'installer dans son fauteuil pivotant.

– Ce sont les clichés ? Je peux voir ?

– Bien sûr, mais ils ne vous apprendront pas grand-chose.

Il saisit l'enveloppe et en sortit une série de photographies en couleurs, plusieurs vues en 18 x 24 de l'endroit où l'on avait découvert Alfie Toth. Il s'agissait d'un terrain visiblement accidenté, avec des rochers, du chaparral et un chêne vert centenaire.

– On a identifié Toth par ses os et surtout grâce à ses travaux dentaires. Le corps de Percy Ritter a été découvert dans des conditions presque identiques : même façon de procéder, même lieu isolé. Dans les deux cas, il a fallu un certain temps avant qu'on tombe par hasard sur les restes.

Je marquai un temps, examinant avec perplexité un plan rapproché sans trop savoir de quoi il s'agissait ; sans doute de la partie inférieure du corps d'Alfie Toth effondré sur le sol. Les os du pelvis semblaient encore joints, mais les fémurs, tibias et rotules s'empilaient en fouillis comme un tas de petit bois délavé. Ce squelette en désordre ressemblait à une décoration d'Halloween exigeant une sérieuse reconstitution.

– Le corps momifié de Ritter a été découvert entièrement vêtu, disait au même moment le Dr Yee. Avec divers objets personnels dans les poches... permis de conduire périmé de l'État de Californie, cartes de crédit... Les empreintes, qu'il a fallu reconstituer, ont confirmé l'identification. Il s'est sans doute desséché sur place car la prolifération bactérienne et la putréfaction s'interrompent lorsque le seuil d'humidité passe au-dessous de cinquante pour cent. Il avait la peau raide comme du cuir, mais Kirchner a réussi à tout récupérer, sauf le pouce et l'annulaire de la main droite. On avait les empreintes de Ritter au fichier depuis 1972. Une ordure, ce type. Une vraie charogne !

– J'ignorais qu'on pouvait récupérer des empreintes à ce stade.

Il eut un geste blasé.

– Il arrive qu'il faille d'abord couper les doigts. Pour les réhydrater, on peut les mettre à tremper un jour ou deux dans une solution à trois pour cent de lessive ou un pour cent d'Eastman Kodak Photo-Flo 200. Une autre méthode consiste à employer une série de solutions alcoolisées, en commençant à quatre-vingt-dix pour cent et en diminuant la concentration progressivement. Dans le cas de Ritter, on a d'abord cru à un suicide, mais Kirchner avait de sérieux doutes, et le shérif du comté aussi. N'oubliez pas qu'on n'a trouvé aucun mot d'explication sur les lieux, et aucune trace de perturbation du milieu environnant ni de traumatisme sur le corps. Pas de fracture de l'os hyoïde indiquant une compression cervicale, aucune trace visible de coups de couteau, fracture du crâne, impact de balle...

– En d'autres termes, rien qui aurait indiqué un geste criminel ?

– Exactement. Mais rien ne prouve qu'on ne l'ait pas liquidé d'une façon ou d'une autre. Même topo dans le cas de Toth, sauf qu'il n'était pas fiché à l'identité judiciaire. La police a repris les déclarations de disparition sur plusieurs mois en contactant les familles. C'est ainsi qu'elle a fait le rapprochement.

– Bref, de quoi s'agit-il ? demandai-je en tournant la photographie pour le laisser voir.

– Selon toute apparence, les deux gars ont attaché une corde autour d'un rocher, passé la tête dans un nœud coulant, poussé le rocher jusqu'à une fourche d'arbre, et se sont pendus. C'est seulement plus tard que la similitude a attiré l'attention.

Je le regardai, ahurie.

– Plutôt bizarre, non ?

J'étudiai un des clichés, où je distinguais à présent l'entrecroisement de la corde entourant un petit rocher de la taille d'une grosse pastèque. Le torse de Toth et ses extrémités s'étaient dissociés, celles-ci tombant en désordre d'un côté de l'arbre, tandis que la partie supérieure de son corps, retenue par le poids du rocher, dégringolait de l'autre côté, encore attachée au bout de la corde.

– Rien à signaler pour la corde, au cas où vous vous poseriez la question. Du fil d'étendage de jardin qu'on peut trouver dans n'importe quel supermarché ou quincaillerie, précisa-t-il.

Il me regarda de près.

– Sans faire de racisme, je dirais que la méthode irait plus dans le sens de la sensibilité asiatique. Un touriste en vadrouille dans Nota County ? Vous l'imaginez avoir une idée pareille ? Et ensuite un autre touriste par ici ? D'accord, on peut envisager que Toth ait appris le prétendu suicide de son copain et imité sa méthode, mais ça semble tout de même tiré par les cheveux. A ma connaissance, la police de Nota Lake n'a pas divulgué les détails. Ce sont des informations internes, à l'usage exclusif des services.

– Je vois. Si Alfie Toth voulait se tuer, vous pensez qu'il se serait tiré une balle dans la tête ? Procédure simple et directe, plus conforme à son style de vie ?

Le Dr Yee se cala dans son fauteuil avec un couinement.

– Il existe une explication plus plausible : les deux victimes ont été trucidées par une seule et même personne. La paranoïa de la police tient au fait qu'elle veut éviter de donner des idées à tous les tordus et imitateurs. Quand quelqu'un arrive et crache le morceau, on ne tient pas à ce qu'un autre que l'assassin connaisse les détails ! Pour l'instant, les journaux n'en ont pas eu vent. Ils savent qu'on a découvert un corps, mais rien de plus. Je ne crois pas que les journalistes aient fait le rapprochement avec le mort de Nota Lake. L'information est passée inaperçue ici.

– A quelle époque remonterait la mort de Ritter ?

– D'après les estimations de Kirchner, il séchait là depuis cinq ans. Un reçu de station-service trouvé dans ses effets date d'avril 1981. Le pompiste se souvient des deux hommes.

– Ce qui fait un écart considérable entre leurs morts, dis-je. Avez-vous déjà rencontré des cas semblables ?

– Seulement dans les manuels. Ce qui rend la chose d'autant plus curieuse. Jetez donc un coup d'œil là-dessus. (Il tendit la main derrière lui et tira un mince volume grand format de l'étagère du bas.) L'*Atlas de médecine légale* de Tomio Watanabe. La première édition date de soixante-huit et il est imprimé au Japon, d'où la difficulté de se le procurer aujourd'hui.

Il feuilleta les pages, ouvrit le livre en grand à un chapitre sur les pendaisons et le tourna vers moi. Les photographies, sans doute fournies par divers bureaux de médecins légistes et polices au Japon, montraient des suicidés. Une jeune femme s'était coincé le cou dans une fourche d'arbre qui lui comprimait impitoyablement la carotide. Une autre avait fait une double boucle avec une longue corde et se l'était passée autour du cou, insérant ses pieds entre les deux boucles et s'étranglant par ligature carotidienne. Dans la méthode dont parlait le Dr Yee, la victime attachait une corde autour d'une pierre qu'elle posait sur une chaise. Elle se passait ensuite la corde autour du cou et, assise dos à dos avec la chaise, faisait ensuite basculer la chaise en avant de sorte que la pierre, en roulant à terre, finissait par l'étrangler. J'étudiai les photographies des pages voisines, qui montraient avec une grande précision dans les détails l'ingéniosité déployée par des êtres humains pour mettre fin à leurs jours. Dans chaque cas, j'étais confrontée au désespoir. Je contemplai le sol un moment, me repassant le scénario dans la tête comme un film.

– Il est impossible que deux individus aux deux extrémités opposées de la Californie aient pensé à la même méthode.

– Probablement, admit-il. Encore que, puisqu'ils étaient amis, ils aient pu entendre quelqu'un la décrire. Si l'on veut vraiment se suicider, l'avantage du procédé est qu'une fois qu'on lâche le rocher de l'autre côté de la fourche, c'est définitif. Par ailleurs, la mort est relativement rapide ; pas instantanée, mais on perd conscience au bout d'une minute, voire moins.

– Et ce sont les deux seules morts de ce genre dont vous ayez entendu parler ?

– Oui. A mon avis, il ne s'agit pas d'une série, mais il existe sûrement un lien entre les deux.

– Comment avez-vous appris la mort de Ritter ?

– Par Newquist. Il était au courant depuis qu'on avait découvert le corps de Ritter en mars de l'année dernière. Le randonneur qui est tombé sur Toth a fait une déposition à la police locale qui, alertée par la similitude des méthodes, a contacté Nota Lake.

– Se pourrait-il que Toth ait tué son ami Ritter en espérant faire passer cette mort pour un suicide et se soit finalement tué de la même façon par une manière d'ironie du sort ?

– C'est possible, dit-il d'un ton dubitatif. Mais comment voyez-vous la chose ? Toth commet un meurtre et cinq années s'écoulent avant que le remords l'anéantisse ?

– Peu plausible, n'est-ce pas ? dis-je en réponse à son manque de conviction. J'ai interrogé son ex-femme et, d'après ce qu'elle m'a dit, il ne se comportait pas comme un individu au stade final de la dépression !

Je jetai un coup d'œil à ma montre. Presque 4 :45.

– De toute façon, il faut que je vous laisse y aller. Merci pour ces informations. Elles m'ont été d'un grand secours.

– Tout le plaisir était pour moi.

Quand je rentrai à la maison à cinq heures, la lumière brillait dans la cuisine d'Henry et je le surpris à sa table devant une boîte de fiches. Je frappai au carreau, il me fit signe d'entrer.

– Sers-toi. Je viens juste de faire du thé.

– Merci.

Je pris une tasse propre sur l'égouttoir et me versai du thé, puis je m'assis à la table en regardant travailler Henry.

– Ce sont des bons de réduction. Ma dernière passion en date si tu veux savoir, dit-il.

Henry se livrait depuis toujours aux joies de l'épargne, s'installant quotidiennement devant le journal local pour découper et trier les coupons de réduction en vue de futures tournées dans les magasins.

– Tu veux de l'aide ?

– Tu peux trier pendant que je découpe, dit-il.

Il me passa une pile de preuves d'achats effectués, classés suivant la société offrant une réduction sur le prochain achat.

– Short's Drug vient de créer un club de ristourne pour les collectionneurs, ce qui permet de regrouper les bons et de les envoyer d'un coup. Ça ne sert à rien de vouloir récupérer cinquante cents quand on en dépense près de trente-cinq en timbres.

– Je n'en reviens pas du temps que tu passes là-dessus, dis-je en triant.

Médicaments vendus sans ordonnance, lessive, savon, eau dentifrice.

– De toute façon, il y a des produits que j'utilise, alors comment résister ? Tiens, par exemple. Un dentifrice gratuit. Ils disent que ça te fait un sourire éclatant.

– Le tien l'est déjà.

– Suppose que je finisse par préférer le goût de celui-ci. Ça ne fait jamais de mal d'essayer un produit nouveau, me renvoya-t-il. Celui-là, c'est pour du shampooing. Si tu en achètes avant avril, tu en as un autre gratuit. Un seul par client et j'ai déjà le mien. Je te l'ai mis de côté au cas où ça t'intéresserait.

– Merci. Tu fais tout ce travail en plus des cartes de fidélité ?

– Ma foi, oui, mais il faut infiniment plus de patience. Jusqu'à deux ou trois mois parfois, mais tu récupères un joli chèque à l'arrivée. Quinze dollars, un jour ! C'est comme de trouver de l'argent. Tu serais étonnée de voir à quelle vitesse ça s'additionne !

– Je n'en doute pas, dis-je.

J'avalai une gorgée de thé.

Henry me passa une autre pile de coupures taillées de guingois.

– Quand tu auras fini ton paquet, tu pourras attaquer celuici.

– Je ne voudrais pas faire de mauvais esprit, lui dis-je en ramenant la conversation sur ce qui m'intéressait, mais franchement, hier soir, Rosie s'est bien plus occupée de ces braillards que de nous. Pas que ça m'aurait blessée, mais j'en avais ras le bol !

Henry parut sourire en son for intérieur.

– Tu ne crois pas que tu en rajoutes ?

– Je veux bien que le terme soit trop fort, mais tu m'as comprise. Henry, combien d'aspirine pour enfant as-tu pris ces temps-ci ? J'en ai compté quinze boîtes !

– Je donne le surplus à des œuvres. A propos d'analgésiques… comment va ta main ?

– Bien. Beaucoup mieux. Je la sens à peine… Donc, si j'ai bien compris, l'attitude de Rosie ne te fait ni chaud ni froid ?

– Rosie est ce qu'elle est. Elle ne changera jamais. Si elle t'agace, tu le lui dis. Mais tu ne te plains pas à moi.

– D'accord, je vois. Tu me laisses le soin d'aborder le sujet.

– Une bataille de Titans. Je ne veux pas rater ça !

A six heures, je pris congé d'Henry et passai à l'appartement prendre mon parapluie et un blouson. La pluie s'était atténuée une fois de plus, mais le froid saturait l'air, et c'est avec soulagement que je franchis la porte du restaurant. Le calme y régnait ; une puissante odeur de chou-fleur, oignons, ail, bacon et ragoût de bœuf imprégnait l'air. Deux clients occupaient un box, mais je vis qu'ils étaient servis. Seul un bruit occasionnel de couverts heurtant la vaisselle troublait le silence.

Rosie était assise seule au bar, absorbée dans la lecture du journal du soir ouvert en grand devant elle. Une petite télévision était allumée au bout du bar, le son coupé. William restait invisible et je compris que, si je voulais la harponner, c'était maintenant ou jamais. Mon cœur battait la chamade. Mon courage doit rarement affronter ce genre d'échanges. Je tirai le tabouret voisin du sien et m'installai.

– Il y a quelque chose qui sent bon…

– Des tonnes de quelque chose, rectifia-t-elle. J'ai mis

William au chou-fleur frit à la crème aigre. Et aussi au bœuf sauce piquante et à la langue de bœuf sauce tomate.

– Mon plat préféré, lui fis-je remarquer, pince-sans-rire.

Derrière nous, la porte s'ouvrit et laissa entrer deux couples et un courant d'air glacé avant de claquer. Rosie descendit de son tabouret et traversa la salle pour les accueillir, jouant pour une fois les hôtesses. La porte s'ouvrit de nouveau, révélant la présence de Colleen Sellers dans l'entrée. Que fichait-elle là ? Tant pis pour mon explication avec Rosie. Colleen avait peut-être décidé de m'aider.

– Je ne sais même pas ce que je fais ici, déclara-t-elle d'un ton morne.

Ses cheveux blonds retombaient à cause de la pluie, et la chaleur des lieux embuait ses lunettes.

– Vous venez me parler de Tom.

– Je suppose.

– Vous voulez me raconter la fin de l'histoire ?

– Il n'y a pas grand-chose à dire.

Nous étions installées dans le box du fond dont je revendique la propriété. Je lui avais servi un verre de vin auquel elle n'avait pas touché. Elle ôta ses lunettes, les tenant par la monture pendant qu'elle prenait une serviette en papier dans le distributeur et nettoyait ses verres avec une vigueur qui me fit craindre de les voir se rayer. Sans lunettes, elle paraissait vulnérable. Un désespoir tangible dans l'espace qui nous séparait...

– Quand avez-vous fait sa connaissance ?

– A une conférence dans le nord, à Redding, il y a un an. Il était venu seul. Je n'ai jamais rencontré sa femme. Elle n'aimait pas l'accompagner, en tout cas à ce qu'on m'a dit. J'ai cru comprendre qu'elle était un peu pénible. Lui ne l'a jamais reconnu, mais c'est ce que disaient les gens. J'ignore ce qu'elle avait de spécial. Il en parlait toujours comme d'une sorte de déesse.

Elle repoussa les cheveux qui lui tombaient sur la figure et les coinça derrière ses oreilles d'une manière peu seyante. Elle remit ses lunettes et je vis des traces sur les verres.

– L'avez-vous rencontré par hasard ou délibérément ?

Elle leva les yeux au ciel, un sourire las jouant aux coins de sa bouche.

– Je vous vois venir, mais OK... je prends. Je savais qu'il serait là et j'ai pris l'initiative. Vous êtes satisfaite ?

Je lui rendis son sourire.

– Vous voulez que je vous laisse raconter ?

– Je vous en serais reconnaissante, dit-elle, mi-figue, mi-raisin. Avant la conférence de Reading, je ne l'avais eu qu'au téléphone. Il avait un charme fou et, naturellement, j'ai voulu le rencontrer en personne. On a tout de suite accroché, on a bavardé des affaires qu'on avait eu à traiter, du moins les plus intéressantes. Vous connaissez... chacun parle boutique, on échange des informations. Nous avons parlé des orientations de nos services, ce qu'il en savait de son côté, ce que j'en connaissais du mien, le baratin habituel.

– Je ne porte aucune accusation, mais d'après quelqu'un vous étiez très copains, tous les deux.

– Très copains ?

– Vous flirtiez. Je vous dis juste ce que j'ai entendu.

– Aucune loi n'interdit de flirter ! Tom était un amour. Avant lui, je n'avais jamais connu d'homme capable de résister à une petite tape encourageante sur son ego, surtout à notre âge. Mon Dieu ! Qui vous a raconté cette connerie ? Quelqu'un qui veut semer le bordel, faites-moi confiance !

– Vous le connaissiez vraiment bien ?

– Je l'ai juste vu deux fois. Non, je rectifie : trois. Au début uniquement pour le boulot, à commencer par le dossier qu'il suivait.

– De quoi s'agissait-il ?

– Le shérif de Nota Lake County avait découvert ce qui ressemblait à un suicide dans le désert, un ex-détenu du nom de Ritter qui s'était pendu à la branche d'un chêne vert en Californie. On l'a identifié à ses empreintes et Tom a remonté sa piste jusqu'à sa sortie de Chino au printemps 81. Ce Ritter avait des parents dans la région ; à Perdido pour être précise. Tom les a joints par téléphone et ils lui ont dit que Ritter était en voyage avec un copain.

– Alfie Toth, dis-je.

Sa version m'intéressait, mais je ne voulais pas donner l'impression de tout ignorer des faits.

– Comment avez-vous entendu parler de lui ? demanda-t-elle.

– Vous avez vos sources, j'ai les miennes... Je sais que Tom a fait le trajet jusqu'ici en juin. Il était à sa recherche.

– C'est exact. C'est moi qui avais eu un tuyau sur le type. Toth avait été arrêté ici pour un délit mineur. J'ai appelé Tom, et il m'a dit qu'il arriverait le lendemain au plus tard. Ceci à la mi-avril. J'ai ajouté que je ne demandais pas mieux que de contacter le type, mais il préférait le faire personnellement. Sans doute a-t-il été retenu par son travail, en tout cas, il n'est venu qu'en juin. A ce moment-là, Toth avait été libéré et il avait filé.

– De sorte que Tom ne l'a jamais interrogé.

– Pas à ma connaissance. En fait, c'est le corps de Toth qu'on a découvert en janvier dernier. Dès qu'il a été identifié, j'ai appelé Tom. Ritter et Toth étaient morts de la même façon, ce qui ne manquait pas d'être troublant. Il y avait sûrement un lien entre les deux, mais le mobile restait un mystère.

– A ce qu'on m'a dit, cinq ans séparent les deux meurtres. Vous avez une théorie sur ce point ?

Je la vis esquisser une moue et elle souligna sa perplexité d'un hochement de tête :

– C'est la seule fois où Tom et moi n'avons pas été d'accord. Peut-être s'agissait-il d'une affaire de dupes... un braquage de banque ou un cambriolage où Ritter et son copain auraient trahi un complice. Le type les rattrape et tue Ritter séance tenante. Après quoi, il lui faut cinq ans pour repérer Toth.

– Quelle était la théorie de Tom ?

– Il pensait que Toth avait peut-être été témoin du meurtre de Ritter. Il se passe quelque chose dans la montagne et Pinkie Ritter meurt. Toth s'évanouit dans la nature et le tueur finit par le retrouver.

– A moins qu'Alfie Toth ait tué Ritter et qu'un troisième larron se soit pointé pour venger sa mort, dis-je.

Elle eut un sourire rapide.

– J'ai moi-même émis cette hypothèse, mais Tom était convaincu qu'il s'agissait du même tueur.

Je me remémorai la thèse du Dr Yee, qui s'alignait sur celle de Tom.

– Cela m'aiderait de pouvoir contacter la famille de Ritter.

– Je peux vous donner leur numéro de téléphone. Je ne l'ai pas sur moi, mais je vous rappellerai si vous voulez.

– Ce serait super ! Autre chose… Je sais que ça ne me regarde pas, mais… étiez-vous amoureuse de Tom ? A lire entre les lignes, c'est ce que je déduis.

Son langage corporel se modifia et je la vis s'interroger sur ce qu'elle était prête à révéler.

– Tom était d'une fidélité à toute épreuve, entièrement dévoué à sa femme, ce dont il me fit part sur-le-champ. Toujours la même rengaine, non ? Tous les types bien sont en main.

– Il paraît…

– Mais laissez-moi vous dire. Il se passait vraiment quelque chose entre nous. C'est la première fois que je comprends ce qu'on entend par l'expression d'âme sœur. Vous voyez ce que je veux dire ? Nous étions des âmes sœurs. Sans blaguer. J'avais l'impression de me retrouver, mais dans une autre peau… un homologue spirituel… et c'était grisant. Nous pouvions être dans une salle avec cinq cents ou six cents personnes, je savais toujours où il se trouvait. Comme si des tentacules traversaient l'auditorium. Je n'avais même pas besoin de le chercher du regard. C'était un lien d'une force extraordinaire. Je pouvais absolument tout lui dire. Et rire. Mon Dieu, comme on riait…

– Et couchait ? embrayai-je.

Le rouge envahit ses joues.

– Non, mais j'aurais dû ! Seigneur, je l'avais tellement dans la peau que j'ai abordé moi-même le sujet ! Toute pudeur envolée. Une femme dévergondée… J'aurais fait n'importe quoi… juste pour être une fois dans ses bras.

Elle secoua la tête d'un air incrédule.

– Mais pas question… Et vous savez pourquoi ? Parce que c'était un type droit. Honnête. Vous imaginez à quel point ça peut être frustrant à notre époque ? Tom était quelqu'un de bien.

Il avait promis d'être fidèle, il tenait sa promesse. C'est une des qualités que j'admirais le plus chez lui.

– Cela vaut peut-être mieux. Il n'aurait pas su le cacher, même en essayant…

– C'est ce que je me suis dit.

– Il vous manque…

– Il ne s'est pas passé un jour sans que j'aie pleuré depuis que j'ai appris sa mort. Il ne m'aura même pas été donné de lui dire au revoir.

– Ce doit être dur…

– Atroce. Tout simplement atroce. Il me manque plus que ma propre mère quand elle est morte. Peut-être que si j'avais couché avec lui, j'aurais été obligée de me tuer ou je ne sais pas… J'aurais été incapable de supporter la perte et le chagrin.

– Vous l'auriez moins estimé s'il avait cédé.

– J'en avais pris le risque, à tout hasard.

– En tout cas, je suis désolée de vous voir si malheureuse.

– Et moi donc. Jamais je ne retrouverai un homme comme lui. Alors… on serre les dents et on tient. Sa femme peut au moins s'offrir le luxe de porter son deuil. Elle souffre ?

– C'est pour ça qu'elle a fait appel à moi. Pour essayer de trouver la paix.

Colleen me lança un regard neutre, comme si la question ne la concernait pas.

– Elle est comment ?

Je réfléchis un instant, soucieuse d'être honnête.

– Le genre à donner son temps sans compter. Terriblement peu sûre d'elle. Efficace. Elle fume. L'air un peu dur, des cheveux blond platine qu'elle malmène. Elle a un goût un peu voyant et elle est folle de son fils, Brant. Le beau-fils de Tom…

– Vous l'aimez bien ? Elle est sympathique ?

– Les gens la disent névrosée, mais je l'aime bien. Ce n'est pas le cas de tout le monde, mais on est tous logés à la même enseigne. Il y a toujours quelqu'un pour penser qu'on est nul.

– Elle l'aimait ?

– Beaucoup, je dirais. Sans doute un bon ménage… peut-être pas parfait, mais le couple fonctionnait. Elle ne supporte pas l'idée qu'il soit mort en plein dans une enquête.

– Nous y revoilà, dit-elle.

– J'en ferais autant pour vous si vous m'engagiez pour trouver des réponses.

Le regard de Colleen rejoignit le mien.

– Vous avez cru que c'était moi. Que nous avions une liaison.

– L'idée m'a traversé l'esprit.

– Si j'avais eu une liaison avec lui, vous auriez dit la vérité à sa femme ?

– Non. A quoi bon ?

– Vous voyez…

Elle garda le silence un moment.

– Savez-vous ce qui rongeait Tom ? lui demandai-je.

– Peut-être.

– Pourquoi protéger pareillement vos informations ?

– Ce n'est pas à moi de lui apporter la tranquillité de l'esprit, me répondit-elle. Qui s'inquiète de la mienne ?

Je levai les mains en signe de capitulation.

– Je posais juste la question. A vous d'agir comme vous le jugerez bon.

– Je dois y aller, dit-elle brusquement en prenant son manteau. Je vous rappelle plus tard pour vous donner le numéro de la fille de Ritter.

– Un instant, l'arrêtai-je, un doigt levé. Ça me revient soudain. J'ai quelque chose pour vous si ça vous intéresse…

Je plongeai la main dans le compartiment à fermeture Éclair de mon sac et en sortis une photo en noir et blanc de Tom au banquet d'avril.

– Je les avais fait tirer au cas où… Cela vous ferait peut-être plaisir d'avoir un souvenir de lui ?

Elle prit la photo sans rien dire, un mince sourire jouant autour de sa bouche tandis qu'elle l'étudiait.

– Je ne l'ai jamais rencontré personnellement, mais je me disais que le cliché était bon, ajoutai-je.

Elle leva les yeux vers moi. Les larmes affleuraient au bord de ses paupières.

– Merci, dit-elle.

CHAPITRE 16

Le lendemain matin, en rentrant de mon jogging, je trouvai un message de Colleen Sellers sur le répondeur, avec le nom et l'adresse à Perdido d'une certaine Dolores Ruggles, l'une des filles de Pinkie Ritter. Faute d'autre piste, je fis le plein de la Volkswagen et pris la direction du sud sur la 101 après m'être douchée et habillée.

Sur ma gauche s'étendaient des champs cultivés ; des nappes de plastique aussi lisses et luisantes qu'une couche de glace protégeaient les rangées de semis. Bientôt des collines verticales couvertes d'une végétation courte et rêche se pressèrent le long de l'autoroute. A droite, l'océan désolé cognait le rivage avec un grondement de tonnerre. Des surfeurs en combinaison noire se figeaient en équilibre sur leurs planches comme un vol d'oiseaux marins en débandade. La pluie s'était déplacée, mais un plafond de nuages apathiques blanchissait encore le ciel, et les odeurs mêlées de l'eau salée et des précipitations récentes imprégnaient l'air. Il neigeait sûrement sur les sommets proches de Nota Lake.

Je sortis à la bretelle de Leeward et tournai deux fois à gauche, repassant au-dessus du freeway en cherchant la rue où vivait Dolores Ruggles. Le secteur consistait en une taupinière de constructions basses en stuc, où des rues étroites se recoupaient sans cesse. La maison se réduisait à une boîte posée dans une cour ordinaire, dépourvue d'arbres et où seuls un buisson ou une touffe d'herbe venaient rompre la monotonie des lieux. La véranda se limitait à une dalle de béton dotée d'une seule marche qui conduisait à la porte d'entrée et à un petit auvent pour protéger celui qui sonnait – ce que je fis. De grandes échardes de bois manquaient au bas de la porte en contreplaqué. On aurait dit qu'un chien avait rongé le seuil.

L'homme qui m'ouvrit s'essuyait les mains à un torchon fourré dans le haut de son pantalon. La soixantaine largement entamée, dans les un mètre soixante, le visage profondément marqué et un crâne où se raréfiaient des cheveux gris-blanc, teinte cendre de bois, il avait des yeux noisette et des sourcils broussailleux où pointaient des crins noirs et gris.

– Inutile de vous énerver ! lança-t-il d'un ton rogue.

– Excusez-moi. Je croyais que la sonnette ne marchait pas. Je n'étais même pas sûre qu'il y ait quelqu'un. Je cherche Dolores Ruggles.

– D'abord, qui êtes-vous ?

Je lui tendis ma carte, observant le mouvement de ses lèvres tandis qu'il lisait mon nom.

– Détective privée, précisai-je.

– J'ai des yeux pour lire, non ? C'est écrit là. Maintenant qu'on est fixés, vous lui voulez quoi, à Dolores ? Elle est occupée pour l'instant et ne veut pas qu'on la dérange.

– J'ai besoin de quelques renseignements. Peut-être pouvez-vous me dépanner et lui éviter ce tracas ? C'est au sujet de son père.

– Cet enfant de salaud a été assassiné.

– Je suis au courant.

– Alors, qu'est-ce que vous voulez de plus ?

– J'essaie de savoir ce qui s'est passé.

– Ça change quoi ? Il est mort, M-O-R-T, et pas assez vite à mon goût. J'ai passé des années à réparer les dégâts qu'il a faits.

– Pourrais-je entrer ?

Il me dévisagea.

– Faites comme chez vous, me lança-t-il sèchement.

Sur quoi il me tourna le dos, me laissant le soin de le suivre. Je trottinai sur ses talons, prenant une rapide photo mentale des lieux pendant que je traversais le séjour. Je ne voudrais pas avoir l'air sexiste, mais la pièce semblait avoir été conçue par un homme. Le sol était en bois brut teinté en noir. J'aperçus un canapé fatigué et un fauteuil en cuir avachi, tous deux recouverts de lourdes couvertures tissées indiennes. La table basse me parut d'époque, mais je vis au passage que la poussière lui servait de patine. Des livres couvraient les murs : droits, de travers, penchés, empilés sur deux rangées sur certaines étagères, sur trois ailleurs. L'accumulation de revues, journaux, réclames et catalogues trahissait une indifférence suffocante à l'égard de l'ordre.

– Je suis en train de faire la vaisselle, dit-il en pénétrant dans la cuisine. Prenez un torchon et mettez-vous au boulot. Autant vous rendre utile pendant que vous me cuisinez. A propos… je me présente : Homer, le mari de Dolores. Monsieur Ruggles pour vous.

Son ton était passé de l'agressivité caractérisée à une sorte de côté bourru, pas déplaisant. Je me rendis compte qu'il avait dû être assez beau dans sa jeunesse ; pas une beauté renversante, mais mieux : celle d'un homme avec du caractère et un air séduisant. Sa peau était profondément hâlée et marquée de taches brunes dues au soleil, comme s'il avait passé sa vie à travailler aux champs. Il portait une chemise fauve dont l'empiècement s'ornait d'un entrelacs compliqué de fils noirs et or. Je soupçonnai ses bottes de cow-boy d'avoir surtout pour objectif de le grandir de cinq bons centimètres.

Le temps que j'arrive à la cuisine, il avait rouvert le robinet et s'était remis à l'ouvrage, lavant assiettes et verres.

– Les torchons sont là-dedans, dit-il avec un geste du menton vers le tiroir situé juste à sa gauche.

Je sortis un torchon propre et attrapai une assiette encore brûlante de l'eau de rinçage.

– Vous n'avez qu'à les empiler sur la table de cuisine. Je les rangerai quand on aura fini.

Je jetai un coup d'œil à la table.

– Sans vous contrarier, monsieur Ruggles, cette table a besoin d'un petit coup. Auriez-vous une éponge ?

Homer se retourna et me jeta un regard.

– Un trait révélateur de votre caractère, hein ?

– A n'en pas douter.

– Laissez tomber le monsieur Ruggles. Ça fait idiot.

– Oui, mon adjudant.

Ce qui me valut une moitié de sourire. Il tordit la lavette et la jeta dans ma direction avec un mouvement explicite. J'essuyai le plateau de la table, repoussant plusieurs objets de côté : des journaux, une salière et un poivrier représentant le Loup et le Petit Chaperon rouge, un assortiment de flacons de médicaments portant une étiquette au nom de Dolores et plusieurs avis de mise en garde. Quoi qu'elle avalât, elle était censée éviter l'alcool, l'exposition excessive au soleil et la conduite des gros engins. Voitures ? Tracteurs ? Locomotives Amtrack ? Quand j'eus fini, je lui rendis la lavette, puis saisis le torchon et me remis à essuyer l'assiette.

– Alors, de quoi s'agit-il ? finit-il par dire avec un temps de retard. En quoi Pinkie Ritter vous intéresse-t-il ? Une gentille fille comme vous devrait avoir honte !

– Hier encore j'ignorais son existence. J'étais sur la piste d'un de ses amis qui a peut-être été... Si on sautait cette partie ? C'est assez tordu à expliquer.

– Vous parlez d'Alfie Toth ?

– Merci. C'est exact. Tout le monde semble le connaître.

– Et pas qu'un peu ! Alfie avait autant de cervelle qu'un moineau ! Les femmes le trouvaient séduisant ; moi, son charme m'échappait. Comment trouver un type beau gosse quand on sait que c'est un crétin ? Pour moi, ça gâche tout... Je crois qu'il traînait avec mon beau-père par besoin de protection, pour vous dire son degré de connerie.

– Vous saviez qu'Alfie était mort ?

– Plutôt ! La police nous a informés quand on a trouvé son corps. Ils sont venus poser la question à laquelle vous voulez sans doute une réponse : quel rapport entre les deux et qui a fait quoi à qui. Et je vais vous répondre la même chose qu'à eux : je l'ignore.

– Que dit-on de Pinkie ? Si je comprends, vous n'en pensiez pas grand bien...

– C'est un euphémisme grossier. Je ne pouvais pas le blairer ! Celui qui a tué Pinkie m'a évité de finir mes jours en taule. Pinkie avait six mômes, trois garçons et trois filles, et il les a tous maltraités, tous sans exception, depuis le jour de leur naissance jusqu'à celui où ils ont été assez grands pour rendre les coups. Aujourd'hui, on vous parle de sévices pour un oui, pour un non, mais Pinkie, lui, il ne savait pas quoi inventer ! Les mômes, il les battait, les brûlait, les forçait à boire du vinaigre et de la sauce au piment parce qu'ils lui avaient répondu ! Il les enfermait dans les placards, les obligeait à rester dehors dans le froid ! Il les baisait, les affamait, les terrorisait ! Il les frappait à coups de ceinture, de planche, de tuyau, de bâton, de brosse à cheveux, de poing ! Pinkie était le plus infâme enfant de salaud que j'aie jamais rencontré et c'est pas peu dire !

– Personne n'intervenait ?

– On a essayé. Un tas de gens l'ont signalé. Le problème, c'était de le prouver. Les profs, les conseillers d'orientation, les voisins d'à côté ! Quelquefois, la protection de l'enfance réussissait à éloigner les gosses et à les placer. Mais les tribunaux les lui rendaient toujours ! (Il secoua la tête d'un air écœuré.) Pinkie connaissait les règles du jeu. La maison était impeccable – les gamins y veillaient – et il aimait faire la cuisine, c'était sa spécialité. Il en vivait quand il ne s'occupait pas de les tabasser ou d'enfreindre la loi. Les assistantes sociales venaient faire un tour et tout paraissait nickel. Les gamins savaient qu'il valait mieux la fermer. Dolores dit qu'elle se revoit encore avec les cinq autres, en rang d'oignon dans le séjour, répondant bien gentiment aux questions... Pinkie n'était pas présent, mais il restait toujours à proximité. Les gamins savaient qu'ils n'avaient pas intérêt à moufter, sinon ils ne passeraient pas la nuit. Alors, ils restaient plantés là comme des piquets et ils mentaient. Les assistantes sociales le savaient, mais ne pouvaient rien contre lui sans leur aide. La seule chose qui les sauvait, c'était quand on le mettait à l'ombre.

– Et sa femme ? Où était-elle pendant tout ce temps ?

– Dolores pense qu'il l'a tuée, encore qu'on ne puisse pas le prouver. Il racontait qu'elle s'était tirée avec un poivrot et n'avait jamais plus donné de nouvelles. Dolores dit qu'elle se rappelle s'être réveillée une nuit, quand elle était petite. Pinkie était dans les bois derrière la maison avec une tronçonneuse. Une lanterne posée par terre projetait de grandes ombres sur les arbres. Les papillons de nuit voletaient autour de la lumière… Elle en fait encore des cauchemars! C'était la petite dernière, six ans à l'époque. L'aîné devait avoir dans les quinze ans. Le lendemain, elle est allée voir. La terre était retournée partout, sans doute pour cacher le sang. Elle se souvient encore de l'odeur… une odeur de poulet avarié bon pour les ordures. La maman, on ne l'a plus revue ni entendu parler d'elle après.

– Sale engeance que votre Pinkie.

– La pire.

– Si bien que n'importe qui peut l'avoir tué, y compris un de ses enfants. C'est bien ce que vous voulez dire?

– Ça s'expliquerait… Évidemment, à l'époque de sa mort, il n'avait plus la haute main sur eux. Les gamins se sont dispersés comme une volée de moineaux. Il y en a encore deux en Californie, mais on ne se voit pas tellement.

Homer lava le dernier plat et coupa l'eau. Je continuai d'essuyer les couverts pendant qu'il rangeait les assiettes propres.

– Quand l'avez-vous vu pour la dernière fois? lui demandai-je.

– Ça a fait cinq ans en mars. A sa sortie de Chino, il est venu droit ici. Il est arrivé le vingt-cinq et il est resté une semaine.

– Vous avez bonne mémoire.

– Les flics m'ont posé la question, alors j'ai vérifié. J'ai retrouvé la date parce que j'avais pris cinq cents dollars à la banque le jour du départ de Pinkie. J'ai fait le calcul à rebours et la date m'est restée en tête. D'autres questions?

– Je ne voulais pas vous interrompre. Continuez.

– Comme Dolores était la seule des enfants à habiter encore dans la région, il estimait qu'elle lui devait le vivre et le couvert tant que ça lui plairait.

– Et elle a accepté?

– Cette question…

– Vous ne vous y êtes pas opposé?

– Si, mais je partais perdant! Elle se sentait coupable. C'est une fille formidable et ce qu'elle a subi, croyez-moi, vous ne voudriez pas le savoir… seulement le résultat, c'est qu'elle a envie de faire plaisir, elle se laisse retourner comme un gant… surtout quand il s'agit de lui. Elle voulait qu'il l'aime. Ne me demandez pas pourquoi, au vu de tout ce qu'elle a enduré. Mais c'était toujours son papa et elle ne pouvait pas le rejeter. Lui, il était fidèle à lui-même : toujours à exiger, toujours à critiquer. Il n'en fichait pas une rame, se faisant servir par elle comme un prince ! J'ai fini par en avoir ma claque et lui ai dit de dégager. « D'accord, pas de problème. Si on ne veut pas de moi, je ne m'imposerai pas. Va te faire foutre ! » qu'il me dit. Il l'avait mauvaise et encaissait mal, mais moi, plutôt crever que de faire marche arrière.

– Toth était dans les parages à l'époque ?

– Plus ou moins. Je crois que l'ex-femme d'Alfie vivait quelque part en ville. Il traînait chez elle quand il n'était pas ici à traîner chez nous.

– Et ils sont partis ensemble ?

– A ma connaissance, oui. En tout cas, c'était leur idée.

– Où sont-ils allés ?

– A Los Angeles. Après des recoupements, il est apparu qu'ils avaient volé une voiture à Los Angeles et avaient filé dans le nord, au lac Tahoe.

– Et le juge d'application des peines de Pinkie ? Il devait se présenter à lui, non ?

– Attention, on parle d'un délinquant professionnel ! Obéir aux règles n'était pas exactement son fort. Qui peut dire comment il s'est tiré ? Ou Toth ?

– Pensez-vous qu'on les recherchait ?

– Impossible à dire. Pinkie ne semblait pas spécialement inquiet. Pourquoi ? Vous pensez qu'ils avaient quelqu'un sur les talons ?

– C'est possible, dis-je.

– Ouais, comme il est possible que Pinkie ait dépassé les bornes pour une fois. C'était un avorton, porté sur la bagarre et tout excité dès que ça pétait. Je ne dirais pas ça d'Alfie. Il semblait inoffensif. Pinkie, c'était une autre paire de manches. Moi, celui qui l'a tué, je dirais qu'il a droit à une médaille ! Et ne citez pas vos sources. Ça chamboule Dolores de m'entendre parler de cette façon. Dites donc... je remarque que je suis seul à faire la conversation !

– Je vous en suis reconnaissante.

– Tant mieux ! Et moi, je vous suis reconnaissant de votre gratitude. Maintenant, à vous. Que fabrique une détective privée dans une enquête pour homicide ? Comme je n'ai pas entendu dire qu'ils aient de suspect, j'en déduis que vous ne travaillez pas pour le parquet ?

Son esprit de coopération méritait des explications. Je le mis au courant de la situation, de Selma Newquist à Colleen Sellers. J'omis seulement les détails des deux meurtres. Il ne paraissait pas autrement curieux, et je n'aurais jamais révélé cette information même pour un pactole. En même temps, à un niveau quasi subliminal, j'entendais un curieux bruit de voix arrivant d'une autre pièce. Je crus d'abord que le son venait d'une radio ou d'une télévision, mais les mêmes phrases se répétaient, d'un ton morne et mécanique. Homer l'entendit aussi et son regard croisa le mien. Il pencha la tête vers le petit couloir qui semblait conduire à une chambre de derrière.

– Dolores est au fond. Vous voulez lui parler ?

– Si vous pensez que je peux.

– Elle tiendra le coup, dit-il. Donnez-moi une seconde, le temps que je la prévienne. Au cas où elle voudrait ajouter quelque chose.

Il prit le couloir et s'arrêta devant la porte, frappant avant d'entrer. Lorsqu'il se glissa dans l'entrebâillement, j'éprouvai un bref sentiment de malaise. Je me trouvais dans une maison inconnue en compagnie d'un homme que je ne connaissais ni d'Ève ni d'Adam. J'avais pris ses confidences pour argent comptant, lui faisant confiance d'instinct sans trop savoir pourquoi. Après tout, rien ne me prouvait la présence de Dolores. Je l'imaginai soudain sortant de la chambre, un couteau de boucher à la main. Par bonheur, la vie, même pour une détective privée, est rarement aussi palpitante. La porte se rouvrit et Homer me fit signe d'entrer.

À première vue, Dolores avait vingt et un ans au grand maximum. Je découvris plus tard qu'elle en avait vingt-huit, ce qui faisait un peu jeune malgré tout pour un mari de l'âge d'Homer. Mince et fluette, elle était assise devant un établi dans une pièce peuplée de poupées Barbie. Du sol au plafond, d'un mur à l'autre, vêtues d'une variété ahurissante de costumes, ces mini-femelles fadasses en plastique exhibaient leurs toilettes endimanchées miniatures : dos nus, robes de soirée, tailleurs, fourrures, shorts, capes, caleçons de cycliste, maillots de bain, nuisettes baby doll, fourreaux, chaque tenue étant accompagnée de la série d'accessoires appropriés. Il y avait toute une rangée de Barbie en robe de mariée, éventualité qui ne m'était jamais venue à l'idée. La rangée du dessous alignait vingt Barbie en uniforme d'hôtesse de l'air et d'infirmière, probablement toute la gamme des choix de carrière qui s'offraient à elle. Certaines poupées étaient encore dans leur boîte, d'autres fixées sur des montures rondes en plastique. Une rangée de Barbie assises – noires, hispaniques, blondes, brunes – déployaient leurs jambes parfaites avec l'ensemble d'une troupe de girls, toutes nu-pieds, leurs membres impeccables se terminant presque en pointes. Elles tendaient de longs bras graciles, lisses au-delà de toute expression. Leurs cous comptaient sûrement un excédent de vertèbres pour soutenir le poids de leurs crinières foisonnantes. J'avoue en être restée sans voix… Appuyé contre la porte ouverte, Homer observait ma réaction.

Sentant qu'on attendait un mot de moi, j'émis un « fantastique » empli du respect qui s'imposait. Du moins, l'espérai-je.

Homer éclata de rire.

– Je me disais bien que ça vous plairait ! Je ne connais pas de femme capable de résister à une pièce remplie de poupées !

– Ah, dis-je.

Dolores me lança un regard timide. Elle avait une poupée sur les genoux, pas une Barbie selon toute vraisemblance, mais d'une autre série. Armée d'un petit marteau et d'un cutter, elle lui ouvrait le ventre. Il y avait une boîte de petites filles en plastique identiques, asexuées, virginales, blotties les unes contre les autres, le torse percé de petits trous qui me rappelaient les micros de radios désuètes. A côté, j'aperçus une boîte de têtes de petites filles aux yeux obstinément clos, un sourire aux commissures de chaque paire de lèvres sans défaut.

– Des Chatty Cathy, m'expliqua-t-elle. Mon dernier passe-temps. Je leur répare la voix pour qu'elles se remettent à parler.

– Génial !

– Je vous laisse à vos jeux, fillettes, lança Homer. Vous avez un tas de secrets à vous raconter !

Il m'enferma dans la pièce avec elle, aussi satisfait qu'un parent présentant l'une à l'autre deux nouvelles meilleures amies. De toute évidence, il n'avait rien deviné de ma triste histoire d'enfants de remplacement. Mon premier, un poupard Betsy Wetsy qui mouillait ses langes, aurait sûrement entamé une analyse à un point quelconque de sa vie. A six ans, je ne supportais plus de le nourrir en permanence avec ces espèces de petits biberons pleins d'eau et il m'exaspérait à force de me tremper les genoux. Une fois que j'eus compris que c'était l'eau, j'arrêtai de l'alimenter et en fis un piéton que j'écrasai avec mon tricycle. Telle était ma vision de l'amour maternel, et elle explique sans doute que je ne sois pas encombrée de marmaille à l'heure qu'il est.

– Combien de Barbie avez-vous donc ? demandai-je avec un enthousiasme de commande pour ces proto-femmes en miniature.

– Un peu plus de deux mille. Celle-ci est la vedette de ma collection, une Barbie de la première série dans son emballage d'origine. Le cachet s'est brisé, mais elle est comme neuve. Je n'ose pas vous dire combien je l'ai payée.

Sa voix était dépourvue d'intonations, son comportement absolument naturel. Elle évitait toute communication visuelle et adressait la plupart de ses remarques à la poupée qui l'occupait.

– Homer s'est toujours montré très compréhensif.

– C'est ce que je vois.

– Je suis un peu puriste. Beaucoup de collectionneurs s'intéressent à d'autres éléments de la série… vous savez, Francie, Tutti et Todd, Jamie, Skipper, Christie, Cara, Casey, Buffy. Moi, elles ne m'ont jamais attirée. Surtout pas Ken. Vous aviez une Barbie quand vous étiez petite ?

– Pas vraiment, dis-je.

J'en pris une et l'examinai.

– On dirait qu'elle souffre d'un trouble du comportement alimentaire, vous ne trouvez pas ? Qu'est-ce qui vous a orientée sur les Chatty Cathy ? Elles sont aux antipodes de ce qu'aiment les amateurs de Barbie.

– La plupart des Chatty ne sont pas à moi. Je les répare pour un ami qui dirige une entreprise spécialisée. C'est moins bizarre qu'on le croirait. Chatty Cathy a été lancée sur le marché en 1960, un an après Barbie. La Chatty Cathy se rapprochait plus de la réalité… elle avait des taches de rousseur, des dents de lapin, un ventre rond… et puis elle parlait. Même les Barbie ont eu leur « ère du parlant », la période 1967-1973, notamment avec les poupées Twist'n'Turn. Peu de gens en ont conscience.

– Je l'ignorais, dis-je. Ce truc, c'est quoi ?

– Le petit disque en vinyle de trois pouces de ce qu'elle dit. Quand on tire sur le fil, ça active un ressort qui actionne cette petite courroie en caoutchouc et déclenche le tourne-disque. Les premières versions de la poupée comportaient onze phrases différentes, mais on a porté leur nombre à dix-huit. Le plus curieux avec les Chatty, c'est qu'il n'en existe pas deux pareilles. On les produisait à la chaîne, mais elles ont toutes un air différent. C'est à vous faire froid dans le dos… Mais je suppose que vous n'avez pas fait tout ce trajet pour parler poupées. C'est mon père qui vous intéresse.

– Homer m'a mise au courant, lui répondis-je, mais j'aimerais entendre votre version. Si j'ai bien compris, Alfie Toth et lui ont séjourné quelque temps chez vous juste après leur sortie de Chino ?

– Tout à fait. Papa s'apitoyait sur son sort parce qu'aucun des autres enfants ne voulait entendre parler de lui. Il a voulu passer une nuit chez mon frère Clint… Il vit à Inglewood, près de l'aéroport de L. A. Clint en veut toujours à Papa. Il a refusé de le laisser entrer, mais lui a dit qu'il pouvait dormir dans la remise s'il voulait. Naturellement, Papa était furieux et il est parti sans insister, mais pas avant d'avoir enfoncé la porte de la maison. Alfie et lui ont attendu que Clint soit parti, puis ils lui ont piqué son fric et ont cassé tous ses meubles.

– Le grand jeu, quoi. Clint a porté plainte ?

Dolores parut sidérée, la première vraie réaction que je lui voyais.

– Pourquoi Clint aurait-il fait une chose pareille ?

– J'ai appris qu'un inspecteur en civil avait un mandat d'amener contre Toth à peu près à l'époque de sa mort. Je me demande si cela date du même incident.

Dolores eut un geste négatif de la tête.

– Je suis sûre que non. Clint n'aurait jamais fait ça. Il ne voulait peut-être pas de Papa chez lui, mais il ne l'a jamais balancé. C'est curieux, mais quand ma sœur, Mame, a appelé, ça fait juste un an, pour me dire qu'on avait trouvé son corps, j'ai été prise d'un tel fou rire que j'en ai fait pipi dans ma culotte. Homer a dû appeler le docteur quand il s'est avéré que je ne pouvais pas m'arrêter. Le docteur m'a fait une piqûre pour me calmer. Il a parlé de crise d'hystérie, mais en réalité c'était du soulagement. On n'avait pas eu de ses nouvelles pendant cinq ans et je pense que j'attendais le prochain malheur.

– Pourquoi pensez-vous qu'il soit allé de chez Clint au lac Tahoe ?

– Ma sœur y habite. En tout cas, une de mes sœurs. Pas au lac exactement, mais dans le coin.

– Ah, bon ? Je me demandais ce qui l'avait conduit là.

– Le mari de Mame n'a pas dû être plus ravi qu'Homer de le voir rappliquer.

– Combien de temps est-il resté chez elle ?

– Une semaine environ. Mame m'a dit plus tard qu'Alfie et lui étaient partis pêcher, et à ma connaissance elle est la dernière à avoir vu Papa.

– Croyez-vous que je puisse l'interroger ? La police a sûrement exploré cette piste, mais ça me rendrait service.

– Vous pouvez. Vous la trouverez facilement. Elle travaille là-haut, au bureau du shérif.

– Où ça, là-haut ?

– A Nota Lake. Elle s'appelle Margaret, mais dans la famille tout le monde l'appelle Mame.

CHAPITRE 17

A mon retour, je trouvai Henry au jardin, à genoux dans la plate-bande. Je traversai la pelouse, m'arrêtant pour l'observer. Il me savait là, mais semblait goûter le silence. Il portait un T-shirt blanc et une salopette renforcée aux genoux. Il était pieds nus, des pieds longs et osseux dont la plante très blanche et cambrée tranchait sur l'herbe brunie. Il faisait doux et l'air embaumait. Même à la verticale du soleil de midi, la température restait modérée. Des touffes de crocus et de jacinthes pointaient déjà près du garage. Je m'installai dans un transat en bois pendant qu'il retournait la terre avec une petite pelle de jardin. Les vers se recroquevillaient dans le terreau meuble et humide pour se protéger de son intrusion quand il les dérangeait. Ses rosiers dressaient leurs tiges nues hérissées d'épines, où le bourgeon de feuille occasionnel annonçait l'arrivée du printemps. La pelouse, en repos la plus grande partie de l'hiver, s'éveillait doucement, stimulée par les pluies récentes. J'aperçus une brume vert pâle à l'endroit où les jeunes brins d'herbe commençaient à percer la nappe d'un brun uniforme.

– On associe souvent l'automne à la mort, mais le printemps m'a toujours paru en être plus proche, me fit-il remarquer.

– Tiens donc !

– Oh, ça n'a rien de profondément philosophique. Mais quantité de gens que j'ai aimés dans ma vie sont morts à cette période de l'année. Peut-être donneraient-ils beaucoup pour jeter un coup d'œil par la fenêtre et voir de jeunes feuilles sur les arbres. C'est la saison de l'espoir et ça suffit peut-être si on est sur le départ ; on s'en va en sachant que le monde continue comme toujours...

– Je dois retourner à Nota Lake, lui dis-je.

– Quand ?

– La semaine prochaine, je ne sais pas quel jour exactement. J'aimerais ne pas bouger d'ici avant de pouvoir me servir de nouveau de ma main.

– Tu es forcée d'y aller ?

– J'ai quelqu'un à interroger.

– Tu ne peux pas le faire par téléphone ?

– C'est trop facile pour les gens de mentir à l'appareil. J'aime voir leur tête.

Je restai silencieuse, écoutant le bruit simple et réconfortant de la pelle qui entamait la terre. Je me recoquillai dans mon transat, les bras autour des genoux :

– Tu te souviens du bon vieux temps où on discutait d'ondes et de vibrations ?

Je le vis sourire.

– Tu les sens mauvaises ?

– Atroces.

Je tins ma main en l'air et essayai de plier les doigts. Ils étaient encore si raides et si enflés que je pouvais à peine fermer le poing.

– N'y va pas. Tu n'as rien à prouver.

– Bien sûr que si, Henry. Je suis une fille. Les filles ont toujours quelque chose à prouver.

– Quoi, par exemple ?

– Qu'on est des dures. Qu'on est aussi bonnes que les mecs, ce qui, j'ai le plaisir de t'en informer, n'est pas la mer à boire.

– Si c'est vrai, pourquoi te sentir obligée de le prouver ?

– Question de territoire. Ce n'est pas parce que nous le croyons que les mecs en font autant.

– Qu'est-ce qu'on en a à faire, des mecs ? Arrête de jouer les machos en jupons !

– C'est plus fort que moi. De toute façon, il ne s'agit pas d'orgueil, mais de santé mentale. Je ne peux pas me permettre de laisser un mec le faire à l'intimidation. Fais-moi confiance, quelque part à Nota Lake il se tord de rire en croyant m'avoir fait déguerpir !

– Le vieux code de l'Ouest… Une fille doit se mêler d'affaires de filles.

– Ça sent mauvais. Toute cette histoire… Je ne me rappelle pas avoir jamais été si terrifiée. Cet enfant de pute m'a fait très mal. Je ne supporte pas l'idée de l'autoriser à recommencer!

– Au moins es-tu à jour dans tes rappels antitétaniques.

– Comme tu dis, et j'en ai encore mal au derrière! J'ai une boule de la grosseur d'un œuf dur sur la fesse!

– Alors, qu'est-ce qui te tracasse?

– Ce qui me tracasse, c'est qu'on m'a déboîté les doigts avant que j'aie appris quoi que ce soit! Maintenant que j'avance, que va faire le gars? Tu crois qu'il va aller au tapis sans essayer de me faire toucher le sol aussi?

– Téléphone, dit-il.

– Seigneur, Henry, comment arrives-tu à l'entendre? A quatre-vingt-six ans!

– Troisième sonnerie…

J'avais déjà sauté de mon transat et atteint le milieu du jardin. Sans même fermer la porte, je saisis le téléphone en courant, au moment précis où le répondeur s'enclenchait. J'appuyai sur Arrêt, interceptant le message :

– Allô? Allô? Allô?

– Kinsey, c'est vous? Je croyais que c'était votre répondeur.

– Bonjour, Selma. Coup de pot, j'étais dans le jardin.

– Je suis désolée d'avoir à vous déranger.

– Ne vous inquiétez pas. Que se passe-t-il?

– Quelqu'un a fouillé le bureau de Tom. Je sais que ça paraît bizarre, mais je suis certaine qu'on est entré et qu'on a touché aux affaires sur son bureau. C'est pas qu'on aurait tout cassé, mais il y a quelque chose de pas net. Je ne vois rien qui manque et d'ailleurs je serais bien incapable de le prouver!

– Comment est-on entré?

Elle eut une hésitation.

– Je me suis absentée juste une heure, peut-être un petit peu plus. Je ne ferme presque jamais à clé quand je fais un saut dehors.

– Comment pouvez-vous jurer qu'on est entré?

– Impossible à expliquer. Je m'étais installée dans le bureau de Tom un peu plus tôt, avant de sortir. Je n'avais pas le moral et ça me faisait du bien de rester là comme ça, dans son fauteuil. Vous savez comment c'est quand on est à tourner des choses dans sa tête. On ne fixe rien de spécial pendant qu'on a l'esprit ailleurs et le regard a tendance à se promener partout. Je pense que je prenais conscience de tout le travail que vous aviez accompli… En tout cas, quand je suis rentrée, j'ai laissé mon sac sur la table de la cuisine avant de revenir à la voiture. J'ai pris des cartons pour finir d'emballer les livres de Tom. A la seconde où je suis entrée dans le bureau, j'ai vu la différence.

– Vous n'aviez pas eu de visiteurs ?

– Épargnez-moi ! Vous savez comment les gens me traitent. Autant accrocher une pancarte dehors… « La sirène de la ville. Maris errants, s'inscrire ici » !

– Et Brant ? Comment savez-vous qu'il n'est pas venu prendre quelque chose sur le bureau de Tom ?

– Je lui ai posé la question, mais il était chez Sherry il y a encore quelques minutes. Je lui ai demandé de tout vérifier, mais il n'y a aucune trace d'effraction.

– Pourquoi y en aurait-il si toutes les portes sont ouvertes ? Brant peut-il dire s'il manque quelque chose ?

– Il sèche autant que moi ! Ce n'est sûrement rien de placé en évidence, à supposer qu'il manque quelque chose. En tout cas, on semble avoir procédé avec beaucoup de soin. C'est juste que je m'y suis installée là ce matin, sinon je n'aurais sans doute rien remarqué. Croyez-vous que je doive prévenir la police ?

– C'est préférable. S'il s'avère par la suite qu'il y a eu vol, vous pourrez porter plainte.

– C'est ce que disait Brant. (Il y eut une petite pause pendant laquelle elle changea de tactique, sa voix prenant un ton légèrement blessé.) Je dois avouer que votre silence m'inquiétait. J'attendais de vos nouvelles…

– Désolée, mais je n'ai pas eu une minute. Je m'apprêtais à vous appeler, lui renvoyai-je, sur la défensive, consciente de mon changement de ton devant ses reproches.

– Maintenant que je vous ai au bout du fil, pourrait-on faire le point ? Je suppose que vous êtes toujours sur l'affaire, même si vous ne m'avez pas donné signe de vie ?

– Bien entendu.

Réprimant mon désir de lui voler dans les plumes, je l'informai de mes activités du jour et demi qui venait de s'écouler, omettant les détails personnels des rapports de Tom avec Colleen Sellers. Il est nettement plus ardu de dire une partie de la vérité que de mentir carrément. Et moi qui m'évertuais à la protéger, alors qu'elle m'engueulait pour l'avoir abandonnée ! Ne venez pas me parler de reconnaissance. Je fus tentée de tout lui dire, mais réprimai cette envie pressante. Mon ton resta strictement professionnel, mais la gamine en moi lui hurla : « Va te faire foutre ! »

– Tom est descendu ici en juin dans le cadre d'une enquête. Vous rappelez-vous ce voyage ? Il a dû rester absent une nuit.

– Ou...i, dit-elle avec lenteur. Deux jours, en effet. Quel rapport ?

– Un homicide avait été commis dans la région, et Tom pensait qu'il pouvait avoir un lien avec la découverte d'ossements humains dans Nota County au printemps dernier.

– Je connais l'affaire dont vous parlez. Il n'a pas dit grand-chose, mais je sais qu'elle le tracassait. Alors ?

– Ah, s'il s'agit d'une enquête pour homicide toujours en cours, je ne peux rien vous dire. Je suis détective privée, l'équivalent d'un chercheur travaillant à son compte. Je ne suis pas habilitée, même avec votre feu vert, à fourrer mon nez dans les affaires de la police.

– Je ne vois pas pourquoi. Aucun article de loi n'empêche de poser des questions !

– Des questions, j'en ai posé, et je vais vous dire ce que j'ai découvert. Tom était préoccupé par un dossier qui n'avait rien à voir avec vous.

– Pourquoi ne m'en a-t-il pas parlé, si c'est vrai ?

– Vous m'avez dit vous-même qu'il était peu bavard, surtout quand il s'agissait de son travail.

– Oui, bien sûr, mais s'il s'agit d'une question strictement professionnelle, pourquoi prendre la peine de fouiller la maison ?

– La police avait peut-être besoin de ses notes, de ses dossiers, d'un numéro de téléphone ou d'un rapport introuvable. N'importe quoi, lui répondis-je en rayant ces hypothèses aussi vite qu'elles me venaient à l'esprit.

– Pourquoi ne pas téléphoner pour demander ?

– Est-ce que je sais ? C'était peut-être urgent et vous étiez absente, lui répliquai-je, exaspérée.

Plutôt mince comme explication, je vous l'accorde, mais elle m'acculait et ça me mettait hors de moi.

– Kinsey, je vous paie pour aller au fond de cette histoire. Si j'avais su que vous ne me seriez d'aucun secours, j'aurais consacré ces quinze cents dollars à me faire arranger les dents.

– Je fais ce que je peux ! Qu'attendez-vous de moi ?

– Que vous changiez d'attitude. Il y a une semaine, vous faisiez preuve d'esprit de coopération. A présent, vous vous défilez !

Je dus me mordre la langue… Parler de façon très distincte, en détachant les syllabes pour ne pas lui dire ses quatre vérités. J'inspirai un grand coup :

– Écoutez, il me reste une piste. Dès mon arrivée, je me ferai une joie de l'explorer, mais si l'affaire relève du bureau du shérif, je ne peux strictement rien faire.

Il y eut un de ces silences où l'on entendrait vibrer un point d'exclamation.

– Si vous souhaitez abandonner, pourquoi tourner autour du pot ?

– Je n'ai pas dit ça.

– Alors, quand revenez-vous ?

– Je n'ai pas encore fixé de date. La semaine prochaine. Peut-être mardi.

– Vous voulez rire ! Pourquoi pas aujourd'hui ? En sautant dans votre voiture, dans six heures vous êtes ici.

– Pourquoi cette précipitation ? Ça fait des semaines que ça dure.

– D'abord, vous me devez toujours cinq cents dollars en heures de travail. Compte tenu de l'importance de la somme, je vous aurais crue plus pressée de revenir !

– Selma, je n'ai pas l'intention de vous suivre sur ce terrain. Je ferai ce que je pourrai.

– Parfait. Quand puis-je espérer vous voir ?

– Aucune idée.

– Vous pouvez sûrement me donner ne serait-ce qu'une indication sur vos intentions. J'ai d'autres obligations. Je serai absente demain toute la journée. Je vais à l'office de dix heures et je pars ensuite chez mon cousin à Big Pine. Je ne peux pas rester là à attendre que vous vous décidiez. Par ailleurs, si vous venez, je dois prendre mes dispositions.

– Je vous appellerai dès mon arrivée, mais il n'est pas question que je descende aux Chalets. Je déteste cet endroit et je ne veux pas me retrouver si loin de tout. C'est trop isolé et c'est dangereux.

– Parfait, lança-t-elle aussitôt. Vous pouvez loger ici avec moi.

– Je ne voudrais surtout pas m'imposer. Je vais trouver un autre motel et on ne se dérangera ni l'une ni l'autre.

– Vous ne me dérangez pas. Un peu de compagnie ne sera pas du luxe. Brant estime qu'il est grand temps de rentrer chez lui. Il a déjà commencé à faire ses bagages. La chambre d'amis est toujours prête. J'insiste ! Le dîner vous attendra et, je vous en prie, pas de discussions sur ce point !

– On en reparlera à mon arrivée, dis-je en essayant de cacher mon irritation.

J'étais en train de réviser prestement mon jugement sur cette femme, prête à me joindre aux légions de ses détracteurs. Cet aspect de son caractère m'avait échappé et je bouillais d'indignation. Bien entendu, je constatai que je chamboulais déjà mon programme dans ma tête, me préparant à prendre la route dès que possible. Maintenant que j'avais accepté, autant en finir. J'abrégeai les adieux, essayant de la convaincre de raccrocher pendant que je le pouvais encore.

Dès que j'eus posé le combiné, je le repris et appelai Colleen Sellers. Tandis que la sonnerie se prolongeait, je sentais grandir mon impatience… « Allez, réponds, mais réponds, sois là… »

– Allô ?

– Colleen ? Kinsey à l'appareil.

– Que puis-je pour vous ?

Elle ne paraissait pas autrement émoustillée d'avoir de mes nouvelles, mais j'avais assez tergiversé.

– Je viens de passer une demi-heure avec la fille de Pinkie Ritter, Dolores, et son mari. Il s'avère que Pinkie a une autre fille à Nota Lake, ce qui explique qu'Alfie et lui aient d'abord pris cette direction.

– Et… ?

– Je l'ai déjà rencontrée… une certaine Margaret qui est employée au bureau du shérif. Il va falloir que je remonte là-haut pour l'interroger de nouveau, mais je ne peux pas le faire sans savoir à quoi je m'attaque.

– Pourquoi m'appeler moi ? Je ne peux pas vous aider.

– Si, vous pouvez…

– Kinsey, je ne sais rien là-dessus et, franchement, votre insistance commence à m'agacer.

– Eh bien, *franchement*, je pense que je vais courir le risque de vous mettre en rogne. Colleen, dites-moi ce qui ne va pas…

– Il ne vous est jamais venu à l'idée que vos questions me faisaient du mal ? D'accord, je suis navrée pour Selma, mais elle n'est pas la seule à avoir perdu quelqu'un. Moi aussi je l'aimais et je ne supporte pas que vous retourniez sans cesse le fer dans la plaie !

– Tiens donc ! C'est intéressant de vous l'entendre dire parce que, moi, vous voulez savoir ce que je pense ? Je pense que vous en avez ras le bol de n'avoir jamais pu dominer ou contrôler cette liaison. Tom s'est peut-être retranché derrière de hautes raisons morales et a agi selon ses nobles principes, mais en réalité il vous a laissée sans rien et vous lui renvoyez la monnaie de sa pièce.

– C'est faux !

– Redites-le pour voir ?

– La monnaie de quelle pièce ? Il ne m'a jamais rien donné !

– Tom était un allumeur. Il vous draguait, mais il marquait aussitôt les lignes que vous ne pouviez pas franchir. Il pouvait s'offrir le luxe de savourer vos attentions parce que ça ne lui coûtait rien ! Il acceptait cet hommage sans prendre le moindre risque, autrement dit il se sentait un parangon de vertu et vous laissait comme une môme le nez pressé contre la vitre ! Vous pouviez voir ce que vous désiriez, mais vous n'aviez pas la permission de toucher ! Et maintenant vous vous dites que vous ne trouverez jamais rien de mieux, ce qui est franchement de la connerie puisque vous n'aviez rien ! En parlant de chagrin, vous essayez de valoriser un gros, un énorme zéro sur le plan affectif !

Je savais que je l'attaquais parce que Selma m'avait attaquée, mais n'empêche : ça faisait du bien. Plus tard je m'en voudrais d'être une telle salope, mais pour l'instant je ne voyais pas d'autre solution pour parvenir à mes fins.

Elle garda le silence un moment. Je l'entendis aspirer la fumée de sa cigarette, puis l'exhaler.

– Peut-être.

– Peut-être, mon œil ! C'est la pure vérité, repris-je. Tout le monde le prend pour une belle âme, mais je crois qu'il était d'un égocentrisme forcené. Qu'avait-il de si admirable alors qu'il n'a jamais eu le courage de le dire à sa femme !

– De lui dire quoi ?

– Qu'il était tenté de lui être infidèle parce que vous l'attiriez ! Il ne se laissait pas emporter par ses sentiments, mais étonnez-vous qu'elle ait fini par perdre toute confiance en elle ! Et vous, qu'y avez-vous gagné ? Vous continuez à vous raccrocher à lui et vous ne vous en libérerez peut-être jamais !

– Écoutez... Vous ne savez vraiment pas de quoi vous parlez, alors laissez tomber toute cette psychologie au rabais. Dites-moi ce que vous voulez et qu'on en finisse !

– Dites-moi ce que vous savez.

– Pourquoi ?

– Parce que ma vie est peut-être en jeu, lui lançai-je d'un ton sec. Allons, Colleen. Vous êtes du métier. On ne vous la fait pas. Vous êtes là à m'accorder des bribes d'informations au compte-gouttes, à vous accrocher à des miettes parce que vous n'avez rien d'autre. C'est une sale histoire. Si Tom était à votre place, vous croyez qu'il se tairait dans cette situation ?

Elle tira de nouveau sur sa cigarette.

– Probablement pas, admit-elle.

A contrecœur.

– Alors, on y va. Si vous savez ce qui se passe, pour l'amour du ciel, dites-le !

Elle parut hésiter.

– Tom était confronté à une crise morale. J'en étais l'élément le moins perturbant, mais il n'y avait pas que ça.

– Que voulez-vous dire par « l'élément le moins perturbant » ?

– Comment l'expliquer... Je crois qu'il pouvait se comporter avec moi conformément à ses convictions et que ça le rassurait. La situation avait un sens, alors qu'il se heurtait à un problème plus compliqué.

– C'est une hypothèse ou vous en avez la preuve ?

– Eh bien... Tom ne me l'a jamais dit carrément, mais il y a fait allusion. Il m'a laissé entendre qu'il ne savait pas comment concilier ses idées et ses sentiments.

– Vis-à-vis de quoi ?

– Il se sentait responsable du meurtre de Toth.

– Responsable ? Comment ça ?

– A cause d'une indiscrétion.

– A quel sujet ? Je ne comprends pas.

– Les déplacements de Toth, dit-elle. C'est moi qui lui ai donné l'adresse et le numéro de téléphone du Gramercy. Il pensait que quelqu'un avait utilisé ces renseignements pour retrouver Toth et le tuer. L'idée que le type était peut-être mort à cause de sa négligence le rendait fou.

Je me sentis cligner des yeux devant le téléphone, essayant de comprendre ce qu'elle avait dit.

– Sauf que, d'après Selma, Tom ne desserrait pas les dents ! Elle s'en plaignait. Il ne lui disait jamais rien, surtout quand il s'agissait du boulot !

– Je ne parle pas d'une indiscrétion verbale. D'après lui, quelqu'un avait consulté ses notes à son insu.

– Mais on n'a pas retrouvé son carnet !

– Pas à ce moment-là.

– Qui soupçonnait-il ? A-t-il cité un nom ?

– Quelqu'un avec qui il travaillait. Cette fois, il s'agit d'une hypothèse personnelle, il ne me l'a pas dite de vive voix. Pourquoi se serait-il fait un sang d'encre si ce n'était pas quelqu'un du service ?

Mon sang se figea. Je revis en un éclair les policiers que j'avais rencontrés à Nota Lake. Rafer LaMott. Le frère de Tom, Macon. Hatch Brine. James Tennyson. Le mari d'Earlene, Wayne. Même l'adjoint Carey Badger qui avait pris ma déposition la nuit de l'agression. La liste se déroulait ; tous étaient liés au bureau du shérif ou à la police de la route du comté. A l'arrière de mon esprit, j'avais en effet flirté avec une hypothèse que j'osais à peine formuler. L'idée m'était venue que mon agresseur avait été formé dans une école de police. J'avais repoussé ce soupçon, mais je le sentais prendre racine dans mon imagination. Il m'avait clouée au sol avec un savoir-faire qu'on m'avait enseigné en d'autres temps. Travaillait-il dans la police ? Je ne pouvais pas en jurer, mais l'idée me glaça.

– Vous me dites qu'un collègue de Tom était impliqué dans un double meurtre ?

– Je crois qu'il le soupçonnait et ça le déchirait. Je vous le répète, il ne m'en a rien dit. C'est une supposition de ma part, mais je n'en vois pas d'autre.

Cette fois, c'est moi qui restai un instant silencieuse.

– J'aurais dû y penser. Quelle conne... Eh merde !

– Qu'allez-vous faire ?

– Ça me dépasse. A votre avis ?

– Pourquoi ne pas en parler à quelqu'un de l'Inspection générale ?

– Pour dire quoi ? Dieu sait que je suis prête à leur filer tout ce que j'ai, mais, pour l'instant, c'est une pure hypothèse, non ?

– A vrai dire, oui. C'est sans doute une des raisons qui m'a empêchée de le faire. Je n'ai rien de concret. On y verra peut-être plus clair quand vous aurez interrogé l'autre fille de Pinkie, dans le nord ?

– Et le type saura que je l'ai repéré !

– Vous ne pouvez pas agir seule.

– Et faire appel à qui, hein ? Au bureau du shérif de Nota Lake ?

– Moi, je m'abstiendrais, dit-elle en riant pour une fois.

– Écoutez, si une idée me vient je vous en ferai part, dis-je. D'autres remarques ou conseils pendant qu'on y est ?

Elle réfléchit une seconde.

– Une chose… mais peut-être y avez-vous déjà pensé. On devait savoir que Tom travaillait sur ce dossier. Ce qui fait que, lorsqu'il est mort subitement, le type s'est sûrement cru hors d'affaire…

– Et voilà que je me pointe. Avec mes gros sabots ! Bien entendu, le type ne sait pas avec précision ce que Tom a révélé à ses supérieurs.

– Exactement. Les informations, si elles ne figurent pas dans ses rapports, circulent peut-être ailleurs, d'autant que ses notes ont disparu. Vous n'avez plus qu'à espérer mettre la main dessus avant tout le monde.

– Si le type ne les a pas déjà en sa possession.

– Pourquoi vous craindrait-il alors ? Vous n'êtes dangereuse que si vous détenez les notes.

Je me remémorai ma fouille en règle du bureau du Tom.

– Vous avez raison, lui dis-je.

– Moi, j'irais sur la pointe des pieds.

– Faites-moi confiance ! Encore une question pendant que je vous ai au bout du fil : êtes-vous jamais allée à Nota Lake ?

– Vous voulez rire ? Tom avait bien trop peur de m'y voir !

Je reposai le combiné, l'esprit ailleurs. Mon niveau d'anxiété montait dangereusement, comme des toilettes sur le point de déborder. La peur s'insinuait jusqu'à la moelle de mes os, pesante, humide. J'ai un problème avec les figures d'autorité, en particulier les policiers en tenue. Sans doute une séquelle de mon premier contact avec eux quand j'avais cinq ans et que j'étais incarcérée dans la carcasse de la voiture de mes parents. Je me rappelle encore l'horreur et le soulagement d'être sauvée par ces hommes imposants, avec leur revolver et leur matraque. Mais la sensation de danger et de douleur colle aussi à cette image. A cinq ans, je n'étais pas capable de les dissocier. Le sentiment de confusion et d'abandon qui m'avait alors submergée restait irrévocablement lié à la vision de l'uniforme. Enfant, on m'avait appris que les policiers étaient mes copains, des gens à qui s'adresser quand on est perdue et qu'on a peur. En même temps, je savais que la police avait le pouvoir de jeter en prison, d'où la crainte qu'elle inspirait quand on était parfois aussi « méchant » que moi. Je me rends compte, avec le recul, que je m'étais inscrite à l'école de police en partie pour me rallier le camp des gens mêmes que je redoutais. En me rangeant du côté de la loi, j'essayais manifestement de neutraliser cette vieille angoisse. Les policiers que j'avais rencontrés depuis étaient pour la plupart des individus honnêtes et bienveillants. Ce qui n'en rendait que plus alarmant de penser que l'un d'eux avait peut-être franchi un point de non-retour. Jamais rien dans mon souvenir ne m'avait autant terrifiée que l'idée de m'en prendre à ce type. Mais que faire, sinon ? Si je démissionnais, qu'arriverait-il ensuite ? La prochaine fois que j'aurais peur, j'abandonnerais aussi ce métier ?

Je gravis l'escalier en colimaçon et entrepris de remplir dûment mon sac de voyage.

CHAPITRE 18

Le brouillard blanchissait l'océan et l'horizon s'estompait en une opacité laiteuse à une centaine de mètres du rivage. Derrière les nuages, le soleil dardait une lumière dure, presque aveuglante. Les couleurs semblaient assourdies par la brume qui glaçait l'air. Un coup d'œil à la chaîne météo avant de partir m'avait annoncé de fortes précipitations dans la partie de la Californie vers laquelle je roulais, et je n'avais pas fait quarante kilomètres que je sentis le temps changer.

Je pris l'autoroute 126, traversai Santa Paula et Fillmore avant d'emprunter la 5, où je négociai un virage en épingle à cheveux pour rejoindre la 14. Je roulais dans un paysage de canyons : des collines rousses et pelées, couvertes de chaparral, aussi ridées et poilues que des éléphants. Les lignes à haute tension défilaient à travers les plis du terrain, tandis que l'autoroute dévidait ses six voies de béton à travers les failles et les fissures. Des lotissements résidentiels avaient jailli partout, constellant les corniches de pavillons qui donnaient aux formations rocheuses un côté curieusement incongru. Le programme de construction se poursuivait à en croire les pelleteuses, bétonneuses, dépôts provisoires d'équipements de chantier cernés par des grillages derrière lesquels on remisait le matériel lourd pendant la durée des travaux. Un portique fleuri occupait ici et là le large intervalle séparant les voies du freeway. Le sol avait une couleur de terre sèche et de foin. Malgré quelques arbres de loin en loin, le secteur semblait peu boisé.

Le temps de longer la base aérienne d'Edwards tandis que je filais en ligne droite vers le nord, le ciel avait viré au gris. Les nuages s'amoncelaient en couches ascendantes qui refoulaient le soleil pâlissant. Une pluie fine se mit à tomber, mince crachin qui ressemblait à une nappe de vapeur impalpable dans l'air. Des villages embrumés apparaissaient dans le lointain, petits et plats, dessinés au cordeau, tels des avant-postes lunaires. Plus près de la route, une dépendance à l'abandon depuis des éternités surgissait par intermittence. Le désert, bien qu'implacable, tolère pourtant les constructions des hommes... de guingois, vitres cassées, toits effondrés, elles subsistent bien après que leurs occupants sont morts ou partis sous d'autres cieux. Les plaines balayées par la pluie s'étendaient à perte de vue, avant de buter contre la lisière des montagnes d'un beige éteint. Les poteaux téléphoniques, qui filaient devant moi jusqu'à l'horizon, auraient pu illustrer une leçon de perspective. Derrière les collines effilées et dénudées, des affleurements de granit découpé s'assombrissaient à mesure que la pluie tombait plus dru. La route s'enfonça graduellement dans les premiers contreforts de la montagne. Derrière se dressaient des chaînes majestueuses. Rien ne troublait ces étendues pâles et monotones – ni arbre, ni herbe, ni trace du passage de l'homme. Sur des élévations plus importantes, j'aperçus de la végétation, là où les nuages bas dégageaient assez d'humidité pour l'entretenir.

J'avais mis mon semi-automatique dans le sac de voyage. Les experts, Dietz notamment, se moquent facilement du petit Davis, mais il m'était familier et je le sentais mieux en main que le Heckler and Koch, une acquisition plus récente. Vu l'état de mes doigts, je me voyais mal actionner la détente, mais j'étais nouée par l'appréhension, et sa présence me rassurait.

Peu à peu, l'irritation provoquée par Selma s'estompait. Comme pour le reste, une fois la machine en route, inutile de pester contre le destin. Je regrettais de ne pas avoir eu le temps de joindre Leland Peck, l'employé du Gramercy. J'avais pris pour argent comptant la déclaration de son coéquipier, comme quoi il n'avait rien à ajouter. Aucun enquêteur sérieux ne s'en serait contenté. J'aurais dû prendre la peine d'aller le voir et de vérifier ses souvenirs concernant l'inspecteur en civil porteur du mandat d'amener contre Toth.

En attendant, protégée par mon ignorance de la suite des événements, je pensais vaguement à la nuit qui m'attendait. J'ai horreur de loger chez les gens. Le lit y fait rarement mon affaire. En général, les couvertures ne bordent pas. Les oreillers sont de vraies galettes, ou alors en synthétique qui sent le vieux ballon de basket dégonflé. La chasse d'eau des toilettes refuse d'évacuer la totalité de la cuvette, la poignée reste dans la main ou il n'y a plus de papier, ce qui oblige à explorer tous les placards pour dénicher la réserve toujours très astucieusement dissimulée. Pis que tout, on est obligée d'être gentille en permanence. Je n'ai envie de personne en face de moi quand je prends mon petit déjeuner. Je ne veux pas partager le journal, ni parler à quiconque une fois ma journée finie. Si ces corvées me passionnaient, il y a beau temps que j'aurais reconvolé et mis un point final à ma paix et ma tranquillité !

Quand j'arrivai à Nota Lake à 6 :45, la nuit affirmait ses droits sur le paysage et le temps était franchement exécrable. Le crachin s'était intensifié et transformé en une méchante neige fondue. Mes essuie-glaces peinaient, amoncelant de la bouillasse en un arc qui remplissait presque mon pare-brise. La population de Nota Lake, comme d'autres vivant dans des frimas éternels, devait avoir des stratégies pour s'adapter aux diverses qualités de neige. D'après mon expérience limitée, la pluie givrante paraissait extrêmement dangereuse, transformant la chaussée en patinoire. Par moments, je sentais le véhicule déraper sur le côté, moyennant quoi j'adoptai une allure d'escargot. Au bord de la route, les herbes mortes s'étaient raidies sous l'accumulation de flocons d'une neige immatérielle et tourbillonnante. Selma m'avait déjà obligée à dîner en sa compagnie. Je me laisse facilement influencer dès qu'il s'agit de nourriture, conditionnée comme je le suis depuis ces dernières années par l'impérialisme culinaire de Rosie. Qu'une femme prenne mon régime en main avec un certain ton de despote et je file doux, presque incapable de me rebeller.

Je me garai devant chez elle, sortis mon sac de voyage et filai vers l'entrée courbée en deux, la tête dans les épaules comme pour éviter le mélange de pluie battante et de neige cinglante. Je frappai poliment, dansant d'un pied sur l'autre avec impatience jusqu'à ce qu'elle ouvre. Nous échangeâmes les banalités habituelles pendant que j'entrais dans le vestibule et m'essuyais les pieds sur le paillasson. J'ôtai mon blouson de cuir et abandonnai mes chaussures, consciente de la virginité de la moquette. Une chaleur exquise régnait dans la maison, embrumée par la fumée de cigarette prisonnière des pièces calfeutrées contre l'hiver. L'intensité du contraste avec le froid extérieur me fit frissonner de bien-être. Je suivis docilement Selma, qui me montra la chambre d'amis.

– Prenez tout votre temps pour vous refaire une beauté et vous installer. J'ai fait de la place dans la penderie et vidé un tiroir où ranger vos affaires. Vous me trouverez dans la cuisine où je mets une dernière main au dîner. Vous connaissez la maison, mais n'hésitez pas à appeler si vous avez besoin de quelque chose.

– Merci.

La porte refermée, j'inspectai la chambre avec consternation. Ici, le tapis, un coton de mauvaise qualité à poil ras, était rose fluo. Le lit à colonnes s'ornait d'un baldaquin et d'un dessus-de-lit en vichy à carreaux roses et blancs généreusement rembourré et matelassé. On retrouvait le même tissu dans le volant cachant le sommier et les enveloppes, également volantées, des trois épaisseurs d'oreillers. Six ours en tissu matelassé se serraient sur une banquette. Le papier de la tapisserie à rayures blanches et roses accueillait une frise florale dans la partie supérieure. Une coiffeuse démodée, juponnée de tissu froncé rose et blanc, s'accompagnait d'un tabouret-pouf assorti. Le tout souligné d'une énorme ganse de croquet blanc. Le cabinet de toilette d'amis prolongeait ce thème décoratif sémillant, auquel une housse au crochet pour le rouleau de PQ de dépannage ajoutait une touche finale. La chambre sentait le renfermé comme si elle n'avait pas été aérée depuis un certain temps, et il semblait y faire encore plus chaud que dans le reste de la maison. Ma respiration s'accéléra ; je me sentais au bord de l'asphyxie, avec un besoin d'air urgent.

J'allai jusqu'à la fenêtre avec la fébrilité d'un cambrioleur cherchant à s'enfuir. Je réussis à soulever le châssis, et me trouvai devant un double vitrage isolant à toute épreuve. A force de tripoter les fermetures, je finis par les débloquer toutes. Je poussai le vitrage extérieur qui s'empressa de se libérer de son cadre et tomba, vite fait bien fait, dans les buissons au-dessous. Passant la tête dans l'ouverture, je laissai la neige fondue me cingler délicieusement la figure. Comme le double vitrage avait atterri hors de ma portée, je n'y touchai pas et l'abandonnai aux thuyas. Je rabaissai le châssis intérieur et tirai les rideaux froncés pour dissimuler l'absence de double vitrage. Au moins, à l'heure du coucher, pourrais-je dormir dans une atmosphère correctement réfrigérée.

Selma m'ayant enjoint de me refaire une beauté, je profitai de son conseil pour la rejoindre le plus tard possible à la cuisine. Je fis pipi, me lavai les mains et me brossai les dents, heureuse de consacrer du temps à ces ablutions ordinaires. Debout devant le miroir, je m'examinai en me demandant si je m'intéresserais jamais à la douloureuse épreuve d'une épilation des sourcils. Probablement pas. Ma mâchoire portait encore des traces de meurtrissure et je pris le temps d'admirer ses marbrures en perpétuelle évolution. Puis je revins dans la chambre et procédai à une rapide inspection des lieux. Je sortis mon revolver du sac et le glissai entre le matelas et le sommier, près de la tête de lit. Personne ne s'y laisserait prendre, mais au moins je l'aurais à portée de la main. A mon avis, mieux valait ne pas flâner en ville avec une arme, surtout sans permis dûment à jour. Finalement, je n'eus plus d'autre solution que de respirer un grand coup et me présenter à la table du dîner.

Selma semblait s'être radoucie. Son attitude me surprit d'autant plus qu'elle avait eu gain de cause. J'étais de retour à Nota Lake et je logeais chez elle, ce que je voulais éviter à tout prix.

– C'est à la fortune du pot, m'annonça-t-elle. Vous ne m'en voudrez pas, j'espère ?

– C'est parfait, dis-je.

Elle prit le temps d'écraser son mégot, lâchant un ultime ruban de fumée dans l'air. Pour un fumeur, c'est ça, le savoir-vivre. Chacune tira sa chaise et s'assit à la table de cuisine.

Compte tenu de mon régime habituel, tout plat mitonné à la maison devient une gâterie sublime. Du moins le croyais-je avant d'affronter ce qu'elle avait concocté. Voici le menu : thé glacé avec édulcorant déjà mélangé, carré de gelée verte accompagné de cocktail de fruits et ruban intérieur de crème fouettée instantanée, laitue-iceberg assaisonnée d'une vinaigrette en bouteille couleur soleil couchant. Comme plat de résistance, purée de pommes de terre à la margarine flanquée d'une épaisse tranche de pain de viande, le tout nageant dans un potage « crème de champignons » dilué. Ma fourchette mit à nu au passage deux boules de flocons de pomme de terre déshydratés. Le pain de viande me rappelait fortement une spécialité de la prison de Perdido County, où une sanction (très redoutée) consistait à vous mettre « au pain de viande ». En l'occurrence, le détenu se voit infliger du pain de viande et deux tranches de pain blanc caoutchouteux deux fois par jour, avec comme seule boisson l'eau du robinet. Ledit pain de viande, un pâté de quinze centimètres à base de dinde, haricots blancs et autres ingrédients riches en protéines, baigne dans ce que l'administration dénomme de la sauce. La loi prévoit qu'un jour sur trois le détenu bénéficiera de ses trois repas normaux, avant d'être remis au « pain de viande ». Comparé à la version de Selma, un simple Big Mac avec fromage faisait figure de délice de gourmet. D'autant que, j'en avais la preuve, elle n'imposait pas ce traitement à Brant.

Selma n'ouvrit pas la bouche de tout le repas et je n'avais, moi, pas grand-chose à raconter. J'avais l'impression que nous étions un de ces couples mariés qu'on voit au restaurant : ne se regardant pas, ne prenant pas la peine de se dire un mot. Dès la dernière bouchée, elle alluma une autre cigarette afin de ne surtout pas me priver des goudrons et vapeurs pernicieuses qui ondoyaient au-dessus de la table.

– Voulez-vous du café ou un dessert ? J'ai un délicieux gâteau à la crème de noix de coco au congélateur. Il sera dégelé en moins d'une minute si je le passe au micro-ondes.

– Seigneur, je suis repue ! C'était somptueux.

– Avez-vous froid ? Je vous ai vue frissonner. Je peux monter le chauffage si vous voulez.

– Surtout pas ! Vraiment. Je suis chaude comme une caille. C'était un festin !

Elle tapota sa cendre de cigarette sur le bord de son assiette.

– Je ne vous ai pas demandé de nouvelles de vos doigts ?

Je levai la main.

– Encore un peu raides, mais ça s'arrange.

– Tant mieux. Et maintenant que vous êtes revenue, comment procédons-nous ?

– Justement, j'y réfléchissais, lui répondis-je. Je ne sais pas exactement par où attaquer et je ne veux pas laisser courir, mais je crois avoir une idée de ce qui tourmentait Tom.

– Vraiment.

– Après notre entretien de ce matin, j'ai passé un autre coup de téléphone. Sans entrer dans les détails… (Un temps.) Je ne sais même pas comment vous le dire. Ça paraît délicat.

– Bon sang, parlez !

– Il semblerait que Tom soupçonnait un de ses collègues d'être responsable du double homicide sur lequel il enquêtait.

Selma me dévisagea en plissant les yeux, le temps de digérer l'information. Elle aspira une large bouffée de sa cigarette et exhala un jet de fumée.

– Je n'arrive pas à le croire.

– Je sais que ça paraît incroyable, mais réfléchissez bien. Tom essayait d'établir un lien entre les deux victimes. On est d'accord ?

– Oui.

– Eh bien, il semblait visiblement croire qu'un de ses collègues avait subtilisé l'adresse d'Alfie Toth dans ses notes de terrain. Toth a été assassiné peu après. Toth ne tenait pas en place, mais il venait de sortir de prison et logeait provisoirement dans un hôtel de seconde zone. C'était la première fois que quelqu'un réussissait à le localiser. Personne à Nota Lake ne savait où se trouvait Alfie Toth, sauf lui.

– Comment en êtes-vous si sûre ? Il pourrait l'avoir dit à quelqu'un. Ou quelqu'un d'autre l'aurait appris de son côté par hasard.

– Sur ce point, vous avez raison. Mais Tom était sûrement bouleversé à l'idée d'avoir joué un rôle dans la mort d'Alfie. Pire encore, de soupçonner qu'un membre du bureau n'y était pas étranger.

– Mais vous n'avez pas de preuve ! C'est juste une hypothèse de votre part !

– Comment aurons-nous jamais de preuve si personne ne parle ? Et cela semble peu probable. Autrement dit : jusqu'ici, ce « quelqu'un » s'en est tiré à bon compte.

– Qui vous a renseignée ?

– Rassurez-vous. C'est quelqu'un de la police. Une source confidentielle.

– Confidentielle, mon œil ! Vous portez une grave accusation !

– J'en suis la première consciente, croyez-moi ! lui rétorquai-je. Écoutez, cette idée ne m'emballe pas plus que vous. C'est pourquoi je suis revenue. Pour en avoir le cœur net.

– Et si vous n'arrivez à rien ?

– Alors, franchement, je donne ma langue au chat. Il y a une possibilité. La fille de Pinkie Ritter, Margaret…

Selma parut contrariée.

– C'est vrai, j'avais oublié leur lien de parenté. Le rapprochement paraît bizarre, d'autant qu'elle travaillait pour Tom.

– Nota Lake est un bled. Il fallait bien travailler quelque part, alors pourquoi pas au bureau du shérif ? Comme tout le monde d'ailleurs, lui fis-je remarquer.

– Pourquoi n'a-t-elle rien dit quand vous étiez là au début ?

– Je ne connais l'existence de Ritter que depuis hier.

– Vous devriez en parler à Rafer.

– Il vaut mieux le laisser en dehors de tout ça pour l'instant. (Je la vis changer d'expression.) Quoi ?

– Je l'ai croisé cet après-midi et lui ai dit que vous seriez de retour ce soir.

Je levai les yeux au ciel de désespoir et regrettai de ne pas pouvoir donner un coup de tête dans la table, juste pour en rajouter.

– Si seulement vous aviez pu tenir votre langue ! Comme si ce n'était pas déjà assez compliqué ! Tout le monde se mêle des affaires de tout le monde ici !

Elle écarta mon objection d'un geste, comme un sale taon en maraude dans l'air enfumé.

– Ne dites pas de bêtises. C'était le meilleur ami de Tom. Qu'allez-vous faire ?

– Interroger Margaret ce soir et voir ce qu'elle sait. Ensuite, je n'ai pas d'autre choix que de rentrer à Santa Teresa et d'avoir un entretien au bureau du shérif de là-bas.

– Pour leur dire quoi ? Vous n'avez pas grand-chose.

– Strictement rien. Sauf en cas d'élément nouveau, je suis dans le noir le plus total.

– Je vois. Bon, je suppose qu'il faut se faire une raison ?

Elle écrasa sa cigarette et se leva sans rien ajouter. Elle commença à débarrasser la table et se dirigea vers l'évier.

– Laissez-moi vous aider, lui dis-je en me levant pour lui donner un coup de main.

– C'est inutile.

Sa voix était glaciale, son attitude distante.

J'entrepris de rassembler les assiettes et les couverts, la rejoignant près de l'évier où elle jetait déjà les restes de gelée dans la poubelle. Elle passa une assiette sous l'eau, ouvrit la porte du lave-vaisselle et la mit dans le panier du bas. Le silence devenait gênant et le bruit des assiettes trahissait un soupçon de nervosité.

– Qu'est-ce qui vous tracasse ? lui demandai-je.

– J'espère ne pas avoir commis d'erreur en vous engageant.

Je la regardai vivement.

– Je ne vous ai rien promis. Aucun détective privé honnête ne peut garantir de résultat. Parfois on ne trouve rien.

– Ce n'est pas ce que je voulais dire…

– Alors à quoi pensiez-vous ?

– Je ne vous ai jamais demandé de références.

– Il est un peu tard, non ? Si vous voulez interroger des personnes ayant recouru à mes services, je vous fais une liste.

Elle ne répondit rien. Je m'expliquai mal son changement d'attitude. Croyait-elle que je baissais les bras ?

– Je n'ai pas dit que j'abandonnais, précisai-je.

– Je comprends. Seulement que vous n'êtes pas à la hauteur.

– Vous voulez défier la police ? C'est de la folie.

Elle posa une assiette d'un geste si violent qu'elle se brisa net au milieu, en deux parties égales.

– Mon mari est mort ! s'écria-t-elle.

– Je le sais. Je suis désolée.

– C'est faux ! Ce que j'ai traversé, tout le monde s'en fout !

– Selma, vous m'avez engagée pour faire cette enquête et je la fais. Non, je ne suis pas à la hauteur. Tom non plus, en l'occurrence. Regardez ce qui lui est arrivé. Son cœur n'a pas tenu.

Elle restait devant l'évier, laissant couler l'eau chaude, les épaules frémissantes. Des larmes ruisselaient sur ses joues. J'attendis un peu, ne sachant quel parti prendre. Visiblement, elle avait décidé de pleurer jusqu'à ce que je réagisse et lui manifeste une compassion sincère. Je lui tapotai gauchement le dos, émettant de petits marmonnements. J'imaginai Tom : il en avait sûrement fait autant de son vivant, sans doute au même endroit. L'eau gargouillait dans le siphon, tandis que ses larmes coulaient de plus belle. Je capitulai. Je fermai le robinet. Faites l'expérience de la pénurie et vous aurez horreur du gaspillage. Au début, son chagrin me paraissait sincère, mais je la soupçonnais à présent de l'exploiter pour la galerie. Finalement, après s'être beaucoup mouchée et avoir amplement inspecté sa production nasale, elle se ressaisit. Nous finîmes de ranger et Selma se replia dans sa chambre, dont elle ressortit peu après en chemise de nuit et peignoir pour se faire un verre de lait chaud avant d'aller au lit. Je fuguai dès que la décence me le permit. Rien ne vaut la compagnie d'une invalide autoproclamée pour se sentir un cœur de pierre.

Margaret et Hatch habitaient près du centre-ville dans la Deuxième Rue. J'avais téléphoné de chez Selma avant de quitter la maison. A peine avais-je dit mon nom qu'elle me coupa :

– Dolores m'a prévenue que vous étiez passée la voir. Qu'est-ce que c'est que ce cirque ?

Au vu du meurtre de son père, la réponse paraissait aller de soi.

– J'essaie de déterminer ce qui est arrivé à votre père, lui répondis-je. Pourrais-je avoir un entretien avec vous ce soir ? Ou préférez-vous un autre moment ?

Ma requête parut la dérouter et elle n'y consentit qu'à

contrecœur. Les raisons de son attitude m'échappaient, mais je rayai la question de mon esprit. C'est vrai que le sujet avait de quoi la troubler, surtout à la lumière des violences paternelles du passé. A deux reprises, elle posa sa paume sur le récepteur pour conférer avec quelqu'un à l'arrière-plan. Sans doute Hatch, mais elle ne fit aucune allusion à lui.

Le trajet se déroula sans anicroche, malgré la traîtrise de la chaussée et la neige fondue qui continuait de tomber. Elle ne tenait toujours pas, mais le sol luisait et mes pneus avaient tendance à crisser chaque fois qu'ils rencontraient une plaque de verglas. Je dus jouer d'astuce avec les freins, ralentissant bien avant d'arriver au carrefour quand je voyais les feux passer à l'orange. Décidément en proie à une crise de paranoïa, je notai, bien sûr, la proximité de la maison des Brine avec le parking du Tiny's Tavern où l'on m'avait accostée. Wayne et Earlene ayant déposé les Brine, rien n'empêchait Hatch de revenir. Je me surpris à inspecter les rues en quête d'une camionnette noire, sans succès, naturellement.

Je pénétrai dans un lotissement de bungalows en brique datant d'une quinzaine d'années, à en juger par la hauteur de la végétation. Les arbres présentaient des troncs robustes, d'une bonne vingtaine de centimètres de diamètre, et la verdure au bas des maisons dépassait depuis belle lurette les rebords des fenêtres. Je ralentis en apercevant le numéro de la maison. Deux voitures et un pick-up stationnaient dans l'allée des Brine et à proximité. Je trouvai une place deux portes plus loin et m'immobilisai le long du trottoir, me demandant s'ils recevaient. Je me retournai sur mon siège pour étudier la maison. La façade était faiblement éclairée, à la différence des pièces sur le côté et dans la fraction de l'arrière visible depuis mon point d'observation. On était samedi soir. Margaret n'avait fait allusion à aucune réunion Tupperware ni d'étude de la Bible. Elle ne m'avait pas davantage suggéré de passer à un autre moment. Peut-être avaient-ils invité des amis à regarder une émission locale de télévision en réseau. J'hésitai. L'idée d'arriver au beau milieu d'une réunion ne m'emballait guère, et rien ne m'empêchait de lui parler le lendemain. En revanche, elle avait dit que je pouvais passer ce soir-là, et la voir retarderait d'autant mon retour chez Selma. J'avais gardé la clé de la maison, avec l'idée de me faufiler sans bruit par la porte de devant quand je rentrerais. La voiture se refroidissait sensiblement au fil de mes hésitations. Le quartier était calme, la circulation rare et il n'y avait aucun piéton en vue. Pour peu qu'on m'épie par la fenêtre, on allait me croire en planque avant un mauvais coup.

Je descendis de la voiture et en verrouillai les portières. Les trottoirs devaient être plus chauds que la chaussée. Les flocons y fondaient instantanément, laissant de petites mares au lieu de plaques de verglas. Les arbres du jardin, une espèce à feuilles caduques, avaient été surpris alors qu'ils portaient déjà de minuscules bourgeons verts. Dans cette région, la nature devait réserver de mauvais tours en mars. Je frappai à la porte, espérant ne pas tomber sur une vente de lingerie coquine. Peut-être m'avait-elle invitée dans l'espoir de me voir acheter un plein tiroir de petites culottes affriolantes pour remplacer tous mes vieux slips.

Elle ouvrit la porte en blue jean et pull-over rouge agrémenté d'un motif nordique sur le devant, cristaux de neige et renne. Elle portait des bottes courtes en daim doublé de mouton, qui faisaient du bruit quand on marchait et devaient garder les pieds agréablement au chaud par ce temps de chien. Avec ses cheveux noirs et ses lunettes ovales, elle avait l'air d'une adolescente engagée pour une séance de baby-sitting.

– Bonjour ! Entrez donc.

– Merci. J'espère que je ne dérange pas ? J'ai vu des voitures dans l'allée.

– C'est la soirée poker de Hatch. Les garçons sont dans le bureau, précisa-t-elle avec un geste du pouce vers le fond de la maison. Je suis de corvée de cuisine. On discutera là-bas.

Comme la maison de Selma, celle-ci semblait ne pas avoir été aérée de tout l'hiver, les joints en caoutchouc des doubles vitrages garantissant l'accumulation de fumée et d'odeurs de cuisine. On avait choisi un orange brûlé pour la moquette, et une nuance café au lait pour la peinture des murs du séjour. Le canapé trois places était marron chocolat, et deux fauteuilstapissier noirs à oreilles se faisaient face de part et d'autre de la table basse.

– Vous n'avez pas eu de mal à trouver ? s'enquit-elle.

– Pas du tout, dis-je. Vous préférez que je vous appelle Margaret ou Mame ? Je sais que Dolores parle de vous en disant Mame.

– Les deux font l'affaire. A vous de choisir.

Je la suivis dans la cuisine au bout du couloir. Elle était en train de préparer des plateaux de charcuterie sur le long plan de travail en Formica imitation bois. Il y avait des bols de chips, deux raviers remplis d'une mixture à base de crème fraîche et un assortiment de noix et de céréales mélangées avec du beurre et de l'ail en poudre. Je le sais parce que tous les ingrédients étaient encore sortis.

– Si vous m'aidez à apporter ces amuse-gueules dans la salle à manger, ça nous débarrassera et on pourra parler.

– Bien sûr !

Elle s'empara de deux bols et ouvrit la porte battante d'un coup de hanche, la maintenant pour me laisser passer avec le plateau de fromages en tranche et de viande prédécoupée. Bien entendu, tout était si néfaste pour la santé que j'eus aussitôt faim, mais mon appétit fut de courte durée. De l'autre côté d'une arcade à ma gauche, je vis Hatch et ses cinq copains assis sur des chaises pliantes en métal autour de la table de poker, dans le bureau. Un nombre incalculable de bouteilles de bière et de chopes y trônaient bien en évidence, ainsi que des cigarettes, cendriers, jetons de poker, dollars en billets, pièces de monnaie et bols de cacahuètes. Toute l'assemblée se retourna comme un seul homme pour me dévisager. Je reconnus Wayne, James Tennyson et Brant ; plus deux compères que je n'avais jamais vus. Hatch lança une remarque et James éclata de rire. Brant leva la main en guise de salut. Margaret les ignora, mais on ne pouvait se méprendre sur la fraîcheur de l'accueil.

Je posai les bols sur la table et regagnai la cuisine, m'appliquant à me comporter comme si leur présence me laissait indifférente. J'avais là l'essence même de ma vie. Tous les dangers que je rencontre à l'âge adulte, je m'y suis frottée à l'école élémentaire. Je redoute les types qui ricanent entre eux depuis que j'ai été forcée de passer chaque matin devant les grands de septième en allant au jardin d'enfants. A l'époque déjà je savais que rien de bon ne pouvait sortir de leurs réflexions vaseuses, et j'évite les bandes de joyeux lurons chaque fois que c'est possible.

Je pris un plat sur le comptoir de la cuisine et interceptai Margaret au moment où elle arrivait à la porte battante.

– Je vais vous les passer pour que vous les portiez sur la table, lui proposai-je en jouant les filles à l'esprit pratique.

A dire vrai, je ne supportais pas de me soumettre à cet examen collectif.

Elle prit le plat sans commentaire, tenant la porte ouverte avec sa hanche.

– Peut-être pourriez-vous ouvrir une ou deux bières de plus ? Vous en trouverez sur la clayette du bas du frigo dans la buanderie.

Je repérai six bouteilles de bière et le décapsuleur et me rendis utile en les ouvrant. Les victuailles évacuées, Margaret ferma la porte et poussa un soupir de soulagement :

– Heureusement qu'ils ne jouent qu'une fois par mois ! J'ai dit à Hatch qu'on devrait le faire à tour de rôle, mais il aime les avoir tous ici. D'habitude, Earlene accompagne Wayne et m'aide à tout installer, mais elle a pris froid et je lui ai dit de rester chez elle. Merde ! oh, pardon, mais j'ai oublié de sortir les assiettes. Je reviens tout de suite.

Elle attrapa un paquet géant d'assiettes en carton léger et partit vers la salle à manger.

– Si vous avez faim, servez-vous ! me lança-t-elle.

Comme j'avais encore des renvois de pain de viande, il me parut plus sage de décliner son offre.

Elle revint dans la cuisine et jeta l'emballage en cellophane à la poubelle, puis se tourna et s'appuya contre le comptoir, les bras croisés.

– A quoi puis-je vous être utile ?

Si la question manifestait son désir de coopérer, son attitude restait distante.

– Pourriez-vous me parler de la dernière visite de votre père ?

Il semblerait qu'il soit venu avec Alfie Toth dans la région au printemps pour vous voir.

– C'est exact, dit-elle.

Comme pour s'occuper, elle entreprit de revisser les couvercles des bocaux de cornichons, remettant la moutarde et la mayonnaise dans le réfrigérateur.

– N'y voyez pas un manque de respect, mais mon père était un pauvre type et nous le savions tous. Franchement, c'est en prison qu'il aura été le plus heureux. Il semblait toujours chercher les ennuis.

– Même lorsqu'il est venu ici ?

– Évidemment ! Il passait son temps à courir les femmes. Comme si elles étaient du genre à se laisser faire par ici !

– D'après le peu que je sais de lui, je ne l'imaginais pas comme un homme à femmes.

– Il ne l'était pas, mais il sortait à peine de prison et ça le démangeait de baiser. Il arrivait au Tiny's à quatre heures, juste à l'ouverture. Une fois qu'il avait commencé à boire, il mettait la main sur tout ce qui passait à sa portée. Il se croyait irrésistible et devenait teigneux et agressif quand ses avances de lourdaud tombaient à l'eau.

– Quelqu'un en particulier ?

Margaret haussa les épaules.

– Une serveuse au Rainbow et une au Tiny's. Alice, la rouquine.

– Je la connais, dis-je.

– Il ne parlait que de ça, qu'il était en rut. La tringle qu'il appelait ça. Je ne savais pas où me fourrer. Je veux dire... un père n'a pas à vous sortir des horreurs pareilles ! Il s'est conduit de façon odieuse. Il a fait le coup de poing. Il a emprunté de l'argent. Il a esquinté le camion ! Les gens par ici ne tolèrent pas qu'on se conduise comme ça. Hatch en devenait cinglé, bien sûr. Lui et moi, on se disputait. Hatch voulait les virer et je pouvais difficilement le lui reprocher. Seulement, comment faire, quand c'est votre propre père ? Je ne me voyais pas lui demander de partir. Cela ne faisait pas une semaine qu'il était là.

– Que s'est-il passé finalement ?

– On les a envoyés faire une partie de pêche, Alfie et lui. N'importe quoi pourvu qu'ils débarrassent le plancher un jour ou deux. Hatch leur a prêté des cannes qu'il n'a jamais revues. Ça l'a achevé ! Toujours est-il que j'ignore ce qui s'est passé, mais quelque chose a dû mal tourner. Le lendemain matin, on a vu arriver Alfie. Il a dit qu'ils avaient décidé de partir et qu'il passait prendre leurs affaires.

– Où était votre père ?

– Alfie nous a dit que Papa l'attendait et qu'il avait intérêt à se dépêcher sinon Pinkie allait lui faire sa fête. Moi, je n'ai rien pensé de particulier. Je veux dire... c'était bien dans son genre. Il essayait toujours de refiler toutes les corvées à Alfie.

– Tom était-il au courant ?

– Je le lui ai raconté en mars, quand on a retrouvé les restes de Papa. Une fois le corps identifié, Tom m'a informée officiellement et j'ai transmis la nouvelle à la famille. Jusque-là, pour autant que je sache, Papa allait bien.

– Vous n'avez pas trouvé bizarre que personne de la famille n'ait entendu parler de lui après qu'il eut, théoriquement, quitté la région ?

– Pourquoi ça ? Les mauvaises nouvelles, on ne tarde jamais à les apprendre. Nous avons toujours pensé que, s'il lui arrivait quelque chose, on nous contacterait. La police ou l'hôpital. Il avait toujours des papiers d'identité sur lui. Et puis Alfie nous téléphonait de temps en temps. A mon avis, ils ont dû se brouiller ; en tout cas, c'est l'impression qu'il donnait.

– Pour quelle raison appelait-il ?

Elle haussa les épaules.

– Je n'ai jamais compris. Juste pour voir comment on allait, disait-il.

– Il n'a jamais posé de questions au sujet de votre père ?

– Si, bien sûr. Mais pas comme s'il voulait vraiment renouer. Vous connaissez le style... Comment va ton père ?... As-tu eu de ses nouvelles ?... Ce genre de trucs.

– Autrement dit, il se demandait si Pinkie avait refait surface. C'est bien ça ?

– Je suppose. Finalement, il a cessé d'appeler et nous avons perdu tout contact avec lui.

– Peut-être a-t-il compris qu'on ne reverrait plus Pinkie.

– C'est ce que disait Tom. D'après lui, Papa avait pu être assassiné le jour même du départ d'Alfie, mais on n'a jamais pu le prouver. Dans les objets qu'ils ont trouvés, il y avait un reçu de station-service dans une de ses poches. Il était daté de la veille. Alfie et lui ont fait le plein en allant au lac. Vous pensez qu'Alfie savait quelque chose ?

– Presque sûrement.

– Ils pourraient s'être disputés ?

– C'est possible. A en juger par son comportement, ou il essayait de faire croire que Pinkie était toujours en vie, ou il avait lui-même des doutes. La dernière fois que vous l'avez vu… quand il est passé prendre leurs affaires… il vous a paru dans son état normal ?

– C'est-à-dire ?

– Était-il nerveux ? Pressé ?

– Pressé pour ça oui, mais ça n'avait rien d'anormal, sachant que Papa l'attendait.

– Il ne portait aucune trace de bagarre ?

– Rien que j'aie remarqué. Il n'avait pas de marques de terre ni d'égratignures.

– Comment comptaient-ils voyager ? En car, en train, en avion ? En stop ?

– Sans doute en car. Enfin… c'est ce que j'en déduis car on a retrouvé le camion à la station de Greyhound. C'est Hatch qui l'a repéré sur le parking un peu plus tard ce même jour.

CHAPITRE 19

Le temps que je prenne congé de Margaret, il était près de neuf heures trente. J'ouvris la portière de la Volkswagen, me glissai derrière le volant et mis la clé dans le contact. Une voiture vint à ma hauteur et, quand elle s'arrêta, je vis que c'était Macon dans une voiture pie de la police. Même à travers la vitre, je constatai qu'il était mieux armé contre le froid que moi. J'avais mon blouson d'aviateur en cuir marron, mais il me manquait les gants, l'écharpe et la casquette. Je baissai ma vitre. Sa voiture tournait au ralenti, la radio grésillait. La température avait chuté. Je soufflai rapidement sur mes doigts et mis le moteur en route, appuyant sur l'accélérateur juste pour le faire chauffer. Je réglai le chauffage, ce qui, dans une Volkswagen, consiste à faire passer une manette de OFF sur ON.

– Un problème ? demandai-je.

– Je suis de service cette nuit et j'ai pensé que ce ne serait pas une mauvaise idée de vous suivre jusque chez vous. J'ai discuté avec Selma tout à l'heure et elle m'a mis au courant. Je suis content que vous soyez revenue. Elle craignait que vous abandonniez le bateau.

– Croyez-moi, la tentation a été forte. Je préférerais être chez moi !

– Je me souviens de cette affaire Pinkie Ritter. Un petit malfrat sans envergure. Margaret vous a aidée ?

– Comme prévu, dis-je, éludant la question. Je vais au Tiny's. D'après elle, il avait embêté une des serveuses et je vais voir de ce côté-là. Rien ne dit que ce soit important, mais je récupérerai peut-être un supplément d'information. Un mari jaloux ou un petit ami qui négociait ses services... Vous avez d'autres suggestions ?

– Là maintenant, non... Vous paraissez rudement bien vous débrouiller, ajouta-t-il sans conviction excessive. Si vous me laissiez mener ma petite enquête pour voir ce que je peux trouver ? A mon avis, moins il y aura de gens au courant de ce que vous cherchez, mieux ça vaudra.

– Exactement ce que je pense. En tout cas, j'ai intérêt à bouger avant de geler sur place !

Il regarda sa montre.

– Vous en avez pour longtemps ?

– Pas tellement. Une demi-heure au maximum. Rien ne dit qu'Alice travaille le samedi. Je tente tout de même le coup.

– Si je vous suivais jusqu'au parking ? Je peux repasser dans une demi-heure et vous escorter jusqu'à chez Selma. Si la fille n'est pas de service, prenez un Coca ou quelque chose en m'attendant.

– Je suis sensible à cette attention. Merci.

Je remontai la vitre et débrayai. Macon démarra le premier, attendant que j'aie fait demi-tour pour me permettre de le suivre. Avec les garçons retranchés à l'intérieur dans leur poker, jamais je ne m'étais sentie aussi en sécurité de la journée.

Le parking du Tiny's était encombré de voitures, rangers et pick-up tractant des caravanes. Je garai la Volkswagen dans un mince interstice au bout de la rangée du fond. Macon attendit, ne me perdant pas de vue pendant que je me faufilais dans l'obscurité à travers les deux autres rangées de véhicules. Arrivée à la porte arrière de l'établissement, je me retournai et lui fis un signe de la main, à quoi il répondit par un petit coup d'avertisseur en démarrant. Je consultai ma montre. 10 :05. J'avais jusqu'à 10 :30, autrement dit largement le temps nécessaire.

Ça chauffait, le samedi soir au Tiny's ; deux orchestres y jouaient en alternance de la square dance, sans parler des ululements et autres beuglements, à quoi s'ajoutait la trépidation des bottes de cow-boy sur le parquet de la piste. Six serveuses faisaient la navette entre le bar et les tables bondées, jouant des coudes. Je repérai Alice à sa chevelure flamboyante à peu près au milieu de la salle et me frayai un chemin à travers les trois épaisseurs de spectateurs qui cernaient la piste. Je dus hurler pour me faire entendre. Elle comprit le message et me montra du doigt les toilettes-dames. Je la vis déposer un pichet de bière débordant et six tequilas, puis récupérer une poignée de billets qu'elle plia et fourra à l'intérieur de sa chemise. Puis elle mit le cap sur moi en prenant des commandes au passage. Nous fîmes une arrivée fracassante dans les toilettes, poussées par la cohue, et refermâmes la porte. Il y régnait un calme étonnant, le bruit ambiant étant réduit de moitié.

– Désolée de vous harponner !

– Vous plaisantez ? Je suis ravie ! Ici, c'est l'enfer sur terre. Ça recommence presque tous les samedis soir et les pourboires sont nuls. (Elle ouvrit la porte de la première cabine, fit un pas à l'intérieur et sortit un paquet de cigarettes de sa poche de tablier.) Faites le guet pour moi, voulez-vous ? Je ne suis pas censée m'arrêter pour fumer, mais c'est plus fort que moi. (Elle tapota le paquet pour libérer une cigarette et l'alluma en un clin d'œil. Elle inspira profondément, avec un gémissement de plaisir et de soulagement.) Seigneur, le pied ! Qu'est-ce que vous fichez là ? Je vous croyais définitivement repartie Dieu sait où !

– Je suis partie. Et revenue.

– Plutôt rapide !

– Comme vous dites, mais j'en sais nettement plus qu'il y a deux jours.

– Bravo. Ça vous donne plus de poids. J'ai appris que vous enquêtiez sur un meurtre ? Le père de Margaret Brine, à ce qu'on raconte ?

– C'est un brin plus compliqué, mais juste. A propos... je viens de passer chez elle et je l'ai interrogée sur la dernière visite de son père.

Alice eut un rire méprisant.

– Quel con ! Il n'arrêtait pas de me courir après, cet obsédé. Je l'ai envoyé se faire voir, mais il était d'un collant !

– A qui d'autre faisait-il du gringue ? Quelqu'un de précis ? Margaret me dit qu'il ne pensait qu'à...

Elle leva la main.

– Je peux vous interrompre une seconde ? Autant vous prévenir avant que vous alliez plus loin.

J'hésitai, alertée par quelque chose dans sa voix.

– Oui, bien sûr.

Elle étudia le bout de sa cigarette allumée.

– Je ne sais pas comment dire, mais ici tout le monde semble avoir des problèmes avec vous.

– Pourquoi ? Qu'est-ce que j'ai fait ?

– Justement, c'est la question que tout le monde se pose. Le bruit court que vous vous droguez.

– Absolument pas ! C'est ridicule ! Grotesque !

– Et aussi que vous avez descendu deux mecs de sang-froid il y a pas longtemps.

– Moi ? m'étranglai-je en éclatant de rire d'ahurissement. Où avez-vous entendu une pareille connerie ?

– Vous n'avez jamais tué personne ?

Je sentis mon sourire s'effacer.

– Si, mais pour me protéger. C'étaient deux tueurs qui en avaient après moi et…

Alice me coupa :

– Écoutez, je n'ai pas besoin des détails et je m'en contrefous. Moi, je veux bien vous croire, mais les gens du coin ne vous ont pas à la bonne. On n'aime pas penser que quelqu'un vient mettre la pagaille chez nous. On s'occupe de nos affaires.

– Alice, je vous le promets. Je n'ai jamais tué personne sans qu'il y ait eu provocation. Cette seule idée me révulse. Je vous le jure ! Qui a lancé ce bruit ?

– Comment savoir ? J'ai entendu ça tout à l'heure. Deux types qui parlaient.

– Ce soir ?

– Et hier aussi. Peu après votre départ. Je suppose qu'on est allé fouiner et qu'on a trouvé des preuves.

– Des preuves ?

– Comme je vous dis ! Un type que vous avez tué se cachait dans une poubelle…

– C'est faux ! Ce n'est pas lui qui se cachait, mais moi !

– Peut-être, mais en tout cas, c'est ce que j'ai entendu. Vous étiez planquée et quelqu'un a même fait remarquer que c'était rudement lâche. L'affaire la plus récente remonterait à trois ans. C'était dans les journaux de Santa Teresa. Quelqu'un a vu une photocopie de l'article.

– Je n'en crois pas mes oreilles. Quel article ?

Elle tira sur sa cigarette, me regardant d'un air sceptique.

– Vous n'étiez pas impliquée dans une fusillade au cabinet d'un avocat ?

– Mais le type voulait me tuer ! Je vous l'ai dit. Demandez à la police si vous ne voulez pas me croire !

– Inutile de vous énerver. Moi, ce que j'en disais, c'était pour votre bien ! Et j'aurais peut-être fait la même chose à votre place. Mais ici, c'est la cambrousse et la vie est dure. Les gens serrent les rangs. Tout ce que je dis, c'est que vous feriez bien de vous méfier.

– Quelqu'un essaie de démolir ma réputation ! Voilà de quoi il s'agit ! dis-je avec véhémence.

– Dites donc, je n'y suis pour rien, moi ! Je m'en balance ! Rossez qui vous voulez. Il y a des jours où je le ferais volontiers pour peu que j'en aie l'occasion. Simplement, les gens en ont marre. Et je pensais que je devais vous prévenir avant que ça aille trop loin.

– Merci mille fois. Mais j'aimerais savoir d'où ça vient.

Elle haussa les épaules d'un geste fataliste.

– C'est comme ça dans les petites villes.

– Si vous vous rappelez qui a lancé ces bruits, vous me le direz ?

– Promis. En attendant, je serais vous, j'éviterais de me trouver sur le chemin des flics.

J'éprouvai un brusque sentiment d'anxiété, l'impression qu'un glaçon me vrillait la poitrine.

– Pourquoi ça ?

– Tom était flic, non ? Ils sont fous de rage.

Elle jeta la cigarette allumée dans la cuvette des toilettes, un petit crachotis se faisant entendre lorsque l'objet en toucha l'eau, puis elle tira la chasse pour évacuer le mégot, agitant la main comme si elle pouvait chasser la fumée.

– Il vous faut autre chose ?

Je fis non de la tête, craignant que ma voix me trahisse.

Je me postai à la sortie sur le côté, les mains dans les poches, mais le froid qui m'avait saisie venait de l'intérieur. Je m'obligeai à penser à autre chose, luttant contre une déferlante d'angoisse. Voilà qui expliquait peut-être la vigilance subite de Macon.

Les nuages encombraient le ciel nocturne et alors que l'air aurait dû être cristallin, un épais brouillard montant du sol commençait à dériver à travers le parking plongé dans l'ombre. Deux couples sortirent ensemble. Une des femmes, complètement soûle, riait bruyamment en glissant sur la chape de goudron verglacée. Son chevalier servant lui avait passé le bras autour des épaules et elle s'appuyait contre lui pour ne pas tomber. Elle pila net, leva la main comme un agent de la circulation, puis se détourna pour vomir. L'autre femme fit un saut en arrière, protestant d'une voix glapissante. La femme soûle resta à la traîne, s'accrochant à une voiture en stationnement jusqu'à ce qu'elle ait fini et soit de nouveau capable d'avancer.

Le quatuor arriva à son véhicule et s'empila à l'intérieur, mais la femme soûle s'assit en biais et resta cinq bonnes minutes la tête dehors avant que la voiture puisse enfin démarrer. Je fouillai du regard les rangées de voitures vides, scrutant l'obscurité. Derrière moi, la musique du bar s'était réduite à une série de scansions sourdes et répétitives. J'aperçus des faisceaux de phares et vis une voiture ralentir. Je me rencognai dans l'ombre, attendant d'être sûre que c'était Macon dans sa voiture pie. Il vint à ma hauteur et s'immobilisa en laissant tourner le moteur. Je sortis de l'ombre et contournai l'avant de la voiture pour m'approcher de la vitre du côté du conducteur. Il la baissa en me voyant.

– Ça s'est bien passé ? me demanda-t-il.

J'entendais son autoradio grésiller, le standard parlait à quelqu'un d'autre. Il baissa le volume.

Je posai la main sur la portière.

– Le bruit court que je suis une sorte de vigile shooté, à ce que m'a dit Alice.

Son regard se perdit ailleurs. Il s'agita avec impatience, pianotant sur le volant de sa main gantée.

– Ne vous occupez pas des rumeurs. Tout le monde jase dans ce patelin.

– Parce que vous êtes au courant vous aussi ?

– Personne ne fait attention à ce genre de conneries.

– Faux ! Quelqu'un a pris le peine de faire une recherche d'antécédents.

– Et a récolté quoi ? Tout ça, c'est du vent. Je n'en crois pas un mot. (Autrement dit, il avait entendu le même ramassis d'inexactitudes que tout le monde.) Je ferais mieux de vous raccompagner. J'ai un appel à vérifier.

Je montai dans ma voiture et il me suivit jusqu'à l'allée de Selma, son moteur au point mort le temps que je traverse la pelouse de devant.

Selma avait laissé la lumière de la véranda allumée et ma clé tourna sans difficulté dans la serrure. J'ôtai mes chaussures mouillées et les pris à la main dans le couloir jusqu'à la chambre d'amis. La maison était silencieuse, sans même le murmure de la télévision indiquant que Selma était éveillée.

Je me glissai dans la chambre d'amis et refermai la porte. Elle avait allumé une des lampes de chevet et la pièce baignait dans un rose guilleret. Sur la table de nuit, elle m'avait laissé une assiette de cookies aux pépites de chocolat faits maison, protégés par un film en plastique. J'en mangeai deux, savourant leur goût de beurre et de vanille. J'en avalai deux autres par politesse avant de retirer mon blouson. Apparemment, Selma n'avait pas l'habitude de baisser la chaudière et la pièce sentait la chaleur confinée. Je gagnai la fenêtre, ouvris les rideaux et levai le châssis. Un air glacé s'engouffra par l'ouverture laissée par le vitrage extérieur, toujours retenu par les buissons un mètre au-dessous.

J'inspectai la portion de rue visible. Une voiture passa à faible vitesse, je m'écartai pour éviter de me faire voir, me demandant si les occupants m'avaient repérée. Je ne supportais pas Nota Lake. D'y être une étrangère, la cible de commérages qui déformaient ma vie. Je ne supportais pas mes soupçons. La seule idée d'un uniforme commençait à me faire saliver comme un chien soumis à une bizarre expérience de Pavlov. Alors qu'autrefois l'insigne et la matraque symbolisaient pour moi la sécurité personnelle, leur image déclenchait à présent une sorte de réflexe nerveux, comme si on m'appliquait des électrochocs. Si je ne me trompais pas sur les liens du type avec la police, il représentait la loi. Et moi, qu'étais-je ? Une petite détective privée insignifiante et minable, à cheval sur les principes de la justice. Vous parlez d'un couple…

Qu'est-ce qui m'empêchait de sauter dans ma voiture et de foncer jusque chez moi tout de suite ? J'avais besoin d'être dans un endroit où on m'aimait. Pendant un instant, je faillis céder à cette impulsion. Si je partais dans l'heure, je pouvais être à Santa Teresa à quatre heures du matin. J'imaginai mon lit si accueillant sur la mezzanine, avec sa couverture matelassée bleu et blanc et, au-dessus, les étoiles à travers la coupole en Plexiglas. Car le ciel serait clair, bien sûr, et l'air m'apporterait l'odeur du Pacifique qui grondait à quelques pas. Je visualisai le matin. Henry mettrait au four des petits pains à l'anis et nous prendrions notre petit déjeuner ensemble. Plus tard, je l'aiderais au jardin, à l'endroit précis où il travaillait à genoux dans la plate-bande, ses plantes de pied aussi impeccables qu'un moulage en plâtre. Je m'écartai de la fenêtre, brisant net l'enchantement. La seule route conduisant à la maison traversait la forêt.

Quelques minutes plus tard j'étais déshabillée et avais enfilé le T-shirt démesuré qui me sert de chemise de nuit. D'habitude je dors nue, mais dans une maison étrangère il est toujours utile d'être parée en cas d'incendie. Je me lavai la figure et me brossai les dents avec les difficultés habituelles. Je revins dans la chambre et l'arpentai de long en large. Des bibelots encombraient les étagères. Même pas un malheureux magazine en vue et, cette fois, j'avais oublié de prendre un livre. J'étais trop tendue pour dormir. Je sortis le dossier du sac et grimpai dans le lit, réglant la lampe de chevet pour passer en revue les notes que j'avais dactylographiées. Le seul détail qui me sauta aux yeux fut le témoignage de James Tennyson à propos d'une femme aperçue sur la route la nuit où Tom était mort. D'après son récit, elle venait de l'endroit où se trouvait le pick-up de Tom et s'était enfoncée dans le bois en apercevant la voiture de police. Mentait-il ? Avait-il inventé cette femme de toutes pièces pour me lancer sur une fausse piste ? Il ne m'avait pas paru sournois, mais laisser entendre que Tom était en galante compagnie quand son cœur avait lâché agrémentait le tableau. Quelle femme aurait bien pu s'enfuir en le laissant dans les affres de la mort ? Quelqu'un qui ne pouvait se permettre d'être vue avec lui ? A ce que je savais de Tom, je ne l'imaginais pas avoir une liaison et donc, si cette femme existait, pourquoi aurait-elle voulu dissimuler sa présence ? Lui, on l'avait vu au Rainbow Café à une heure inusitée.

L'intéressant, c'est ce que James m'avait dit sur la prétendue personne de sexe féminin en guise d'annexe à ses remarques. En général, je me méfie des commentaires. On connaît le peu de fiabilité des dépositions des témoins oculaires. L'histoire change à chaque redite, se métamorphose au fil des audiences ; amplifiée, enjolivée, jusqu'à la version finale qui déforme la vérité. Certes, la mémoire joue des tours. Des images camouflées sous le coup de l'émotion jaillissent brusquement à l'esprit lorsqu'on se repasse le film des événements. A l'inverse, les gens jureront avoir vu des choses qui n'ont jamais existé. Pour la seconde fois, je me demandai si Tom était allé au Rainbow Café pour y rencontrer quelqu'un. J'avais déjà posé la question à Nancy, mais peut-être faudrait-il insister.

Je repoussai mes notes et éteignis. Le matelas, moelleux, semblait donner de la bande. Les draps satinés se dérobaient au contact et m'obligeaient à rester légèrement en tension pour compenser ma tendance à glisser. Bourré de duvet, le jeté de lit piqué bouffait. Anéantie, je marinai dans ma chaleur corporelle. Pour preuve de ma robuste constitution, je m'endormis sur-le-champ.

La sonnerie lointaine du téléphone de la cuisine me réveilla. Je crus que le répondeur allait s'enclencher, mais au huitième dring insistant, je rejetai les couvertures et partis dans le couloir en T-shirt et petite culotte. Aucun signe de Selma et le répondeur était débranché. Je décrochai.

– Vous êtes bien chez Mme Newquist. Qui est à l'appareil ?

Quelqu'un respira dans mon oreille et raccrocha.

Je reposai le combiné et ne bougeai pas. Souvent, quelqu'un qui se trompe de numéro rappelle, convaincu que l'erreur vient de vous et que vous devriez être la bonne personne. Le silence persista. Je rebranchai le répondeur, puis étudiai le calendrier de Selma fixé sur la porte du réfrigérateur. Aucun rendez-vous n'y figurait, mais on était dimanche et je me rappelai qu'elle avait parlé d'aller voir un cousin à Big Pine après le service. Rien ne traînait sur l'égouttoir. J'ouvris le lave-vaisselle. Elle avait pris un petit déjeuner, rincé son assiette et sa tasse à café et les avait mises dans la machine, vide par ailleurs. Les parois intérieures de l'appareil diffusant encore une chaleur résiduelle, j'en conclus qu'elle avait trouvé le temps de faire la vaisselle avant de partir. La cafetière était branchée. Le pot en verre contenait la valeur de quatre tasses d'un café qui, à l'odeur, avait chauffé trop longtemps. Je m'en servis une tasse, y ajoutant assez de lait pour neutraliser le goût de bouilli.

Je revins dans la chambre d'amis, où je me lavai les dents, me douchai et m'habillai, buvant mon café tout en me harnachant. Une journée de plus dans cet endroit ne m'enchantait pas outre mesure, mais à la guerre comme à la guerre. En invitée stylée, je fis mon lit, terminai les trois derniers cookies en guise de coup de l'étrier et rapportai la tasse et l'assiette vides à la cuisine, où je les rangeai dans le lave-vaisselle en digne émule de Selma. Je pris mon blouson de cuir et mon sac à bandoulière, fermai la maison en sortant et me dirigeai vers la voiture. Phyllis se rangeait justement dans son allée, deux maisons plus loin. Je lui fis signe de la main, persuadée qu'elle m'avait vue, mais elle regarda obstinément ailleurs et je restai là comme une gourde, à sourire dans le vide. Je montai dans ma voiture en m'obligeant à fixer mon attention sur le travail qui m'attendait. La jauge indiquait que j'étais presque à sec, mais puisque j'allais au Rainbow, je m'arrêterais au passage pour prendre de l'essence.

J'immobilisai la voiture devant la pompe pour qu'on me fasse le plein et arrêtai le moteur, cherchant dans mon sac mon portefeuille et ma carte de crédit de la marque. A travers les fenêtres du bureau de la station-service, j'aperçus deux employés en combinaison de travail qui discutaient près de la caisse. Tous deux se retournèrent pour jeter un coup d'œil à ma Volkswagen, puis reprirent leur conversation. Il n'y avait pas d'autre véhicule aux pompes. J'attendis, mais aucun ne fit mine de bouger. Je remis le contact et klaxonnai avec impatience. J'attendis deux minutes de plus. Pas la moindre réaction. C'était agaçant. Je n'avais pas que ça à faire et je ne comptais pas passer la journée à attendre un foutu plein qui ne venait pas ! J'ouvris la portière et sortis, regardant par-dessus le toit en direction de l'aire de stationnement. Aucune trace des pompistes. Irritée, je claquai la portière et m'approchai du bureau, à présent désert.

– Bonjour ?

Rien.

– Quelqu'un pourrait-il me faire le plein ?

Personne.

Je regagnai la voiture, où j'attendis encore une minute. Les deux compères avaient-ils débrayé sans autre explication ? Ou alors été dévorés par des extraterrestres cachés dans les toilettes-hommes ? Je mis le contact et lançai quelques brefs coups de klaxon, manifestation d'impatience qui resta vaine. Finalement, je démarrai dans un petit crissement de pneus pour manifester mon exaspération. Je m'insérai dans le flot de circulation de l'artère principale et fis six pâtés de maisons avant de trouver une autre station-service. Laissez-moi rire, pensai-je. Voilà comment on fait le jeu de la concurrence ! Je n'avais pas de carte de crédit pour cette marque, mais je pouvais me permettre de payer en liquide. Un plein de Volkswagen n'est pas la mer à boire. Je m'arrêtai et renouvelai à peu de chose près mon petit manège. J'éteignis le moteur et vérifiai le contenu de mon portefeuille. Il y avait une voiture au distributeur voisin et le pompiste, à ce moment précis, retirait le pistolet du réservoir. Il me jeta un bref coup d'œil et je vis son regard changer.

– Bonjour ! lançai-je. Ça va ?

Il prit la carte de crédit de l'autre femme et disparut dans le bureau, revenant quelques instants plus tard avec sa facturette sur un plateau. Elle signa et prit son exemplaire. Tous deux bavardèrent un instant, puis elle démarra. Le pompiste regagna le bureau et je ne le revis plus. Que se passait-il ? Je me regardai avec attention en me demandant si j'étais devenue invisible pendant mon sommeil.

Je contemplai la fenêtre du bureau, puis cherchai du regard une autre station dans les parages. Je vis un distributeur indépendant trois portes plus loin. Même avec ma jauge à zéro, je savais que ma fidèle Volkswagen avait de quoi rouler encore quelque temps, vu le nombre de kilomètres au compteur. Mais je ne tenais pas spécialement à gaspiller la fin de mon plein à chercher un endroit où faire le prochain. Je remis le contact, passai en première et sortis de cette station-service pour entrer dans la suivante, quelque deux cents mètres plus loin.

Cette fois je vis un pompiste sur l'aire de service et m'arrêtai là d'abord. Il fallait tirer la chose au clair. Je me penchai et baissai la vitre du côté du passager.

– Bonjour ! dis-je d'un ton enjoué. Vous êtes ouvert ?

Son regard incompréhensif déclencha en moi un sentiment d'inquiétude. Il ne tournait pas rond, le gars.

J'essayai un sourire plutôt raté, mais impossible de faire mieux.

– Parlez-vous anglais ? *Habla inglés ?*

Ou quelque chose du genre.

Il me renvoya un sourire, lent et malveillant.

– Ouais, ma p'tite dame, on est ouvert. Et pourquoi vous allez pas vous faire voir ailleurs, hein ? Si vous croyez qu'on va s'occuper de vous dans cette ville, vous êtes mal tombée !

– Désolée, dis-je.

Je détournai les yeux, gardant un visage impassible pendant que je quittais la station-service et tournais à droite dans la première rue qui se présenta. Sous mon blouson, la sueur transperçait le dos de ma chemise.

CHAPITRE 20

Une fois hors de vue, je me rangeai dans une rue à l'écart pour faire le point. Le monde avait manifestement disjoncté, mais je ne savais pas si on réagissait à un signalement de ma voiture ou de ma personne. J'enlevai mon blouson de cuir et le jetai sur le siège arrière, puis je farfouillai dans les accessoires divers et variés que j'ai toujours avec moi en cas d'urgence, celle-ci par exemple. J'enfilai un sweat-shirt rouge uni, assorti d'une paire de lunettes de soleil et d'une casquette de base-ball des Dodgers. Je descendis de voiture, ouvris le coffre et pris le bidon de quinze litres que je range toujours là. Verrouillant la voiture, je partis à pied vers l'artère principale en direction d'une station-service que je n'avais pas encore essayée.

Ignorant le bureau, j'allai droit à l'aire de service, où un mécanicien insultait un pneu crevé en essayant de desserrer un boulon de fixation qui ne voulait rien entendre. Sur la porte, une pancarte précisait MÉCANICIEN DE GARDE avec le nom de l'intéressé, ED BOONE, sur une fiche en plastique glissée dans le compartiment. Quittant le périmètre de stationnement, j'obliquai vers le bureau et passai la tête à l'intérieur. L'employé, un gamin de dix-neuf ans au maximum, les cheveux décolorés coupés en brosse et les ongles vernis en vert, concentrait son attention sur les pages d'un magazine pornographique sur papier couché.

– Oncle Eddy m'a dit que je pouvais remplir ça. Je suis en panne sèche et j'ai mon pick-up garé un peu plus loin. A propos, c'est le mien, précisai-je en levant le bidon.

Inutile que le gamin prétende plus tard que je le lui avais volé. Vu ma réputation actuelle de tueuse de sang-froid, le vol d'un bidon d'essence aurait été dans la ligne du personnage. Je crus voir passer une lueur de perplexité sur son visage, mais j'expédiai ma petite affaire avec des allures de propriétaire.

J'allai jusqu'à la pompe en libre-service, lui jetant un regard en biais pour voir s'il était au téléphone. Il fixait la baie vitrée, m'observant d'un œil vide pendant que je remplissais le bidon. Le total s'inscrivit au panneau d'affichage : $ 7,45. Je repartis vers le bureau et lui tendis un billet de dix dollars, qu'il fourra dans sa poche sans proposer de me rendre la monnaie. Son regard se reporta sur le magazine pendant que je m'en allais. Sympa de constater qu'aussi bas qu'on tombe, on trouve toujours quelqu'un pour vous manger la laine sur le dos ! Je regagnai ma voiture et vidai les quinze litres dans le réservoir. Le bidon retrouva sa place dans le coffre et je repartis avec une jauge presque à la verticale.

Mon cœur battait aussi vite qu'après une course, et d'ailleurs ça y ressemblait fort. Tout indiquait qu'on allait désormais me surveiller et me mettre des bâtons dans les roues à chaque occasion. Jamais je ne m'étais sentie si exclue du monde environnant. Je me trouvais déjà sur un territoire peu familier et dépendais pour mon bien-être et de manière plus ou moins subtile des petites civilités ordinaires de la vie. Or on me fuyait, et cette mise en quarantaine me terrifiait. Tout en me faufilant dans la circulation, je me rendis compte que ma Volkswagen tranchait au milieu des pick-up, véhicules de service, caravanes, vans et autres 4 × 4.

A neuf kilomètres de la ville, je ralentis sur le parking en gravillons du Rainbow et le contournai par la gauche avant de me garer en marche arrière sur une place située à l'extrémité des gros conteneurs d'ordures. J'attendis un peu, essayant de me « recentrer », comme disent les Californiens. Bien que sibyllin, le terme me paraissait s'appliquer aux circonstances. Si la tribu me bannissait, autant m'assurer d'avoir mon « moi » bien en main avant de poursuivre. Je pris deux profondes inspirations et sortis. Le matin était couvert et les montagnes se pressaient dans le lointain comme des nuages annonciateurs d'orage. Par ici, où la plaine morne et vide s'étendait à n'en plus finir, le vent sifflait au ras du sol, glaçant tout sur son passage. Des flocons de neige restaient en suspens dans l'air gelé, comme des grains de poussière.

En marchant sur les gravillons, je me sentis extraordinairement repérable. Je lançai un regard en douce en direction des vitres du café et j'aurais juré voir deux consommateurs me dévisager avant de détourner les yeux. Un frisson me parcourut. Le puissant ostracisme clanique des temps anciens. J'imaginai les offices religieux qui se déroulaient au même moment, catholiques, baptistes et luthériens entonnant hymnes et cantiques et remerciant le Seigneur, attentifs aux prêches de leurs officiants respectifs. Après quoi, les pieux fidèles de Nota Lake envahiraient les restaurants, encore endimanchés et pressés de déjeuner. Je fis une petite prière solitaire et poussai la porte.

On ne s'entassait pas dans le café. Comme d'habitude, je jetai un rapide coup d'œil autour de moi. Je vis James Tennyson assis au comptoir avec une tasse de café. Il était en jean, le journal ouvert devant lui. A côté de sa main, un verre d'eau vide et un sachet bleu et noir d'Alka-Selzer froissé. Aucun signe de sa femme, Jo, ni de son bébé dont le nom m'échappait. La fille de Rafer, Barrett, me tournait le dos et s'activait à la plaque chauffante. Elle portait un grand tablier blanc par-dessus son jean et un T-shirt. Une toque de cuisinier dissimulait sa masse de cheveux bouclés et rebelles. Elle maniait sa spatule avec adresse, retournant des chapelets de saucisses, faisant sauter un quatuor de pancakes. Tandis que je l'observais, elle transféra les aliments fumants dans deux assiettes en attente. Nancy s'empara de la commande et la porta au couple assis près de la fenêtre. Rafer et Vicky LaMott occupaient le box à mi-hauteur de la rangée de tables vides. Ils avaient fini de manger et Vicky rassemblait son sac et son manteau. James avait des poches sous les yeux et les traits tirés. Il m'aperçut et me fit un signe de tête, dans un parfait dosage de politesse et de réserve. Son visage de beau gosse blond ne portait que de minces traces de ce que je supposai être une gueule de bois. Je me dirigeai vers un box du fond, marmonnant une vague salutation à Rafer et Vicky au passage.

Nancy se manifesta. Elle paraissait distraite, mais pas inamicale, et traversa la salle en direction du comptoir pour y prendre une assiette de flocons d'avoine.

– Je suis à vous dans une minute. Vous voulez du café ?

– Avec plaisir.

A première vue, elle ne participait pas au boycottage. Alice, la veille au soir, avait eu aussi une attitude amicale, enfin... elle avait au moins pris la peine de me prévenir du gel qui s'amorçait. Peut-être que seuls les hommes m'excluaient ; pas franchement rassurant. Tout compte fait, c'était un homme qui m'avait déboîté les doigts pas plus tard que l'avant-veille... Je m'aperçus que je me massais les doigts, remarquant pour la première fois que l'œdème et les meurtrissures leur donnaient l'aspect d'étranges bananes encore vertes. Je mis ma tasse à l'endroit en prévision du café, notant que les doigts en question refusaient de se plier correctement. Comme si une induration de la peau leur ôtait toute souplesse.

En attendant qu'on me serve, j'étudiai le profil de James. Qui l'avait renseigné sur Pinkie Ritter et Alfie Toth ? Appartenant à la police de la route, il restait en dehors des opérations du bureau du shérif, mais rien ne l'empêchait d'exploiter ses liens d'amitié avec les adjoints pour glaner des informations sur les enquêtes pour homicide. Il avait été le premier sur les lieux, la nuit de la mort de Tom. Peut-être avait-il inventé cette histoire de femme marchant dans la nuit, car je n'écartais toujours pas cette hypothèse, mais le mobile m'échappait. Ce n'était pas Colleen. Elle affirmait ne jamais avoir mis le pied dans la région et j'étais tentée de la croire. Tom avait trop à perdre si on l'avait vu en sa compagnie. De plus, si elle s'était trouvée dans le pick-up, jamais elle ne l'aurait abandonné.

Les LaMott s'extirpèrent de leur box, enfilant leurs manteaux et s'apprêtant à quitter les lieux. Vicky alla jusqu'au comptoir bavarder avec Barrett, tandis que Rafer s'approchait de la caisse et réglait l'addition. Comme à son habitude, Nancy faisait deux choses à la fois, posant le pichet de café pour prendre son billet de deux dollars et rendre la monnaie. James se leva au même moment et laissa son argent sur le comptoir à côté de son assiette. Rafer et lui échangèrent quelques mots et je vis Rafer jeter un coup d'œil vers moi. James mit son blouson et sortit du restaurant sans se retourner. Vicky rejoignit son mari, qui lui dit sans doute d'aller l'attendre dans la voiture. Elle acquiesça et entreprit d'enfiler ses gants et son bonnet de laine. Je n'aurais su dire si elle m'ignorait délibérément ou non.

Après son départ, Rafer se dirigea vers moi, les mains dans les poches de son pardessus, une écharpe en cachemire rouge autour du cou. Superbement coupé, son manteau était d'une couleur chocolat noir qui mettait en valeur le ton de sa peau. Fichtre, cet homme s'habillait avec goût...

– Bonjour, inspecteur LaMott, dis-je.

– Rafer, rectifia-t-il. Comment va la main ?

– Toujours accrochée au bras.

Je levai les doigts en l'air et les agitai comme si le geste ne me causait aucune douleur.

– Je peux m'asseoir ?

Je lui indiquai la place en face de moi et il se glissa dans le box. Il paraissait mal à l'aise, mais son expression n'avait rien d'hostile et ses yeux noisette exprimaient un souci sincère, non la froideur ni l'animosité auxquelles je m'attendais plus ou moins.

– J'ai eu une longue discussion avec des gens de Santa Teresa à votre sujet.

Mon cœur s'affola.

– Ah bon. Qui ça ?

– Le coroner et deux collègues. Un inspecteur de la brigade des homicides nommé Jonah Robb, dit-il.

Il posa un coude sur la table et pianota de l'index en jetant un regard autour de la salle.

– Je vois. Vous avez vérifié les bruits qui courent à mon sujet.

Son regard retrouva le mien.

– Exact. Autant vous le dire, d'après le bureau du shérif, il n'y a rien à vous reprocher, mais j'ai entendu des rumeurs que je n'aime pas et elles m'inquiètent.

– Je ne suis pas si rassurée moi-même, mais que faire ? Tout ce qu'on gagne à les démentir, c'est d'avoir l'air coupable et de vouloir se défendre. Je sais d'expérience que ça ne mène à rien.

Il s'agita nerveusement. Il finit par se retourner pour me regarder bien en face, les mains croisées devant lui. Sa voix baissa d'un ton :

– Écoutez, je suis au courant de vos soupçons. Pourquoi ne pas me dire ce que vous savez et je ferai tout mon possible pour vous aider.

– Génial, dis-je, étonnée par mon manque d'enthousiasme et de sincérité. (Le temps de me poser la question, j'éprouvai un frisson d'inquiétude.) Je vais vous dire ce qui me préoccupe pour l'instant. Un inspecteur en civil – ou se faisant passer pour tel – s'est présenté dans un hôtel minable de Santa Teresa avec un mandat d'arrêt contre Toth. Comme la police de Santa Teresa n'a aucune trace de mandat en cours dans ses fichiers informatisés, il s'agissait sans doute d'un faux, mais je ne peux pas le prouver parce que je n'ai pas accès à l'ordinateur.

– Je peux m'en occuper, dit-il d'un ton bénin. Quoi d'autre ?

Je m'aperçus que je choisissais mes mots avec soin :

– Je pense aussi que le type a menti. C'était peut-être un policier, mais je pense qu'il s'est présenté sous une fausse identité.

– Quel nom a-t-il donné ?

– J'ai demandé, mais l'employé que j'ai interrogé n'était pas de service ce jour-là et l'homme n'aurait pas précisé son nom.

– D'après vous, il s'agit de quelqu'un de chez nous, dit-il. Ce n'était pas une question, mais un constat.

– C'est une hypothèse.

– Fondée sur quoi ?

– La coïncidence de dates est troublante, non ?

– Comment ça ?

– Tom voulait interroger Toth sur la mort de Pinkie Ritter. L'autre type est arrivé le premier et c'en a été fini du pauvre vieil Alfie. Tom est devenu une loque à partir de la mi-janvier, quand on a retrouvé le corps de Toth. C'est bien ça ?

– D'après Selma.

Rafer se tenait à présent sur ses gardes et commença à tapoter la table, l'extrémité de son index expédiant une série de petits coups nerveux. A croire qu'il m'envoyait un message en morse.

– Ne serait-ce pas précisément cette découverte qui tourmentait Tom ? Sinon quoi ?

– Tom faisait ce métier depuis trente-cinq ans et était un professionnel accompli. Il enquêtait sur une affaire d'homicide qui l'accaparait, je le reconnais, mais pas au point de passer ses nuits à se ronger les ongles. Bien sûr qu'il pensait à son travail, mais pas au point d'en avoir une attaque cardiaque. L'idée est absurde !

– La tension qu'il subissait y a peut-être contribué.

– En quoi la mort de Toth pouvait-elle le déstabiliser ? Il faisait son boulot, un point c'est tout. Il n'a même jamais rencontré ce type, à ma connaissance.

– Il se sentait responsable.

– De quoi ?

– Du meurtre de Toth. Il pensait qu'on avait eu accès à son carnet, où il avait noté l'adresse temporaire de Toth et le numéro de téléphone du Gramercy.

– Comment savez-vous ce que pensait Tom ?

– Parce qu'il s'en était ouvert à un autre enquêteur.

– Colleen Sellers.

– Pour ne rien vous cacher.

– Et Tom lui a dit ça ?

– Enfin, pas de manière explicite. Mais c'est ainsi que le tueur aurait réussi à trouver Toth et à le liquider.

– Vous ne m'avez toujours pas dit pourquoi vous soupçonnez quelqu'un de chez nous.

– Élargissons le champ et disons quelqu'un de la police.

– Vous lancez cette idée au hasard.

– Qui d'autre avait accès à ses notes ?

– Tout le monde ! Sa femme, son fils Brant. La moitié du temps, la maison restait ouverte. Ajoutez la femme de ménage, le type qui s'occupe du jardin, le voisin d'à côté, le type d'en face. Aucun n'est dans la police, mais n'importe lequel d'entre eux aurait pu pénétrer chez lui. Et qu'est-ce qui vous fait dire que ce n'était pas quelqu'un de Santa Teresa ? La fuite ne vient pas forcément de ce côté-ci.

Je le fixai, ahurie.

– Vous avez raison.

Quinze pour lui.

Le tapotement s'interrompit et son attitude se radoucit.

– Et si vous en restiez là et nous laissiez régler ça ?

– Ça quoi ?

– Nous ne sommes pas restés là à nous tourner les pouces. Nous avons une piste.

– Ravie de l'apprendre. Et bravo pour votre célérité. Je ne voudrais surtout pas être la seule à ramer.

– Laissez tomber l'ironie et ne poussez pas trop. C'est nous que l'affaire regarde.

– Vous voulez dire que vous avez un tuyau sur l'assassin d'Alfie ?

– Je dis que ce serait plus malin de rentrer chez vous et de nous laisser régler ça ici.

– Et Selma ?

– Elle sait qu'elle n'a pas à se mêler d'une enquête officielle. Vous aussi d'ailleurs.

Je lui ressortis l'argument de Selma :

– Aucune loi n'interdit de poser des questions.

– Tout dépend sur qui. (Il consulta sa montre.) Vick m'attend dans la voiture et on est en retard pour l'office, dit-il.

Il se leva, rectifia l'aplomb de son pardessus et sortit ses gants de cuir d'une poche. Je le regardai les enfiler avec soin et me remémorai, sans m'expliquer pourquoi, son arrivée matinale aux urgences ; douché et rasé de frais, tiré à quatre épingles, entièrement réveillé… Il abaissa les yeux sur moi.

– Est-ce qu'on vous a raconté l'histoire de la région ?

– Oui. Cecilia.

Il continua comme s'il ne m'avait pas entendue.

– L'Angleterre a envoyé une tripotée de bagnards dans les colonies. Des criminels de la pire engeance, marqués au fer rouge pour leurs méfaits abominables.

– Le « nota » de Nota Lake, dis-je, ayant bien retenu ma leçon.

– Exactement. Et cette véritable lie a pris le chemin de l'Ouest et s'est fixée dans les montagnes. C'est à leurs descendants que vous avez à faire. Aussi, regardez où vous mettez les pieds.

Je ris sans conviction.

– On est dans un western ? C'est un avertissement ? Je dois avoir quitté la ville demain au coucher du soleil ?

– Pas un avertissement. Une suggestion. Pour votre bien.

Je le regardai sortir du restaurant et m'aperçus que j'avais la bouche complètement sèche. La même impression que la veille de la rentrée scolaire, une terreur souterraine qui me coupait l'appétit. La perspective d'un petit déjeuner ne me disait plus rien. L'endroit s'était vidé. Le couple près de la fenêtre s'apprêtait à partir. Je les vis régler l'addition, Barrett à la caisse tandis que Nancy se précipitait vers moi avec un pichet de café et le menu, se confondant en excuses. Elle me tendit le menu.

– Désolée d'avoir été si longue, mais je faisais une nouvelle cafetière et je vous ai vue en pleine discussion avec Rafer, dit-elle en remplissant ma tasse de café brûlant. Vous avez choisi ? Je ne veux pas vous bousculer. Prenez tout votre temps. Sauf que je ne veux plus vous faire attendre, vous avez été déjà si patiente !

– Je n'ai pas faim, lui répondis-je. Si je m'installais au comptoir, qu'on puisse bavarder ?

– Pas de problème.

Je saisis ma tasse et m'apprêtai à prendre les couverts.

– Laissez-moi faire, dit-elle.

Elle s'empara du menu et des couverts et se dirigea vers le comptoir, où elle me fit une place entre la plaque chauffante et la caisse. Barrett nettoyait le gril avec une raclette. De la graisse de bacon et des particules de pancake et de saucisse atterrirent dans la rigole. Nancy rinça une lavette, la tordit pour l'essorer et la passa sur le comptoir.

– Alice dit que vous lui avez posé des questions sur Pinkie Ritter.

– Vous vous souvenez de lui ?

– Toutes les femmes de Nota Lake se souviennent de lui ! lâcha-t-elle sans hésiter.

– Il vous a ennuyée ?

– Vous voulez dire… fait des avances sexuelles non désirées ?

Il m'a agressée un soir où je quittais mon travail. Il m'attendait sur le parking et m'a saisie par le cou au moment où j'entrais dans ma voiture. Je lui ai fichu un coup de pied à lui remonter les fesses entre les omoplates et il se l'est tenu pour dit ! Il avait été condamné pour viol à deux reprises et c'est comme ça qu'il s'est fait prendre.

– Avez-vous déposé plainte ?

– Pour quelle raison ? Je suis assez grande pour me défendre. La loi aurait fait quoi ? Elle se serait pointée pour lui taper sur les doigts ?

Barrett s'était installée devant le petit évier, juste au-dessous du comptoir devant nous, et s'occupait à présent de rincer les assiettes et de les ranger dans le panier du lave-vaisselle industriel qui se trouvait sans doute à l'arrière. Elle avait les yeux clairs de son père et ne cachait pas qu'elle écoutait ce que racontait Nancy et l'applaudissait.

Je me tournai vers elle.

– Et vous, il vous est tombé dessus ?

– Oh non ! Pas question ! dit-elle, les joues soudain enflammées. J'étais de la mauvaise graine à l'époque, dix-huit ans à peine. Il savait qu'il n'avait pas intérêt à tourner autour de moi.

Je me tournai vers Nancy.

– Et les autres femmes ? Quelqu'un en particulier ? Earlene, Phyllis ?

Nancy secoua la tête.

– Pas que j'en aie entendu parler, mais ça ne veut pas dire qu'il n'a pas essayé. Ce genre de type, ça s'en prend à tout ce qui a l'air vulnérable.

– Puis-je vous poser une autre question ?

– Bien sûr.

– La nuit où il est mort, Tom Newquist était bien passé ici un peu plus tôt dans la soirée ?

– C'est exact. Il est arrivé vers neuf heures. Il a commandé un cheeseburger et des frites et il est resté à fumer, comme pour tuer le temps. Par moments, il regardait sa montre. Je n'arrivais pas à comprendre ce qu'il faisait là. On ne le voyait jamais si tard. Je me suis dit qu'il attendait quelqu'un, mais elle n'est jamais arrivée.

– Pourquoi dites-vous « elle » ? Il aurait pu attendre un homme.
Nancy parut surprise par cette idée.
– Je n'y ai jamais réfléchi. Simple supposition.
– A-t-il mentionné quelqu'un ?
– Non.
– Utilisé le téléphone ?
Elle secoua négativement la tête sans paraître tout à fait sûre, puis se tourna vers Barrett d'un air interrogateur.
– Tu te rappelles si Tom Newquist a utilisé le téléphone ce soir-là ?
– Pas à ma connaissance.
Cette fois encore je m'adressai à Barrett :
– Aviez-vous l'impression qu'il pensait voir quelqu'un ?
Barrett haussa les épaules.
– Je suppose.
Nancy reprit l'initiative :
– Vous savez pourquoi ? Il était rasé de frais. Je me rappelle avoir remarqué son eau de Cologne ou son après-rasage. Il faisait très classe, comme s'il s'était pomponné. Il n'aurait pas pris cette peine pour rencontrer un mec.
– Vous êtes d'accord ? demandai-je à Barrett.
– C'est vrai qu'il était chic, maintenant que vous le dites. Je l'ai remarqué aussi.
– Semblait-il agacé ou perplexe, comme si on lui avait posé un lapin ?
– Pas le moins du monde, dit Nancy. A neuf heures et demie, il s'est levé, a réglé et il est parti en direction de son pick-up. Je ne l'ai plus revu. Comme je faisais la fermeture ce soir-là, j'étais coincée ici. Tu l'as vu dehors, toi ?
– Dans le parking ? Non.
– C'est curieux. Tu es partie juste avant lui.
Barrett réfléchit en fronçant légèrement les sourcils et secoua la tête.
– Peut-être qu'il était garé derrière.
– Et vous, vous étiez garée où, ce soir-là ? demandai-je.
– Nulle part. Je n'ai pas de voiture. Mon père passait me prendre.

– Elle habite juste à côté, au bout du lotissement, mais ses parents n'aiment pas qu'elle rentre à pied le soir. De vrais parents poules, surtout son Papa.

Barrett sourit, sa peau sombre fonçant encore sous l'embarras qui la faisait rougir.

– Je pourrais être fille de prêcheur. Ce serait pire !

Nous continuâmes à bavarder un moment. L'affluence des sorties d'église remplissait peu à peu la salle et je bouchais visiblement le passage. J'espérais aussi éviter toute nouvelle friction avec des citoyens irrités. J'enfilai mon blouson et sortis retrouver ma voiture. Comme je m'étais garée à l'arrière, les conducteurs des véhicules qui passaient ne me voyaient sans doute pas. Je n'avais pas le courage de rouler en ville à ce moment précis. Je ne supportais pas l'idée de faire un tour en risquant de me heurter à la grossièreté ou au rejet sous prétexte que des bruits couraient sur moi. Au café, le climat avait été sympathique, et peut-être seuls les pompistes avaient-ils voté la motion de défiance. Je vis Macon Newquist quitter la route et entrer dans le parking dans un pick-up. Son costume semblait aussi incongru sur lui qu'un déguisement de bunny. Je savais que, s'il me voyait, il viendrait aux informations et ne me lâcherait pas. Je me tournai et attrapai ma serviette, visiblement absorbée. Avec mes notes, j'avais pris les paquets de fiches. J'attendis qu'il se soit engouffré dans le café pour sortir de la voiture et fermer la portière. Je pris ma serviette avec moi et partis à pied sur l'accotement, dans la direction des Chalets.

Dehors, sur le devant, on avait allumé l'enseigne rouge signalant CHAMBRES À LOUER. Le hall d'entrée n'était pas fermé et les aiguilles d'un cadran d'horloge en plastique accroché à la poignée indiquaient 11 :30. JE REVIENS TOUT DE SUITE, y lisait-on. J'entrai et franchis la demi-porte qui donnait sur le bureau vide.

– Cecilia ? Vous êtes là ?

Silence.

Comme toujours, la vue de tous ces tiroirs de bureau tentateurs me donna des idées. Le répertoire rotatif et les meubles de rangement ne demandaient qu'à être inspectés, mais j'eus beau me creuser la tête, impossible de leur trouver une utilité. Je m'assis dans le fauteuil en cuir et ouvris un paquet de fiches. J'entrepris d'éplucher mes notes, reportant une information par fiche avec un stylo-bille emprunté. Cette activité ne manquait pas d'intérêt à plusieurs égards. Je me sentais productive et efficace tout en étant à l'abri de la curiosité publique. Transcrire mes notes présentait en outre l'avantage de détourner mon attention de mon sentiment persistant de malaise. Si je brûlais de rentrer à la maison la veille au soir, je ne me voyais pas tourner les talons et partir en courant sous prétexte que Rafer avait fait une allusion voilée à ma sécurité. Alors ? Alors, j'essayais de penser avoir fait de mon mieux et de m'en satisfaire. Je m'étais fixé de continuer à suivre des pistes jusqu'au point où le sentier s'effacerait. Si je me heurtais à un mur, eh bien, je rentrerais chez moi la conscience tranquille. En attendant, on m'avait confié une mission, je tenais à l'effectuer. « C'est ça, cause toujours, pensai-je. Pauvre conne. »

Je remplis un paquet et demi de fiches sans tomber sur des révélations ébouriffantes. Je les battis deux fois et les étalai comme une réussite, examinant attentivement chaque rangée, en quête de détails déterminants. J'avais ainsi noté que Cecilia m'avait dit être rentrée vers dix heures le soir où Tom était mort. Elle disait avoir vu l'ambulance, mais sans soupçonner qu'on l'avait appelée pour son frère. Pouvait-elle avoir vu la femme qui arrivait sur la route en sens inverse ? L'idée me vint que l'inconnue était peut-être descendue au motel et que, dans ce cas, sa promenade n'avait rien à voir avec Tom. Autant poser la question ; en tout cas, histoire d'éliminer le problème.

CHAPITRE 21

Cecilia se fit désirer. En fait de 11 :30, on était plus près de 12 :15 quand elle franchit enfin la porte. Elle s'était endimanchée et portait un tailleur en tweed bleu informe égayé par un semis de gros bourdons en pin's piqués au revers. Le tout sur un chemisier dont le col s'épanouissait en un bouillonnement vaporeux de dentelle blanche. Elle ne parut pas étonnée de me voir là et, saisie d'une nouvelle bouffée de paranoïa, je la crus déjà informée de ma présence. Elle ouvrit la demi-porte du bureau, la referma derrière elle, posa son sac sur la table et se tourna vers moi.

– Bon. Que puis-je faire pour vous ? J'ai appris que vous logiez chez Selma, vous ne venez donc pas pour un chalet.

– Je suis toujours sur le même dossier, la mort de Tom.

– Sept semaines demain. On a du mal à s'y faire, dit-elle.

– Vous souvenez-vous, par hasard, des gens qui se trouvaient chez vous ce fameux week-end ?

– Au motel ? C'est facile.

Elle prit le registre des entrées, se lécha l'index et commença à le feuilleter à rebours. Elle remonta le temps, passant de mars à février. La semaine du 1er apparut. Son doigt parcourut la liste des noms.

– Un groupe de skieurs, sans doute six, dans deux chalets. Je les ai mis au Sapin du Canada et à l'Épicéa, le plus loin possible du bureau car je savais qu'ils feraient la fête. C'est régulier quand ils sont en bande. Je me rappelle qu'ils avaient déchargé plus de caisses de bière que de bagages. Et râleurs avec ça. La pression d'eau, le chauffage… Rien n'était à leur goût, ajouta-t-elle en m'adressant un regard rapide.

– Personne d'autre ? Pas de femme seule ?

– Qu'est-ce que vous insinuez ?

– Je n'insinue rien, Cecilia, lui répondis-je d'un ton patient. Je vérifie le témoignage de la police routière. Tennyson dit avoir vu une femme sur la route. Il l'a peut-être inventée de toutes pièces. Il est possible qu'elle n'ait rien à voir avec Tom. La retrouver m'aiderait et j'espérais contre toute attente qu'elle était descendue ici cette nuit-là. Et que, du coup, vous auriez pu me dire comment la contacter.

Elle vérifia de nouveau sur le registre.

– Non. Un couple marié de Los Angeles. Enfin... qu'ils disaient. Ces deux-là, je les voyais juste quand ils sortaient du lit pour aller manger. Et une autre famille avec deux gamins. Comme la femme était en fauteuil roulant, ça m'étonnerait qu'il l'ait vue !

– Et vous ? Quand vous êtes rentrée du cinéma, vous n'avez croisé personne sur la route ? Entre dix heures et dix heures et demie environ.

Elle parut réfléchir et secoua la tête.

– Le seul souvenir que j'en ai, c'est quelqu'un au téléphone dehors. J'essaie de décourager les gens qui ne sont pas d'ici de s'arrêter pour passer un coup de fil ; ils font un bruit d'enfer avec leurs grosses chaussures sur les marches de l'entrée et ils arrachent des pages de l'annuaire. On a volé deux fois le combiné ! Ici, c'est une propriété privée.

– Je croyais que la cabine était publique ?

– Pas pour ce qui me concerne. Elle est strictement réservée aux clients du motel. Un service mis à leur disposition, précisa-t-elle. En tout cas, j'ai vu que le Rainbow était fermé et les lumières éteintes. J'ai passé la tête, mais c'était juste Barrett qui appelait son père pour qu'il passe la prendre. Je lui ai proposé de la raccompagner, mais elle m'a dit qu'il était déjà parti.

– Sauriez-vous si c'est Rafer qui a pris l'appel à police-secours ?

– Vous voulez dire la demande d'ambulance pour Tom ? Probablement. Ou alors James l'aura prévenu, sachant qu'ils étaient amis intimes.

Elle referma le registre.

– Maintenant, si vous voulez bien m'excuser. On est dimanche et j'ai quelqu'un à déjeuner.

– Bien sûr, pas de problème. Merci encore pour votre aide.

Je rangeai mes papiers dans ma serviette, rassemblai les fiches, mis un élastique autour et les fourrai dedans aussi. J'enfilai mon blouson, saisis sac et serviette et repartis vers ma voiture restée au Rainbow. Une question me tarabustait : si Barrett avait quitté son travail à neuf heures et demie, pourquoi lui avait-il fallu trois quarts d'heure pour appeler son père ? Je restai assise dans la voiture et regardai les nuages s'amonceler dans un ciel gris foncé. La lumière baissait et prit une teinte crépusculaire. Il n'était qu'une heure de l'après-midi, mais l'obscurité envahissait tout, au point que la cellule photoélectrique de l'éclairage extérieur du motel fit brusquement démarrer les lumières. Il se mit à neiger ; de gros flocons aériens se collèrent sur le pare-brise comme une couche de mousse de savon. J'attendis, le regard fixé sur l'arrière du Rainbow Café.

A deux heures et demie, la foule des consommateurs s'était presque entièrement dispersée. Je ne bougeai pas, forte de la patience innée du chat guettant le retour d'un lézard caché dans un interstice entre deux pierres. A 2 :44, la porte de derrière s'ouvrit et Barrett sortit en tablier et toque. Elle portait un grand sac-poubelle en plastique destiné au conteneur situé à ma gauche. J'abaissai ma vitre.

– Bonjour, Barrett ! Vous avez une minute ?

Elle laissa tomber le sac dans le conteneur et s'approcha. Je me penchai pour déverrouiller la portière du côté passager et l'entrouvris.

– Montez vite. Vous allez attraper la mort !

Elle ne bougea pas.

– Je vous croyais partie, dit-elle.

– Je suis passée voir Cecilia. A quelle heure finissez-vous ?

– Pas avant des heures.

– Soufflez donc cinq minutes ! Je voudrais vous parler.

Elle hésita, jetant un regard en direction du Rainbow.

– Je ne suis pas vraiment censée être là, mais d'accord, juste une minute.

Elle entra dans la voiture et croisa ses bras nus pour se protéger du froid. J'aurais pu mettre le moteur en marche pour chauffer, mais je n'aime pas gaspiller l'essence et j'espérais que son inconfort lui soufflerait de me dire ce que je voulais savoir.

– D'après votre père, vous voulez faire médecine, c'est bien ça ?

– Je n'ai pas encore la réponse, dit-elle.

– Où vous êtes-vous inscrite ?

– Vous avez quelque chose de précis à me demander ? Parce que Nancy ne sait pas que je suis là et je n'ai pas franchement de pause-café avant trois heures.

– Alors, j'en viens au fait. (Je sentais que j'allais mentir. Chez moi, c'est comme un éternuement qui monte, réaction voluptueuse du système nerveux autonome quand quelque chose me chatouille le nez.) Je me posais une question. (Elle ne me demanda pas laquelle, notez-le.) N'était-ce pas vous que Tom Newquist devait rencontrer ce soir-là ?

– Pour quelle raison ?

– Aucune idée. D'où ma question.

Elle avait dû faire du théâtre à un moment de sa vie – au lycée, en terminale, en tout cas pas le premier rôle. Elle se creusa la tête à grand renfort de sourcils froncés, puis eut un geste négatif pour manifester sa perplexité.

– Je ne crois pas, dit-elle, comme après mûre réflexion.

– Autant vous le dire, il a laissé une note sur son calendrier de bureau. Il y avait écrit Barrett aussi clair que je vous vois.

– Ah, bon ?

– Je suis tombée dessus l'autre jour et c'est pour ça que je vous ai demandé qui il attendait tout à l'heure. J'espérais que vous me diriez la vérité, mais vous n'avez pas relevé, ajoutai-je. Je n'aurais pas insisté, mais j'en ai eu la confirmation, d'où ma présence. Vous voulez bien me raconter ce qui s'est passé ?

– La confirmation ?

– Incontestable.

– De qui ?

– Cecilia.

– Rien d'important, dit-elle.

– Alors, pas de problème. Allez-y, je vous écoute.

– On a juste parlé quelques minutes et il a commencé à ne pas se sentir bien.

– Parlé de quoi ?

– De tout et de rien. De mon père. Enfin… rien de spécial. Juste comme ça. Brant et moi, on était sortis ensemble et il me posait des questions sur notre rupture. Il se sentait toujours mauvaise conscience qu'on n'ait pas continué. Je sentais qu'il avait une idée derrière la tête, mais je ne savais pas quoi. Et puis il a commencé à se sentir mal. Je le voyais qui devenait blanc comme un linge et il s'est mis à transpirer. J'étais paniquée…

– Il a dit qu'il souffrait ?

Elle acquiesça. Sa voix trembla :

– Il avait les mains crispées sur la poitrine et sa respiration était devenue rauque. Je lui ai dit que j'allais au motel chercher de l'aide et il m'a répondu : « C'est ça, vas-y. » Il m'a dit de fermer la portière du pick-up et de ne parler de notre rencontre à personne. Il a vraiment insisté et m'a demandé de promettre. Sinon je vous l'aurais dit la première fois que vous me l'avez demandé.

Elle chercha dans sa poche d'uniforme et trouva un Kleenex. Elle s'essuya les yeux et se moucha.

J'attendis qu'elle retrouve son calme avant d'enchaîner :

– A-t-il dit autre chose ?

Elle inspira un grand coup.

– « Quitte la route si une voiture arrive. » Il ne voulait pas qu'on sache qu'on s'était parlé.

– Pourquoi ?

– Il a dit qu'il ne voulait pas me mettre en danger.

– Et ce danger serait venu de qui ?

– Il n'a pas cité de nom.

– Quoi d'autre ?

– C'est tout.

– Il ne vous a pas donné son carnet pour le mettre en sûreté ?

Elle secoua la tête sans rien dire.

– Vous en êtes sûre ?

– Sûre et certaine.

– Je croyais qu'il vous avait donné le petit carnet noir où il consignait ses notes de terrain.

– Eh bien, non.

– Barrett, dites-moi la vérité. Je vous en prie, je vous en supplie ! A deux genoux ! Faites-moi confiance, je ne dirai à personne que vous l'aviez.

– Je vous dis la vérité.

Je secouai la tête.

– Désolée de vous contredire, mais Tom avait toujours son carnet sur lui et personne ne l'a revu depuis sa mort.

– Et alors ?

– Et alors tout le monde part du principe que Tom était seul cette nuit-là. Or il se trouve que vous étiez dans son pick-up. Tom voulait absolument mettre son carnet à l'abri, donc il vous l'a forcément confié. C'est la seule explication logique. Si vous en avez une autre, j'aimerais l'entendre.

Un silence... Exquis... Je le laissai traîner un peu, muette comme une carpe.

– Je suis allée chercher de l'aide.

– Je sais, dis-je. L'officier de patrouille vous a vue sur la route. Le carnet ?

Elle regarda par la vitre.

– Vous n'avez aucune preuve, dit-elle sans conviction.

– Mais oui, je sais. Sauf que Cecilia vous a vue sur le perron du motel cette nuit-là. Elle dit que votre père est passé vous prendre, comme vous l'avez déclaré vous-même. Vous avez seulement un peu trafiqué l'enchaînement des faits. Je ne peux pas prouver que vous avez le carnet, mais ça va de soi.

Nancy passa la tête par la porte de derrière du Rainbow. Barrett ouvrit la portière et se pencha à l'extérieur.

– J'arrive ! cria-t-elle.

Nancy hocha la tête et lui fit un signe de la main.

– Où est le carnet ?

– Dans mon sac, dit-elle d'un ton morne.

– Pourriez-vous me le donner ?

– Qu'est-ce qu'elles ont de si important, ces notes ?

– Tom enquêtait sur deux meurtres et je pense que ses notes

ont un rapport avec son investigation. Vous les avez lues ?

– Euh… oui. Mais c'est juste des entretiens et les trucs habituels. Des tas de dates et d'abréviations. Pas grand-chose.

– Qu'est-ce qui vous retient alors ?

– Il m'a dit de le cacher jusqu'à ce qu'il sache ce qu'il allait en faire.

– Il ne savait pas qu'il allait mourir.

– Eh merde !

– Écoutez, si vous me le donnez maintenant, je le photocopie demain à la première heure et je vous le rends.

Une minute interminable s'écoula.

– D'accord, dit-elle.

Elle sortit de la voiture du côté du passager, je sortis du mien et fermai vite à clé avant de la suivre. Son sac se trouvait dans la resserre à gauche de la porte de la cuisine. Elle en sortit le carnet et me le tendit. Elle semblait agacée que j'aie réussi à la piéger.

– Il a aussi parlé de la clé sur son bureau, ajouta-t-elle.

– La clé dans son bureau ?

– C'est ce qu'il a dit. Il me l'a même répété.

– Dans son bureau ou sur son bureau ?

– Sur, je crois. Il faut que j'y aille.

– Merci. Vous êtes un amour. Top secret, ajoutai-je, un doigt sur les lèvres. Pas un mot à qui que ce soit.

– Oh, ça va… Vous, je ne vous ai rien dit.

Nancy passa de nouveau la tête à la porte de la cuisine.

– Oh, Kinsey. Vous êtes là ? Brant au téléphone, m'annonça-t-elle.

J'entrai dans la salle, presque déserte à présent. Le combiné était posé sur le comptoir, micro retourné.

– Brant, c'est vous ?

– Salut, Kinsey ! dit-il.

– Où êtes-vous ? Comment saviez-vous que je me trouvais ici ?

– Je suis chez Maman. Je suis passé devant le Rainbow tout à l'heure et j'ai vu votre voiture garée derrière. Je voulais juste m'assurer que vous alliez bien.

– Très bien. Votre mère est de retour ?

– Elle ne rentrera pas avant neuf heures ce soir. Avez-vous besoin de quelque chose ?

– Non, mais si vous savez où la joindre, pourriez-vous lui dire que je l'ai ?

– Que vous l'avez quoi ?

Je protégeai le micro d'une main, très héroïne de film d'espionnage.

– Le carnet.

– Non, c'est vrai ?

– Je vous expliquerai. J'arrive dans cinq minutes. Vous pouvez m'attendre ?

– Pas vraiment. Je suis juste passé prendre un truc que je dois déposer chez Sherry tout à l'heure.

– Vous travaillez le week-end ?

– D'habitude, non, me répondit-il, mais je remplace quelqu'un et je voudrais faire des courses d'abord. On se parlera demain.

– D'accord. A bientôt !

En arrivant chez Selma, je pris la direction de la cuisine. La maison était silencieuse et plongée dans la pénombre ; il y régnait une chaleur d'enfer. Rien n'avait bougé, hormis une assiette de brownies sous un film en plastique qui trônait sur le comptoir – avec un mot : SERVEZ-VOUS. La condensation qui s'attardait sur l'emballage indiquait qu'on les avait sortis depuis peu du réfrigérateur ou du congélateur. Brant avait dû prendre l'invite pour lui car une assiette et une fourchette maculées de taches de chocolat révélatrices étaient toujours posées sur la table, à l'endroit où il s'était assis. Dommage de l'avoir manqué. On aurait pu discuter un peu.

Je gagnai le bureau de Tom et m'assis dans son fauteuil pivotant. J'allumai sa lampe de bureau et entrepris d'examiner le carnet. Couverture en cuir noir grainé, satinée par l'usure, coins cassés. J'adoptai l'ordre de marche le plus logique et commençai par la première page – datée du 1er juin – et continuai jusqu'à la dernière, qui remontait au 1er février, soit deux jours avant sa mort. Je les tenais enfin ! Huit mois de notes manquantes. Courant sur le papier à petites lignes, elles couvraient les dossiers en tout genre qui l'avaient occupé pendant cette dernière période. Chacun était identifié par un numéro dans la marge de gauche, accompagné du motif de la plainte, des enquêtes effectuées sur les lieux, des noms, adresses et numéros de téléphone des témoins. Au fil d'une série d'abréviations presque illisibles, je suivis l'enchaînement d'entretiens sur toutes sortes de sujets ; remarques personnelles, recoupements, commentaires et questions qui avaient surgi à mesure qu'il progressait. Là, dans ce qui revenait quasiment à des hiéroglyphes, je déchiffrai la découverte du corps de Pinkie, les conclusions du coroner, Trey Kirchner... que Tom mentionnait par le chiffre III en romain. Il réduisait en général les noms récurrents à leur initiale. Je trouvai des références à *R* et *B*, sans doute Rafer et le patron de Tom, le shérif Bob Staffer. A force de me crever les yeux et de me torturer l'imagination, je m'aperçus qu'il était remonté en arrière, de la mort de Pinkie à sa détention à Chino et son amitié avec Alfie Toth, fait confirmé par *MB*, Margaret Brine, du *BSNL*, Bureau du shérif de Nota Lake. *CS* me parut devoir correspondre à Colleen Sellers, nom qu'il réduisait parfois à la seule lettre *C* : elle avait appelé pour mentionner la période de détention d'Alfie Toth à *ST*. Je découvris le résumé de son déplacement à Santa Teresa en juin, avec les dates, horaires, distances parcourues et frais de nourriture et de logement. Comme je l'avais appris un peu plus tôt, il avait interrogé Dave Estes au Gramercy le 5-6. Ensuite, il avait vu Olga Toth, notant avec soin son adresse et son numéro de téléphone. Au moment où *CS* avait rappelé pour faire part de la découverte des restes de Toth, les notes de Tom étaient déjà devenues plus hâtives. Lui, qui rapportait si scrupuleusement le détail de ses entretiens, se montrait soudain prudent, revenant à ce qui me parut être une sorte de système codé. La dernière page du carnet ne comportait que des chiffres – 8, 12, 1, 11 et 26 – écrits en gros et soulignés par un point d'exclamation, suivi d'un point d'interrogation. Même la ponctuation indiquait une profonde incrédulité. Je restai là, à fixer ces chiffres, jusqu'à ce qu'ils finissent par danser sur la page.

Je me levai et repartis dans la cuisine, que j'arpentai de long en large. Je me versai un peu d'eau prise au robinet et la bus à grands coups, en faisant le maximum de bruit par pur plaisir. Je rotai. Je posai le verre dans l'égouttoir et, prise d'un accès de propreté, y ajoutai l'assiette de Brant et sa fourchette. Je décrochai mentalement, me libérant l'esprit par de futiles occupations, mais sans cesser de chercher la clé de l'énigme. 8, 12, 1, 11 et 26. Que signifiaient donc ces foutus chiffres ? Une date ? La combinaison d'un coffre ? Tom avait parlé à Barrett de la « clé » dans, ou sur, son bureau. Cela faisait une semaine que je travaillais sur son bureau et je ne me rappelais pas y avoir vu la moindre clé. Une clé de quel genre ? Ouvrant quoi ? Son carnet n'avait pas de petite serrure comme un journal intime d'adolescente, que je sache !

Je repartis m'asseoir à son bureau et procédai aussitôt à une nouvelle fouille en règle de ses tiroirs. Peut-être avait-il une cassette. Ou un coffre-fort. Un petit placard fermé par un verrou de sécurité à chiffres ? Combien de sacs-poubelle remplis à ras bord avais-je jetés durant toute cette semaine ? Comment jurer que je n'avais pas bazardé la clé à laquelle il faisait allusion ? Une vague de panique me submergea à l'idée d'avoir détruit un élément capital pour ses objectifs et vital pour les miens.

Je vidai tous les tiroirs les uns après les autres, puis les sortis du meuble et en vérifiai le fond et le dessous. Je me mis à quatre pattes pour inspecter l'intérieur des caissons, tâtant les parois latérales au cas où on y aurait scotché une clé. Dans le tiroir qui renfermait ses menottes et sa matraque, je trouvai sa torche électrique et l'utilisai pendant que je tâtais les rails des tiroirs et inclinais son fauteuil pivotant pour examiner la face interne du siège. Entendait-il « clé » au sens de « ce qui explique, qui permet de comprendre », ou au sens littéral d'instrument ou mécanisme permettant d'ouvrir une serrure ? Je remis les tiroirs en place et débarrassai complètement le plateau. Je passai un doigt sur son buvard, cherchant une répétition des chiffres parmi ses graffitis. Ils étaient bien là... 8, 12, 1, 11, 26... au centre d'un nœud coulant. Ils se répétaient à deux reprises, une première fois entourés d'un cercle au stylo-bille, la deuxième dans un encadré dont il avait ombré la bordure au crayon. Et si j'avais foutu en l'air l'information décisive ? La benne à ordures était-elle passée ? Je luttai contre un sentiment d'inquiétude obsédant. Je me sentais en nage. La maison, comme toujours, était une vraie fournaise. J'allai jusqu'à la fenêtre à guillotine et la remontai. Je défis les attaches du double vitrage et poussai la vitre sans cérémonie, regardant d'un œil satisfait la fenêtre tomber sur le sol. J'aspirai l'air frais à grandes goulées dans l'espoir de calmer mon anxiété.

Je me rassis au bureau et secouai la tête un bon coup pour chasser le trop-plein émotionnel et me repasser en mémoire le travail que j'avais effectué au début de la semaine. Je ne me rappelais aucune clé, mais si j'en avais vu une, je savais que je ne l'aurais jamais jetée. Si je ne l'avais pas encore trouvée, elle finirait bien par surgir. D'accord ? Le tout était de continuer à chercher, avec autant de calme et de méthode que possible. Une fois de plus, je fouillai tous les tiroirs et en passai le contenu au peigne fin. Je vérifiai tous les éléments des dossiers, examinai l'intérieur des enveloppes, ouvris les boîtes de trombones et d'agrafes, scrutai les stylos-billes, règles, étiquettes, rouleaux de ruban adhésif. Peut-être s'agissait-il d'un proverbe ou d'une expression qui donnerait la clé de l'énigme ? Dans un coin de mon esprit, je revenais sans cesse à l'idée que ces chiffres étaient un code. N'ayant jamais entendu dire que Tom avait travaillé dans le renseignement, ce code, si mon intuition se révélait exacte, devait être simple et facilement déchiffrable.

« Sur » ou « dans » son bureau.

Je trouvai une feuille de papier, y écrivis les lettres de l'alphabet et leur accolai à chacune un chiffre allant de 1 à 26. Si on s'était contenté de les remplacer par les chiffres 8, 12, 1, 11 et 26, cela donnait HLAKZ comme nom ou initiales. Ce qui signifiait quoi ? A première vue, rien. *Quelque chose-Los Angeles-Quelque chose-Quelque chose ?* Cette séquence n'éveillait en moi aucun écho. Je réessayai à l'envers, *A* correspondant à 26, *B* à 25, et ainsi de suite, jusqu'au 1, qui représentait donc *Z*. La séquence 8, 12, 1, 11, 26 me donna SOZPA et je ne fus pas plus avancée. De quoi s'agissait-il ? D'un nom ? Ma déception augmentait au même rythme que ma perplexité.

8, 12, 1, 11, 26. Des mois de l'année? Août, décembre, janvier, novembre? Oui, mais 26? Et pourquoi dans le désordre? Qu'étais-je censée ajouter? Soustraire? Énoncer les mots phonétiquement, comme une plaque minéralogique personnalisée? Je répétai tout haut: « Huit. Douze. Un. Onze. Vingt-six. » Ça n'avait strictement aucun sens. Si les chiffres représentaient des lettres et formaient un mot, tout ce que je savais, c'est que ces cinq lettres étaient différentes... Pas de doublons. Le nom de quelqu'un? Je réfléchis à Nota Lake et au nombre de gens à prénom en cinq lettres que j'y connaissais. Brant, Macon, Hatch, Wayne. James Tennyson. Rafer. Je contemplai le point d'exclamation et le point d'interrogation. « !? » Que signifiaient-ils? Consternation? Écœurement?

Je m'aperçus que je mourais de faim – symptôme d'anxiété, c'était évident. En attendant Barrett dans le parking du café, j'avais carrément sauté le déjeuner. Franchement pas malin. Il était quatre heures et quart. Je repartis vers la cuisine, en quête d'éléments nutritifs. J'étais si affamée et avais la tête si embrouillée que mes cellules grises allaient cesser de faire équipe. Je jetai un coup d'œil dans le réfrigérateur de Selma et y fus accueillie par les restes du dîner de la veille enveloppés dans un film de plastique. Ils ne m'avaient pas laissé un souvenir impérissable au début et ne méritaient certainement pas qu'on leur fît une fin. J'ouvris le tiroir à pain. Pas de crackers. J'inspectai les placards. Pas de beurre de cacahuètes. En voilà une maison! Mon regard tomba sur son mot et, faute de nourritures plus saines, je m'autorisai à soulever un coin du film de plastique et à prendre plusieurs brownies. La texture ne cassait rien – un peu sèche à mon goût – mais le glaçage était sympathique et collait aux dents; seul un très léger goût chimique indiquait que Selma avait utilisé une préparation instantanée en boîte. Si « Chantilly Miracle » vous a épaté, vous adorerez cette saleté! Les talents culinaires de Selma laissaient à désirer, mais ce régime touchait sans doute à sa fin. Je bus un peu de lait directement au carton. Pour économiser un verre.

Ainsi revigorée, j'étais prête à m'atteler au problème. Je retrouvai le fauteuil pivotant de Tom et pivotai. Et si 8, 12, 1, 11 et 26 étaient des numéros de pages, renvoyant aux notes elles-mêmes ? J'essayai cette méthode, mais le contenu des pages ne semblait avoir aucun rapport, aucun point commun visible ni numéro de page précis. L'après-midi tirait à sa fin et je piétinais. Je revins à la prémisse initiale. Selma m'avait engagée pour découvrir ce qui tourmentait Tom. Je me laissai glisser au fond du fauteuil et appuyai la tête contre le dossier du siège. Pourquoi Tom broyait-il du noir ? se demanda Kinsey. Je me balançai doucement, m'autorisant à ruminer tout à loisir. Si quelqu'un qu'il connaissait avait violé son secret en lisant ses notes et utilisant ses informations pour remonter jusqu'à Alfie Toth et tuer ce dernier, la chose s'expliquait. Mais pourquoi l'intrusion de Hatch (ou de James ou de Wayne) aurait-elle créé une inquiétude ou une hésitation passagères ? Tom respectait les règles. On me l'avait dit et répété à satiété : il appliquait strictement la loi. S'il avait soupçonné l'un d'eux, il aurait réagi aussitôt, non ? Et, dans le cas contraire, pourquoi ? Si Wayne avait violé le caractère confidentiel de ses notes de terrain, cela changeait quoi ? Mon regard tomba sur le buvard. J'écartai une pile de chemises. En bas à droite, dans l'angle, Tom avait dessiné une grille, inscrivant dans les cases les jours du mois de février, sans préciser l'année. Le 1er tombait un dimanche, le 28 un samedi. Les deux derniers samedis du mois – le 21 et le 28 – étaient barrés. De quelle année s'agissait-il ? 1908 ? 1912, 1901, 1911 ou 1926 ? Je me levai et gagnai la bibliothèque, où je pris un exemplaire de son almanach. Je cherchai dans l'index et trouvai le numéro de page d'un calendrier perpétuel. Dans un tableau, à gauche, les années de 1800 à 2063 figuraient dans l'ordre. En face de chaque année se trouvait un chiffre correspondant à un gabarit numéroté, représentant toutes les variantes des quantièmes des mois. Le premier calendrier donnait l'exemple d'une année où le 1er janvier tombait un dimanche, le 1er février un lundi, et ainsi de suite. Pour connaître le jour du mois correspondant à une date donnée, disons le 5 mars 1966, il suffisait de vérifier la liste de référence pour l'année 1966, à côté de laquelle apparaissait le chiffre 7. En se reportant au calendrier numéro sept, on constatait que le 5 mars tombait un samedi.

J'allumai la lampe de bureau et étudiai les séries des pages du calendrier, cherchant les mois de février où les chiffres apparaissaient comme il les avait inscrits. Le calendrier numéro 5 correspondait à sa grille. Le 1er février tombait un dimanche, le 28 étant le dernier samedi du mois. Le calendrier numéro 12 aussi, sauf qu'il comptait vingt-neuf jours au lieu de vingt-huit. Je cherchai les années qui correspondaient à ce modèle à partir de 1900. 1903 oui, mais ni 1908 ni 1912. En 1914, le 1er tombait un dimanche et le 28 était le dernier dimanche, mais cela ne marchait pas pour 1926. 1925, 1931, 1942, 1953, 1959, 1970, 1981, 1987, 1998. Qu'avaient de si important ces mois de février particuliers ? Il ne pouvait pas s'agir de ces années-là. Et pourquoi Tom avait-il barré les deux derniers samedis de ce mois ? Je réfléchis une minute. En éliminant deux samedis, on ramenait le nombre de jours de vingt-huit à vingt-six, soit le nombre de lettres de l'alphabet. J'essayai cette méthode, faisant correspondre les lettres aux jours du mois. Et trouvai la même réponse : *HLAKZ*.

Sans cesser de me balancer, je pivotai vers la fenêtre. Il était presque cinq heures et demie et il faisait nuit. L'air froid continuait de pénétrer dans la pièce à l'endroit où j'avais remonté la vitre. Je distinguais presque les ondes de chaleur intérieure qui se déversaient dehors. La pièce était carrément glaciale. Je me penchai et refermai la fenêtre en observant mon reflet sur le verre embué. Que diable signifiaient ces chiffres ? Je sentais un courant d'air venant de je ne sais où. La cheminée ? Curieuse, je me levai et sortis du bureau. Je pris le couloir jusqu'au séjour, où j'allumai les lampes. Les rideaux ondulaient, comme poussés par une main invisible. Je jetai un coup d'œil à l'intérieur de la cheminée et fermai la clé. La porte d'entrée était verrouillée, de même que la porte de derrière et celle du garage. Le courant d'air ne venait pas de là. Je passai la tête dans la chambre de Selma. Tout y était en ordre, pourtant l'intensité du courant d'air dérangeait l'ordonnance des rideaux. Je continuai dans le couloir. Toutes les fenêtres de l'ancienne chambre de Brant étaient fermées.

Je m'arrêtai net. La porte de ma chambre était entrouverte. Il me semblait pourtant l'avoir fermée. Je la poussai avec appréhension. Les rideaux claquaient et voletaient. La pièce offrait une vision de désolation. Des tessons de verre jonchaient le tapis. Un marteau abandonné sur le sol avait brisé la fenêtre que j'avais fermée – avec tant de soin, n'est-ce pas ? Des débris de verre de la dimension de gemmes de sel en parsemaient le rebord comme des diamants qui auraient cessé de plaire. On avait remonté le châssis, sans doute de l'extérieur. De toute évidence, quelqu'un était entré. Je gagnai le lit et glissai la main entre le sommier et le matelas. Mon arme avait disparu.

CHAPITRE 22

Je regardai ma montre. 5:36. Je repartis dans la cuisine pour appeler police-secours. Mais la main sur le combiné, j'hésitai. Qui demander ? Rafer ? Brant ? Macon, le frère de Tom ? Aucun ne m'inspirait vraiment confiance. Je restai plantée là, essayant de décider à qui je pouvais me confier. Un frisson glacé me parcourut. Non, il n'y avait certainement personne d'autre que moi dans la maison. Je n'étais pas retournée dans la chambre d'amis depuis mon retour en début d'après-midi et l'intrus avait eu largement le temps d'entrer et de repartir avant que je bouge. En temps normal, je serais passée dans ma chambre pour y poser mon blouson. Après cette dure journée, j'aurais pris une douche ou fait la sieste… n'importe quoi pour me remonter le moral et reprendre confiance… mais les notes de Tom me brûlaient les doigts et j'avais filé droit dans son bureau. Je me sentais désincarnée, déchirée par une sensation de peur qui dissociait mon esprit de ma chair.

Le téléphone sonna soudain avec une violence extraordinaire. La nausée me vint. Je bondis, les nerfs à vif, les réflexes aussitôt mobilisés avec une acuité presque douloureuse. J'arrachai le combiné avant l'arrêt de la sonnerie.

– Allô ?

– Salut, Kinsey. Brant à l'appareil. Maman est rentrée ?

Sa voix était jeune et insouciante, détendue, optimiste.

Mon estomac, lui, se tordit.

– Il faut que vous veniez, dis-je d'une voix qui me parut étrangement lointaine.

Le ton de ma voix dut l'alerter car la sienne se modifia :

– Pourquoi ? Qu'est-ce qui se passe ?

– Quelqu'un est entré dans la maison. Il y a du verre par terre dans la chambre et mon revolver a disparu.

– Où est Maman ?

– Aucune idée. Ah, si… Chez votre cousin de Big Pine. Je suis seule.

– Ne bougez pas, j'arrive.

Il raccrocha.

Je reposai le combiné. Me tournai et appuyai mon dos contre le mur, émettant de petits miaulements. Une ville de bouseux et quelqu'un qui me voulait du mal. Je tendis les mains devant moi. Mes doigts tremblaient ; ceux qu'on m'avait déboîtés paraissaient enflés et bons à rien. On m'avait volé mon revolver. Il me fallait une arme, un instrument quelconque pour me défendre contre le massacre imminent. Je me mis à ouvrir les tiroirs de la cuisine, l'un après l'autre, à la recherche d'un couteau. Un tiroir sortit brutalement de ses rails et me cogna la cuisse, lâchant tout son contenu. Un méli-mélo d'ustensiles s'effondra à mes pieds dans un bruit d'enfer. Les larmes me brûlaient les yeux. Je ramassai une poignée d'objets et les remis en vrac dans le tiroir, mais sans réussir à le refaire coulisser sur les rails. Je le posai sur le comptoir avec tant de violence qu'une spatule en métal bondit et s'envola. Je laissai le tiroir là où il était. Je trouvai un couteau à steak, un de ces objets publicitaires qu'on avait dû trouver en cadeau dans une boîte de lessive. Sa surface luisait sous la lumière du plafonnier. Je vis le biseau de la lame. A quoi pouvait servir un couteau à dents contre une balle percutante ?

Des heures s'écoulèrent.

J'entendais l'aiguille des minutes de la pendule vibrer à chaque seconde qui passait.

Il y eut un bruit de freins dehors et une portière claqua. Je me retournai, les yeux fixés sur la porte d'entrée. Et si ce n'était pas lui ? Si c'étaient eux ? La porte s'ouvrit d'un coup et je vis Brant en tenue normale. Sa forme puissante se propulsa vers moi avec le côté rassurant d'un vaisseau de guerre. Je lui tendis une main, il la prit.

– Dites donc, ça n'a pas l'air d'aller ! Comment le type est-il entré ?

Je désignai ma chambre et me retrouvai sur ses talons tandis qu'il enfilait le couloir d'un pas décidé. Il jeta un bref coup d'œil sur l'étendue des dégâts, pas autrement ému. Se désintéressant de la chambre, il fit méthodiquement le tour de la maison, inspectant chaque placard, coin et recoin. Puis il descendit au sous-sol. J'attendis en haut des marches, me tripotant les mains avec nervosité. Gourds et enflés, mes doigts endoloris me fascinaient. Où était mon arme ? Comment me défendre alors que j'avais laissé le couteau sur le comptoir ?

Brant retourna dans la cuisine. Je le suivis avec une confiance de caneton. A sa voix, je compris qu'il s'efforçait de cacher son agitation. Quelque chose dans son attitude trahissait la gravité de la situation.

– Il a trouvé le carnet ?

J'eus un grincement de dents involontaire.

– Qui ça ?

– Le type qui est entré, lâcha-t-il d'un ton sec.

– Je l'avais dans mon sac. C'est ce qu'il cherchait ?

– Évidemment ! Sinon je ne vois pas pourquoi il aurait pris un tel risque. Dites-moi exactement ce que vous avez fait aujourd'hui. A quelle heure êtes-vous sortie et combien de temps êtes-vous restée absente ?

Je me lançai dans un récit précipité et incohérent, lui dévidant d'un coup ma mise en quarantaine, le refus des pompistes de me servir, mon arrêt au Rainbow Café pour interroger Nancy. Je lui rapportai encore que j'étais tombée sur Rafer et Vick, que j'avais parlé à Cecilia et à Barrett. Mon cerveau travaillait deux fois plus vite que mes lèvres et je me sentais pataude et demeurée. Brant, Dieu le bénisse, semblait suivre le débit haché de mon histoire, comblant les vides quand un mot me manquait. Qu'est-ce qui me prenait ? Je savais avoir déjà éprouvé ce... ce sentiment de terreur... d'impuissance... de dédoublement...

Brant me dévisageait avec attention.

– Donc, vous lui avez parlé ?

Parlé ?

– A qui ? demandai-je dans un ululement de chouette.

– A Rafer.

Pourquoi le faisais-je répéter ? Qu'avait-il dit avant ? Qu'est-ce que Rafer venait faire là-dedans ?

– Hein ?

– Rafer. Au Rainbow.

– Oui. C'est là que je suis tombée sur lui.

– Je sais. Vous me l'avez déjà dit. Je vous demande si vous lui avez parlé, articula-t-il avec une patience exagérée.

– Évidemment !

– Vous lui avez parlé ?!

L'inquiétude avait fait monter sa voix d'un cran. Je vis le point d'interrogation et le point d'exclamation fuser dans l'air et m'arriver en pleine figure.

– Je l'ai mis au courant, dis-je.

Ma voix me parvenait avec un temps de retard, comme dans une chambre d'écho. Des grappes de mots se bousculaient au-dessus de ma tête telles des baudruches, des images filaient dans toutes les directions comme des projectiles.

– Je vous avais dit d'attendre que j'aie vérifié ! Ces rumeurs, qui les a lancées, à votre avis ?

– Qui ?

Il me saisit par les épaules et me secoua doucement. Il semblait furieux, ses doigts s'enfonçaient dans mes muscles.

– Kinsey, réveillez-vous et écoutez-moi ! C'est sérieux.

– Vous ne dites pas que c'est lui ?

– Et qui d'autre ! Qui voulez-vous que ce soit ? Ça vous arrive de réfléchir ?

– Réfléchir à quoi ? lui demandai-je dans un brouillard complet.

Il se décomposait à vue d'œil et c'était contagieux. Je comptais sur lui pour m'aider, mais son anxiété propulsait la mienne dans la zone critique.

Il continuait à parler, enfonçant chaque mot, tour à tour suppliant et persuasif, cajoleur.

– Vous avez dit à Maman que c'était quelqu'un de la police. Croyez-vous honnêtement que mon père aurait eu ne serait-ce qu'une nuit d'insomnie si ç'avait été quelqu'un d'autre que Rafer ? Rafer était son meilleur ami. Ils travaillaient ensemble depuis des années et des années. Papa disait qu'il ne connaissait pas de meilleur policier. Et il découvre qu'il a tué deux mecs. Bon Dieu ! Il a dû en chier dans son froc quand il a compris ce qui se passait ! Tout ça, il ne l'a pas écrit ? Ce n'est pas dans ses notes ?

Ses mots flottaient comme des banderoles au-dessus de sa tête.

Des drapeaux claquèrent sèchement.

– Les notes sont en code, lui répondis-je. Je n'arrive pas à les décrypter.

– Où ça ? Montrez-les-moi, je trouverai peut-être la combinaison.

– Là-bas. Vous pensez qu'il allait alerter l'Inspection générale ?

– Bien sûr ! Ce n'était sûrement pas une décision facile à prendre, mais malgré sa loyauté envers Rafer, le service passait d'abord. Il devait chercher désespérément un moyen de s'en sortir, espérer qu'il s'était trompé !

Mon cerveau fonçait à tombeau ouvert. C'est ma bouche qui cherchait ses mots ; lancées à la vitesse du son, mes pensées se crashaient contre mes dents. La mâchoire atrocement crispée, c'est à peine si je remuais les lèvres.

– J'ai interrogé Barrett. Elle était avec Tom dans le pick-up juste avant sa mort, dis-je.

– De quoi ont-ils parlé ? Pourquoi a-t-il fait ça ?

– Aucun souvenir.

– Mais vous ne l'avez pas pressée de questions ? Vous la teniez au creux de la main !

Ses mots s'inscrivirent dans le vide en grandes capitales.

– Arrêtez de crier.

– Je ne crie pas ! Qu'est-ce qui vous prend ?

– Barrett n'a jamais parlé de Rafer, me rappelai-je soudain. En revanche, elle avait dit que Tom l'avait interrogée sur son père.

– Et pourquoi l'aurait-elle fait ? insista-t-il. Elle ne vous connaît ni d'Ève ni d'Adam ! Elle n'allait tout de même pas se confier à vous ! Vous dire une chose pareille ? Sur son propre père ? Il aurait fallu qu'elle soit cinglée ! hurla-t-il.

– Mais alors, pourquoi me donner les notes ? Il ne lui serait pas venu à l'idée qu'elles étaient compromettantes ?

– Barrett n'a aucun indice. Elle ne sait rien.

– Comment savez-vous ce qu'il a fait ?

– Parce que je sais additionner ! me lança-t-il, exaspéré. Parce que je sais que deux et deux font quatre ! Écoutez, Tom a vu Barrett. Il essayait sans doute de savoir où se trouvait Rafer quand on a tué Pinkie. Et aussi Alfie Toth. Il avait fait le rapprochement. Il craignait que quelqu'un du service ait vent de ses soupçons. C'est bien ce que vous avez dit, non ? On lui avait piqué ses renseignements sur Toth. Et qui à votre avis, hein ? Rafer !

– Rafer, répétai-je.

J'acquiesçai. Je voyais ce qu'il voulait dire. Je m'étais tenu le même raisonnement. Tom éprouvait une amitié si profonde pour Rafer qu'il ne pouvait prendre à la légère la décision de le livrer aux autorités, de trahir cette amitié. Un conflit d'une telle ampleur expliquait l'intensité de son désarroi. Mon cerveau travaillait activement, une vraie machine. *Click, click, click.* Rafer. Un vrai billard électrique ! Les idées fusaient, ricochaient, déclenchaient des sonneries, rebondissaient contre les bandes. Je réfléchis à l'employé du Gramercy. Pourquoi ne m'avait-il pas dit que le faux détective en civil était noir ? Un détail si évident, on s'en souvient ! Mon esprit ne cessait de virer de bord. Je n'arrivais pas à garder une pensée en place pour la mener jusqu'au bout. *Click, click.* De vraies boules de billard. La boule blanche allait frapper toutes les autres et les expédier dans toutes les directions. Je regrettai de ne pas avoir interrogé Leland Peck avant de quitter Santa Teresa. Je me sentais dans un état singulier. Le son oscillait sans cesse, tantôt assourdissant, tantôt inaudible. Je le voyais onduler dans l'espace, les phrases chevauchant la crête des vagues.

Brant parlait toujours. Une sorte de charabia, mais d'une logique étrange.

– Pinkie a suivi Barrett. Elle était partie en randonnée dans la montagne et elle est tombée sur leur camp de pêche.

Intarissables, ses mots créaient des images si vives qu'il me semblait en faire partie.

– Il a agressé Barrett. Il lui a mis un revolver sur la tempe. Elle a été violée. Victime de violences et de voies de fait. Pinkie l'a sodomisée et lui a fait mal. Il l'a obligée à accomplir des actes innommables. Alfie n'a pas bougé... n'a pas essayé de l'aider... il est parti en courant, la livrant au bon plaisir de Pinkie. Barrett est rentrée en état de choc, complètement hystérique. Rafer s'est lancé à la poursuite de Pinkie et l'a liquidé. Il lui a passé une corde autour du cou, l'a pendu à une branche et l'a laissé mourir lentement pour le faire expier. Il voulait aussi tuer Alfie, mais Alfie s'était enfui et a filé d'ici. Rafer s'est cru à l'abri pendant toutes ces années, jusqu'au jour où, le corps de Pinkie ayant été retrouvé, Papa a fait le rapprochement entre les deux types. Il est descendu en voiture à Santa Teresa pour l'interroger, mais Rafer est arrivé le premier. Il a pendu Toth de la même façon que Pinkie...

Brant me dévisageait avec insistance.

– Qu'est-ce que vous avez aux yeux ? me demanda-t-il.

– Aux yeux ?

Maintenant qu'il en parlait, je me rendis compte que mon champ de vision s'était mis à tanguer, les images gîtaient d'un côté, de l'autre, comme dans un film d'amateur. Le vertige me prit, comme si j'allais m'évanouir. Je m'assis. Je mis ma tête entre mes jambes, un rugissement dans les oreilles.

– Ça va ?

– Impec.

Les lumières semblaient pulser, les sons s'approchaient et s'éloignaient. Impossible de rétablir l'ordre. Je savais ce qu'il disait, mais sans pouvoir obliger les mots à se tenir tranquilles. Je vis Rafer, le nœud coulant à la main. Je le vis le passer autour du cou de Pinkie. Je le vis pendre Alfie dans ce lieu désolé. Je sentis sa rage et sa douleur à l'idée de ce qu'ils avaient infligé à sa fille unique.

– Comment l'avez-vous appris ? lui demandai-je.

– Barrett m'a raconté. Bon sang, Kinsey, c'est pour ça que j'ai rompu ! J'avais vingt ans. Je n'arrivais pas à encaisser, dit-il, au supplice.

– Je suis désolée. Désolée, dis-je, oubliant aussitôt qui méritait le plus ma pitié.

Barrett pour avoir été violée, Brant trop immature pour faire face ?

Cette fois, la voix de Brant prit un ton accusatoire :

– Vous êtes défoncée ! Je n'arrive pas à le croire. Vous avez pris quoi pour être dans cet état ?

– Dans quel état ?

Ah. Bien sûr… Daniel au piano. Mon ex-mari. Des yeux d'ange, une auréole de boucles blondes, et Dieu sait si je l'aimais. Il m'avait donné du LSD sans me le dire et je regardais le sol s'enfoncer dans la bouche de l'enfer.

Brant leva la tête.

– Qu'est-ce que c'est ? chuchota-t-il.

– Quoi ?

– J'ai entendu quelque chose.

Son affolement me submergea. Sa peur était contagieuse, aussi fulgurante qu'un virus aérien. Je flairai la corruption et la mort. Par expérience.

– Ne bougez pas…

Brant partit dans le couloir. Je le vis regarder à travers la petite fenêtre ornementale de la porte d'entrée. Il s'écarta vivement et fit un geste urgent dans ma direction.

– Une voiture vient de passer, tous feux éteints, dit-il. Le type s'est garé de l'autre côté de la rue, à peu près six portes plus bas. Vous avez une arme ?

– Je vous ai dit qu'on l'avait volée ! La personne qui est entrée par effraction. Je n'ai pas d'arme. Que se passe-t-il ?

– Rafer, dit-il, l'air sombre.

Il revint dans la cuisine et alla vers le tiroir du petit bureau de la cuisine où sa mère planifiait ses menus. Il en sortit une arme de service standard, un Smith & Wesson. J'avais failli en acheter un un jour, un . 357 Magnum, à canon de 4 pouces et crosse à quadrillage en noyer. J'examinai les rainures à l'intérieur du canon. Certaines étaient si profondes que je ne voyais pas jusqu'au fond.

– Rafer va débarquer avec toute son artillerie, disait Brant.

C'est réglé d'avance. Il a dit à qui voulait l'entendre que vous avez la gâchette facile, que vous vous droguez, et en plus vous êtes complètement pétée !

– Je n'ai rien pris, protestai-je, la bouche sèche.

Les brownies ! Alors, là, j'étais plus chargée qu'il ne l'imaginait ! Je me raclai la mémoire, mes cours à l'école de police, mes années de service en tenue dans la rue, essayant de me rappeler les symptômes : phencyclidines, stimulants, hallucinogènes, hypnotiques, barbituriques, narcotiques. Qu'avais-je ingurgité ? Confusion mentale, paranoïa, difficultés d'élocution, nystagmus. Les colonnes défilaient au fil des pages du manuel. Le langage codé de la phencyclidine. Rocket Fuel, MDEA, KJ, Super Joint, Mint Weed, Gorilla Biscuits... J'étais complètement speedée.

– Vous l'avez découvert. Il ne peut pas faire autrement que de vous tuer ! On va être obligés de tirer, dit-il.

– Ne me laissez pas... allez lui parler... je peux filer, bredouillai-je.

– Il y a déjà pensé. Il a sûrement de l'aide. Sans doute Macon et Hatch. Ils ne peuvent pas vous encaisser ! On ferait mieux de passer aux choses sérieuses.

Dès qu'il ôta sa veste, je sentis une odeur de peur, aussi âcre et entêtante que celle de l'ammoniac. J'observai ses mains.

Dans tout champ visuel, l'œil, confronté à plusieurs objets semblables, tend à se diriger vers celui qui présente une différence. Même défoncée, j'aperçus une marque sur son poignet droit, une tache sombre... un tatouage ou une tache de vin... en forme de proue. Une marque infligée au fer rouge sur la surface blanche et impeccable de sa peau. Ma tête grésillait, tandis que mon cerveau explorait fébrilement toutes les possibilités : cicatrice, suçon, salissure accidentelle, gale. Je mis du temps à saisir. Un second coup d'œil éclaircit ma lanterne. Une marque de brûlure... La partie décolorée en voie de cicatrisation correspondait à la pointe du fer à repasser brûlant que j'avais appuyée sur lui. Une poussée d'adrénaline me parcourut. Un sentiment proche de l'euphorie m'envahit jusqu'aux os. Mon esprit faisant un bond déconcertant, d'un coup je passai à autre chose. Je m'étais battue à coups de logique et d'analyse pour déchiffrer le code, alors que la réponse se trouvait dans l'espace. A la verticale et non à l'horizontale. Voilà comment fonctionnaient les chiffres. De haut en bas et non de droite à gauche.

Je posai l'arme sur la table de la cuisine.

– Je reviens, dis-je.

Au prix d'un effort surhumain, je me propulsai dans le repaire de Tom en me tenant au mur pour maîtriser mes embardées. 8, 12, 1, 11 et 26. Je m'assis à son bureau et examinai le calendrier qu'il avait dessiné. J'avais sous les yeux le mois de février, vingt-huit jours regroupés dans la grille, avec le 1er tombant un dimanche, et les deux derniers samedis, le 21 et le 28, barrés, ce qui faisait vingt-six jours. D'après moi, il s'agissait d'un code accessible. Tom, s'il cryptait ses notes, avait forcément eu recours à un mécanisme peu compliqué pour changer les lettres en chiffres.

Je découvris un crayon. Et revins à la grille qu'il avait dessinée sur le coin de son buvard. En procédant cette fois par rangées verticales, j'inscrivis les lettres de l'alphabet, une par jour. Si ma théorie était exacte, le code confirmerait ce que je savais déjà : 8 représenterait la lettre *B*. Le chiffre 12 serait un *R*, le 1 un *A*, le 11 un *N*, et le 26 un *T*.

B-R-A-N-T.

Brant.

Un énorme rire me monta à la gorge. J'étais coincée dans la maison avec lui. Il avait sûrement eu accès, et sans difficulté, aux notes de son père. La fouille du bureau... la fenêtre cassée... une couverture pour nous faire croire qu'on était entré par effraction en espérant les trouver. Ce n'était pas Barrett du tout. Pinkie ne l'avait ni violée ni sodomisée. C'était Brant qu'il avait humilié et avili.

– Que faites-vous ?

Je sursautai. Brant se tenait sur le seuil. Pour être shootée, je l'étais. Son image ondulait, miroitait, glissait d'un côté à l'autre. Impossible d'imaginer une réponse... Nystagmus, secousses involontaires des globes oculaires. Quelque chose dans les brownies, peut-être du PCP. Agression, paranoïa... J'étais plus maligne que lui. Oh, bien plus ! Plus que n'importe qui ce jour-là.

– Vous regardez quoi ?

– Les notes de Tom.

– Pourquoi ?

– Elles n'ont ni queue ni tête... Le code.

Il me regarda fixement, essayant de déterminer si je disais la vérité. Je m'interdis de réfléchir. Je ne crois pas l'avoir jamais vu si mince, si jeune, si beau. C'est cela, la mort. Une amante dont l'étreinte vous entraîne par le fond sans prévenir. Ni fuite ni résistance, et la capitulation est voluptueuse. Il me tendit la main.

– Je vais prendre les notes, dit-il.

Je lui tendis le carnet, imaginant son Smith & Wesson. Où avais-je entendu parler de cette arme récemment ? Mon cerveau crépitait, les pensées y fusaient comme des grains de maïs mitraillant le couvercle d'une poêle à pop-corn. Jamais il ne me donnerait un revolver sans avoir fait d'abord le nécessaire pour que je me tue avec. Dehors, il n'y avait pas de Rafer LaMott ni personne. En face de moi tout n'était que faux-semblants, et déjà je me sentais mieux. Je visualisai la scène... nous deux à rôder furtivement dans la maison dans l'attente d'une attaque qui ne viendrait jamais. Brant pouvait m'abattre dès qu'il le jugerait bon, affirmant ensuite m'avoir prise pour un cambrioleur, alléguant l'autodéfense, prétendant que la drogue m'avait fait disjoncter, ce qui n'était pas faux. Au moment précis où cette idée se forma, je me sentis reprendre du poil de la bête. J'eus l'impression de me dilater. A malin, maligne et demie. Il était fort, mais j'avais plus d'expérience. J'en savais plus sur lui qu'il n'en savait sur moi. J'avais été dans la police autrefois. Tout ce qu'il connaissait, je le connaissais aussi, et un peu plus encore.

– La voiture est toujours là ? lui demandai-je.

Il se remit à faire semblant. Il gagna la fenêtre et approcha son visage de la vitre, scrutant l'obscurité.

– Quelques maisons plus bas. D'ici, on la distingue à peine.

– Je crois qu'on devrait éteindre. On nous voit trop.

Il m'étudia une seconde, imaginant la maison noire comme un four.

– Vous avez raison. Occupez-vous d'ici, je pars éteindre le reste de la maison.

– Parfait.

J'éteignis dans le bureau et attendis de l'entendre avancer dans le couloir en direction de l'entrée. Puis je me glissai jusqu'à la fenêtre, défis la fermeture et remontai le châssis d'une quinzaine de centimètres. Ensuite, je traversai la pièce à quatre pattes jusqu'au meuble de rangement et me glissai, les pieds en avant, dans l'espace situé sous les rayonnages. Naissance à rebours. J'étais invisible. Quelques minutes s'écoulèrent, la maison devenant de plus en plus noire à mesure que Brant éteignait dans chaque pièce.

– Kinsey ?

Il était de retour.

Silence.

Je l'entendis entrer dans le bureau. Sans doute était-il resté sur le seuil, le temps que ses yeux s'accommodent à l'obscurité. Il se dirigea vers la fenêtre, butant dans des cartons. Je l'entendis remonter le châssis et regarder dehors. J'avais disparu. Aucune trace de moi traversant la pelouse en courant.

– Merde !

Il abaissa violemment le châssis.

– Merde, merde et merde ! s'écria-t-il.

Il devait être armé car je l'entendis engager une balle dans le canon.

Il sortit du bureau, hurlant mon nom au passage. Cette fois, il avait perdu la tête. Il se fichait pas mal que je l'entende arriver. Je m'extirpai du placard, m'accrochant à l'étagère pour reprendre l'équilibre. M'approchant du bureau, j'ouvris le tiroir du bas en faisant le moins de bruit possible. Puis je pris les menottes de Tom et les fourrai dans ma poche arrière. Je me sentais gonflée d'un sentiment de puissance ; soudain plus grande que nature, bien au-delà de la peur, irradiant de rage. Quand je sortis du bureau et tournai aussitôt dans le couloir obscur, je le vis qui avançait devant moi, sa silhouette massive se détachant en noir sur l'ombre charbonneuse. Je me mis à courir et accélérai, mes Reebok ne faisant aucun bruit sur le tapis. Brant sentit ma présence et se retourna au moment où je bondissais. Mon pied l'atteignit brutalement au plexus, l'expédiant au tapis avec un bruit mat. Son revolver cogna le mur d'un coup sourd, heurtant le bois lorsqu'il s'envola de sa main. Je lui flanquai un nouveau coup de pied qui l'atteignit à la tempe. Debout, je le dominai de toute ma hauteur. J'aurais pu lui réduire le crâne en bouillie, mais, pure politesse, je me retins. Je sortis les menottes de ma poche. Attrapai les doigts de sa main droite et les pliai vers l'arrière, l'encourageant à se montrer docile. Lui passai une menotte au poignet droit avec une torsion vers le bas et me souris tristement à moi-même lorsque la partie mobile de la menotte se referma. Je posai le pied sur sa nuque, lui ramenai le bras droit dans le dos d'un coup sec et lui saisis le bras gauche. Au moindre gémissement je lui aurais piétiné la figure et écrasé le nez. Il était dans les pommes. Je donnai un tour de clé supplémentaire aux deux menottes. Le tout sans une ombre d'hésitation. Le tout dans le noir.

La lumière de la cuisine s'alluma brusquement. Selma apparut dans l'encadrement de la porte, encore en manteau de fourrure. Figée au garde-à-vous, elle prit la mesure du spectacle qui s'offrait à elle. Brant s'était mis à gémir. Son nez pissait le sang et il luttait pour retrouver son souffle.

– M'man, fais gaffe ! Elle est défoncée ! croassa-t-il.

Selma battit en retraite dans la cuisine. Comme je partais à reculons dans le couloir, cherchant l'arme de Brant, elle réapparut, cette fois avec le Smith & Wesson dans sa main droite. J'ignorais où avait volé le revolver de Brant. J'avais pourtant bien entendu le bruit révélateur de sa chute.

– Restez où vous êtes ! m'intima-t-elle.

Elle tenait l'arme à deux mains, les bras tendus à hauteur d'épaule. Je vaquai à mes affaires sans m'inquiéter de sa petite comédie. Comment aurait-elle su que la Poussière d'ange m'avait mise en état de grâce ? Planant plus haut qu'un cerf-volant shooté aux PCP, métamphétamines, ce qu'on voulait... un mélange détonant d'exaltation et de sentiment d'immortalité ? Les effets secondaires déplaisants avaient disparu et je me sentais détachée de toute émotion, en sécurité, certaine de triompher de cette salope et de tous ceux qui me voulaient du mal.

– Vous n'allez pas me prendre mon fils !

Elle m'énervait.

– Je vous avais dit de laisser tomber. Vous n'auriez pas dû insister. Maintenant, vous n'avez pas seulement perdu Tom, mais Brant aussi, lui dis-je sur le ton de la conversation.

Je me mis à quatre pattes et cherchai sous la chaise. Mais où était donc passé ce foutu revolver ?

– Vous vous trompez, me renvoya-t-elle. Je n'ai pas du tout perdu Brant ! Debout, et vite. Faites ce que je vous dis !

– Allez vous faire foutre, Selma ! Vous n'auriez pas vu le revolver de Brant ? Je l'ai entendu heurter le mur. Il ne s'est tout de même pas envolé…

– Je vous préviens. Je compte jusqu'à trois et je tire.

– C'est ça, tirez, lui dis-je.

Je partis dans la salle à manger, convaincue que l'arme avait dû filer sous le vaisselier, la pièce maîtresse du superbe ensemble salle à manger guindé de Selma, en bois sombre et luisant. L'épaule contre le sol, je tendis le bras le plus loin possible sous le meuble. C'est dans cette position délicate – moi à plat ventre, Brant menotté et gémissant dans le couloir, Selma prenant position pour me faire sauter la cervelle dans le meilleur des cas – que mes yeux se posèrent sur elle par hasard et que je la vis avec ahurissement, au ralenti, crisper la figure, fermer les yeux, détourner la tête et presser la détente. Il y eut un éclair intense et un fracas assourdissant. La balle sortit du canon à une vitesse létale. L'éclair en ballon de foot qui jaillit de la gueule de l'arme et ceux, latéraux, qui fusent en éventail aux ouvertures du barillet. Tout brilla d'un éclat plus vif, d'un jaune étincelant. Brant avait dû surcharger la première balle de poudre explosive. Je savais maintenant qui était l'amant de Judy Gelson la nuit où elle avait troué la poitrine de son mari. La chambre et la plaque supérieure lâchèrent. L'explosion souleva le barillet qui retomba sur le flanc gauche du revolver. L'étui de la cartouche se déchiqueta et des particules de cuivre s'incrustèrent dans les mains de Selma, tandis que des paillettes de poudre non consumée lui saupoudraient le visage. Simultanément, et comme par magie, toutes les vitres des portes du vaisselier, ainsi que les verres en cristal et le service en porcelaine, explosèrent comme un feu d'artifice dans un étincelant bouquet d'éclats de verre qui retombèrent en pluie.

– Putain, c'était somptueux ! lui lançai-je. Vous devriez réessayer !

Selma se mit à pleurer tandis que je gagnais le téléphone et composais le numéro de police-secours.

ÉPILOGUE

Un peu plus tard, le shérif de Nota County m'autorisa à prendre connaissance du dossier relatif aux meurtres de Ritter et de Toth. En l'étudiant et comparant les notes de Tom et les rapports figurant au dossier, Rafer et moi-même réussîmes à reconstituer le puzzle de l'enquête qu'il avait menée. L'ironie de la chose, bien entendu, était que Tom avait réuni des éléments de preuve non seulement très disséminés, mais entièrement indirects. Aucun n'aurait pu entraîner l'inculpation, encore moins la condamnation. Il avait compris que Brant avait commis un double meurtre et savait qu'il ne pourrait pas se taire longtemps. Révéler la vérité aurait détruit son couple. La dissimuler aurait anéanti toutes les valeurs qu'il chérissait. Il était mort sans rien dire, et si Selma s'en était tenue là, l'affaire se serait éteinte elle aussi.

Brant est actuellement en liberté sous caution pour tentative de meurtre sur ma personne. Selma a fait appel aux services d'un avocaillon qui (bien évidemment) a conseillé à son fils de plaider non coupable. J'imagine que si jamais nous allons devant les tribunaux, ledit avocaillon trouvera le moyen de rejeter la faute sur mon dos. Car c'est ainsi que semble œuvrer la Justice de nos jours.

En attendant, Selma a mis sa maison en vente et a décidé de quitter Nota Lake. Cette ville ignore le pardon, et de toute façon on ne l'y avait jamais aimée. Je ramènerais volontiers toute cette histoire à une affaire de manque d'assurance personnelle et d'estime de soi. Si j'avais montré un tant soit peu de clairvoyance... si j'avais été capable de prévoir la suite des événements... je lui aurais conseillé d'aller se faire arranger les dents au lieu de m'engager. Elle y aurait eu tout avantage.

Avec mes sentiments respectueux,
Kinsey Millhone.

RÉALISATION : PAO ÉDITIONS DU SEUIL
IMPRESSION : **BUSSIÈRE CAMEDAN IMPRIMERIES** À SAINT-AMAND (CHER)
DÉPÔT LÉGAL : JUIN 1999. N° 34868 (992325/1)

DANS LA MÊME COLLECTION

Brigitte Aubert
Les Quatre Fils du Dr March
La Rose de fer
La Mort des bois
Requiem caraïbe
Transfixions

Lawrence Block
La Balade entre les tombes
Le diable t'attend
Tous les hommes morts
Tuons et créons, c'est l'heure
Le Blues du libraire
Même les scélérats
La Spinoza Connection
Au cœur de la mort
Ils y passeront tous

Jean-Denis Bruet-Ferreol
Les Visages de Dieu

Michael Connelly
Les Égouts de Los Angeles
La Glace noire
La Blonde en béton
Le Poète
Le Cadavre dans la Rolls
Créance de sang

Robert Crais
L'Ange traqué
Casting pour l'enfer
Meurtre à la sauce cajun

Eno Daven
L'Énigme du pavillon aux grues

David Laing Dawson
La Villa des ombres
Minuit passé, une enquête du Dr Snow

Bradley Denton
Blackburn

Stephen W. Frey
Offre publique d'assassinat
Opération vautour

Sue Grafton
K comme killer
L comme lequel ?
M comme machination

George Dawes Green
La Saint-Valentin de l'homme des cavernes

Dan Greenburg
Le Prochain sur la liste

Jack Hitt
Meurtre à cinq mains

Anthony Hyde
China Lake

David Ignatius
Nom de code : SIRO

Jonathan Kellerman
La Clinique
La Sourde

Philipp Kerr
Une enquête philosophique

Paul Levine
L'Héritage empoisonné
Cadavres incompatibles
Trésors sanglants

Elsa Lewin
Le Parapluie jaune

Herbert Lieberman
Nécropolis
Le Tueur et son ombre
La Fille aux yeux de Botticelli
Le Concierge

Michael Malone
Enquête sous la neige
Juges et Assassins

Dominique Manotti
Sombre Sentier

Alexandra Marinina
La Mort pour la mort

Andreu Martín
Un homme peut en cacher un autre

Dallas Murphy
Loverman

Kyotaro Nishimura
Les Dunes de Tottori

Michael Pearce
Enlèvements au Caire

Sam Reaves
Le taxi mène l'enquête

Edward Sklepowich
Mort dans une cité sereine
L'Adieu à la chair

April Smith
Montana Avenue

Austin Wright
Tony et Susan

L. R. Wright
Le Suspect
Mort en hiver
Pas de sang dans la clairière